ἀρχαΐζω

PROBLEMAS DE LA FILOSOFÍA ANTIGUA EN CLAVE IBEROAMERICANA

Juan Manuel López (comp.)

José Solana Dueso, Luisa Buarque, Ysis Vélez, Esteban Bieda, Ariel Vecchio, Étienne Helmer, Jonathan Lavilla, Javier Aguirre, Daniel Salgueiro, Francisco David Corrales Cordón, Estiven Valencia Marín, Gabriel Gómez, Oscar Ocampo, Juan Pablo Corrales, Carmen Lucía Jaramillo

ἀρχαΐζω: problemas de la filosofía antigua en clave iberoamericana
Juan Manuel López ... [et al.] ; compilación de Juan Manuel López. -

1a ed. - San Martín : Uuirto, 2023.
329 p. ; 22 x 15 cm.

ISBN 978-987-82977-1-2

1. Filosofía Clásica. I. López, Juan Manuel, comp.
CDD 109

Libro resultado de
Proyecto de investigación
Las implicaciones pedagógicas del relativismo en Protágoras de Abdera
Código CIE
1-19-8

Universidad Tecnológica de Pereira
2022

Ilustración y diseño de tapa: Mattos Roberto

www.uuirto.com
info@uuirto.com
+54-11-6577-1818
Quedan hechos los depósitos que previenen las leyes
11723 y 23412

Presentación

El texto que sigue a esta breve presentación recoge diferentes vías de investigación relacionadas con la filosofía[1]. La filosofía antigua, fuente inagotable de la que emana toda la filosofía occidental, ocupa en el libro un lugar central. No obstante, el texto no se "reduce" simplemente a un ejercicio filosófico de la antigüedad, a un capricho de filólogo. El documento recoge también las sendas inquietudes contemporáneas sobre los diferentes tópicos que nos aquejan. En ese orden de ideas, el presente libro reúne lo presentado en los primeros días de mayo del 2021 en un doble evento que se denominó Primer Foro Internacional de Filosofía Antigua y Primer Foro Departamental de Profesores de Filosofía[2]. Ambos eventos fueron ideados y ejecutados por el grupo de investigación Filosofía Antigua[3] en compañía de su Semillero de Investigación[4] perteneciente a la Universidad Tecnológica de Pereira en asocio con la Universidad Nacional Abierta y a Distancia.

El nombre del libro *ἀρχαΐζω: problemas de la filosofía antigua en clave iberoamericana* tiene un doble sentido. El primero y más esencial es haber escogido el verbo del

---

[1] La corrección y el cuidado del texto castellano estuvieron a cargo de Yulia Katherine Cediel (Universidad de Antioquia). La corrección y el cuidado de los textos griegos (originales y transliteraciones) estuvieron a cargo de Juan Manuel López (UTP).

[2] Algunas de las conferencias pueden encontrarse organizadas en el siguiente enlace: https://www2.utp.edu.co/vicerrectoria/investigaciones//primer-foro-internacional-de-filosofia-antigua-y-departamental-de-profesores-de-filosofia (Diciembre 5 del 2021)

[3] Para más información sobre el Grupo de investigación puede consultarse el siguiente enlace: https://www2.utp.edu.co/vicerrectoria/investigaciones/investigaciones/integrantes/191/semillero (Diciembre 5 del 2021)

[4] Para más información sobre el Semillero de investigación puede consultarse el siguiente enlace: https://www2.utp.edu.co/vicerrectoria/investigaciones/investigaciones/integrantes/191/semillero (Diciembre 5 del 2021)

cual se desprende la clásica palabra griega ἀρχή (origen). Pero además de esto, y en un segundo sentido, el verbo remite a significados como «imitar a los antiguos» o «poner entre los antiguos». Así, el texto recopila diferentes ejercicios por situar el pensamiento de la ciudad entre los grandes problemas de la tradición clásica de la filosofía en compañía de profesores nacionales e internacionales. Más que sustantivo, el verbo indica acción y por ende voluntades de las personas a obrar. Podemos así señalar que las acciones emprendidas para el ejercicio de reflexionar con problemas de la filosofía antigua, recogen las voluntades de instituciones pero, más allá que eso, las voluntades de los seres humanos que rebasan en ocasiones las fronteras institucionales para hacer lo impensable: una reunión de espíritus calificados en torno a los problemas de la filosofía antigua en la ciudad de Pereira.

En lo que concierne al evento hay que señalar un par de cosas: 1) este no hubiera sido posible sin la colaboración activa del profesor Carlos Eduardo Peláez y el apoyo logístico de los estudiantes que integraron el Semillero de Investigación para ese entonces; 2) no se hubiera logrado sin los estudiantes que conforman el equipo de la Revista Vertientes del Programa de Licenciatura en Filosofía. Sin su valiosa colaboración, la difícil logística no hubiera sido posible.

En ese sentido, también registro en este lugar unas breves palabras de agradecimiento para la Universidad Nacional Abierta y a Distancia. A su líder nacional en el área de filosofía, a Cristian Rodríguez y a su predecesor Einar Iván Monroy y, especialmente, al profesor Fernán Ramírez quien tuvo que soportar mis continuos requerimientos. No tengo cómo agradecerles la alianza significativa para la ciudad que ha sido encontrarlos en este camino de ideas, pero sobre todo de acciones contundentes para el desarrollo de la cultura tanto local como nacional.

El desarrollo de este evento se dio en los difíciles días de mayo, puntualmente, entre el 5 y el 7. Entre la alegría característica de ver por primera vez llevado a cabo un evento de talla internacional en el área de filosofía antigua y a algunos docentes del departamento participar, como no lo habían hecho antes, en un foro regional, apareció la honda tristeza que aún nos acompaña. En medio de esos días ocurrió lo que deja un terrible vaho de ejecución extrajudicial. El asesinato de Lucas Villa, estudiante de la Universidad Tecnológica de Pereira, amenazó con echar a tierra todos los esfuerzos construidos para la realización del evento. Recuerdo muy bien la llamada del profesor Pablo Villegas señalándome que no quería leer su ponencia, sensiblemente acongojado. Y, en medio de la tormenta, como obramos los que obramos con la educación, se tomaron fuerzas de donde no había para llevar a cabo este proyecto. Actualmente, las investigaciones se encuentran detenidas en una ciudad inundada de cámaras.

La fortaleza no solo vino de nosotros como profesores. Prontamente, los integrantes de este buen evento nos dieron su apoyo y ayudaron a que se desarrollara de manera ejemplar. Para nuestro Grupo de Investigación y el Semillero, fue una deslumbrante sorpresa contar con la presencia del gran José Solana Dueso (España), inspirador de nuestras reflexiones sobre Protágoras. Y, como si fuera poco que apareciera esta gran figura, lo acompañaban en un majestuoso coro nombres como Leticia Flores (México), Luisa Buarque (Brasil), Lucas Soares (Argentina), Marcelo Boeri (Chile), Esteban Bieda (Argentina), Ariel Vecchio (Argentina), Étienne Helmer (Puerto Rico), Jonathan Lavilla, Javier Aguirre, Daniel Salgueiro (los tres de España) y la aguda visión de Francisco David Corrales Cordón (España). Sin este apoyo internacional, sin sus mensajes de solidaridad y sin su participación clara, amable y siempre contundente, todo este ejercicio se hubiera venido abajo. Con su presencia nos enseñaron que siempre filosofamos en medio de lo imposible.

De nuestra parte entraron a este diálogo con la comunidad internacional profesores como Ysis Vélez (Quindío), Cristian Andrés Hernández (Manizales) Fernán Ramírez (Barranquilla). De nuestra ciudad participaron del ejercicio los profesores Carlos Eduardo Peláez, Carlos Carvajal, Estiven Valencia Marín, Gabriel Gómez, Pablo Villegas, Oscar Ocampo, Juan Pablo Corrales, Carmen Lucía Jaramillo y, quien redacta estas líneas, Juan Manuel López. Para todos nosotros fue un gran aprendizaje escuchar a los profesores extranjeros y haber construido un espacio para escucharnos entre nosotros.

De esta forma, considero que la filosofía antigua, el área de mi especialidad de trabajo, contribuyó a que, incluso, en medio de una situación tan amenazante con la academia, el diálogo pudiera continuar vivo. Origen y destino, la filosofía antigua siempre unifica, no disgrega. No quiero extenderme en lo común de la presentación de un texto tejido a varias manos, no solo por la extensión que ello acarrearía, sino porque considero que es mejor dejar hablar a quienes contribuyeron para que el documento fuera posible. A todos quienes hicieron posible esta reflexión escrita, enviando su avance investigativo y también a quienes no participaron de la labor escrita, les dejo mi admiración consignada en este documento, indicio del respeto que tengo por cada uno de ustedes. Espero poder conservar el buen δαίμων que hasta ahora me ha guiado para continuar con el camino que estos dos eventos inauguraron de manera conjunta. Por estar presentes en este difícil comienzo, les quedo enormemente agradecido.

Juan Manuel López
UTP

Protágoras: democracia y pedagogía

José Solana Dueso
Universidad de Zaragoza
jsolana@unizar.es

Para Protágoras, la peculiaridad de la sabiduría política, a diferencia de lo que podríamos llamar los saberes técnicos, consiste en que ha sido repartida entre todos los seres humanos, aunque en grados diferentes en cada caso. Si la sabiduría política es peculiar en este sentido, el objeto de esa ciencia también lo es. Las realidades políticas tienen una naturaleza diferente a las realidades con que trabajan las artes o las ciencias teóricas. Los cuerpos celestes que estudia el físico, la arcilla con que trabaja el alfarero o las especies animales que estudia el biólogo tienen una realidad sustantiva independiente del sujeto humano, pero, en modo alguno, podemos decir lo mismo de las realidades políticas, los valores, lo bueno y lo malo, lo justo y lo injusto. Es una mera ilusión señalar un lugar supraceleste (*hyperouránion*) donde habitan la bondad y la justicia, como ocurre en el universo platónico.

Entonces, ¿cuál es la realidad de lo justo y lo injusto, lo bueno y lo malo, lo piadoso y lo impío?

Una respuesta muy propia de la cultura de la Grecia clásica consistiría en afirmar que lo justo es aquello que como tal establecen las leyes, es decir, que lo justo es lo legal. En esta posición concuerdan Sócrates y Protágoras, en algún sentido. Discrepan al determinar qué tipo de ley es la que fija realmente lo que es justo y lo que no es. Para Sócrates esas leyes son las leyes no escritas, como la que ordena venerar a los dioses o la que manda honrar a los progenitores, que han sido promulgadas por los dioses[5]. Para el sofista, por el contrario, ese cuerpo legal es el decidido en cada momento por las ciudades: el hombre, no el dios, es la medida, lo que, en términos de la confrontación de Sócrates con los sofistas, podría formularse así: el hombre, no el dios, es el legislador.

En la perspectiva del sofista de Abdera, así como en la misma práctica democrática, la ley (*nómos*) no es más que la expresión de la opinión de la mayoría (*dóxa tộn pollộn*)[6]. Los valores morales, en consecuencia, se construyen a golpe de opinión (*dóxa*), no se descubren en el reino platónico de las ideas. Las opiniones de cada ciudadano son el ladrillo en la pared, que conforman la polis, la casa que permite a seres humanos desarrollar libremente sus planes de vida.

Hay dos pasajes en los diálogos platónicos que resumen este punto de vista. El primero, del *Teeteto*, sintetiza la ontología política del sofista en términos netamente convencionalistas:

Pues bien, también en cuestiones políticas, lo honesto y lo deshonesto, lo justo y lo injusto, lo piadoso y lo impío (*kaì perì politikộn, kalà kaì aischrà kaì díkaia kaì ádika kaì hósia kaì mḗ*), cuanto cada ciudad determine y considere legal es así en verdad para ella. En estos asuntos no hay individuo que sea más sabio que otro, ni ciudad más sabia que otra ciudad. [...]

Líneas después, Platón es todavía más explícito:

> Pero en el ámbito al que yo me refiero, tanto en lo justo y lo injusto (*dikaíois kaì adíkois*), como en lo piadoso y en lo impío (*hósíois kaì anosíois*), están dispuestos a afirmar que nada de esto tiene por naturaleza una realidad propia (*ouk ésti phýsei oudèn ousían heautoû échon*), sino que la opinión de una comunidad se hace realidad en el momento que así lo decide y durante el tiempo que mantiene esa decisión *(tò koinêi*

---

[5] Jenofonte, *Recuerdos de Sócrates* IV 4 18-25.
[6] Aristóteles, *Refutaciones sofísticas* 172a29-30.

dóxan toûto gígnetai alethès tóte, hótan dóxei kaì hóson dokêi chrónon) (*Teeteto* 172ab).

En consecuencia, las realidades políticas y religiosas no consisten en algún tipo de estructura natural, sino en decisiones y opiniones que toman las comunidades humanas y que cambian con el tiempo. No hay una estructura natural para lo relativo a la justicia o a la religión. La realidad axiológica debe ser inventada, no descubierta al modo platónico. Después, el conjunto de decisiones se articula en las leyes, sean preferentemente leyes escritas o leyes no escritas.

La teoría, por lo demás, viene confirmada por lo que puede observarse en las diferentes sociedades, tanto en la época de la Grecia clásica como en nuestros días: los códigos legales son variables según el tiempo y según las comunidades.

El otro pasaje importante lo encontramos en las *Leyes* X. En dicho texto, Platón se propone refutar la visión atea del mundo, que se desdobla en dos apartados:

a) El primero presenta la interpretación materialista del mundo natural, los elementos y las mezclas entre ellos, los animales y las plantas, todo lo cual se ha formado "no por inteligencia, *dicen*, ni siquiera por la acción de un dios ni tampoco por un arte, sino, como decimos, por naturaleza y azar" (889c).

Bajo este apartado se contempla la práctica totalidad, a excepción del pitagorismo, de la filosofía natural presocrática, incluido el atomismo de Demócrito[7].

---

[7] Vlastos (1995, 86 n. 177) afirma que Platón "has in mind the most mature physical systems, including atomism; but he makes no fine distinctions, for he is convinced that all those who sowed the materialist wind must be held responsible for the whirlwind, i.e. the conventional theory of justice". [Platón "tiene en mente los sistemas físicos más maduros, incluido el atomismo; pero no hace distinciones precisas, porque está convencido de que todos los que sembraron el viento materialista deben ser considerados responsables del torbellino, es decir, de la teoría convencional de la justicia"]

b) El segundo apartado contempla lo que es debido al arte, que engloba dos clases: 1) las que producen objetos poco valiosos, como son la pintura, la música y otras semejantes, entre las que cabría citar la poesía y la literatura en general, y 2) las que producen algo serio, a saber, las que ponen su fuerza en su comunidad con la naturaleza, como la medicina, la agricultura y la gimnástica[8].

En este contexto, Platón pasa a exponer, para luego refutar, cómo estos pensadores ateos conciben la política, incluyéndola en este apartado de los productos del arte, pero añadiendo matices importantes. Cuando Platón inicia el tratamiento de la política, el objetivo ya no son los filósofos naturalistas, sino los sofistas[9]. Parece que Platón ofrece también una especie de amalgama de las principales teorías sofistas sobre la religión y la política[10].

---

[8] En este pasaje, Platón mantiene cierta ambigüedad a la hora de decidir si la política debe ser incluida entre las artes poco valiosas o entre las que producen algo serio. Obviamente no puede ser sería la política tal como la que aquí se refuta, es decir, la política como la entienden los sofistas. En otro pasaje (*Leyes* 677c), se incluye como descubrimientos valiosos las artes, la política y cualquier otra ciencia.

[9] Platón es un maestro de la amalgama, y lo es porque le interesa refutar globalmente, sin matices, sea el convencionalismo, el materialismo o el ateísmo. Para Mayhew (2011, 88) "históricamente es probable que hubiera *alguna* conexión entre las teorías ateas o deístas de los filósofos naturalistas y el relativismo moral de los sofistas [...]. Para Platón esta era una conexión necesaria: rechazar el concepto correcto de divinidad equivale a aceptar el relativismo moral; así, Platón se mueve fácilmente del uno al otro".

[10] Concretamente Platón yuxtapone el convencionalismo protagórico (889d8-890a2) con la teoría del derecho del más fuerte (890a3-890a10), defendida por Calicles en el *Gorgias*, teoría esta última que nada tiene que ver con la primera. Menzel (1964, 62) sostiene que "Platón mezcla doctrinas radicalmente distintas, y las estigmatiza como tendencias peligrosas para la salud del estado" y añade que, en este, como en otros pasajes de las *Leyes*, dejó su obra inconclusa o sin pulimentar". La teoría atribuida en el *Gorgias* a Calicles, que podría corresponder al Critias histórico, sostiene entre otras cosas que "lo más justo es cualquier cosa que uno imponga por medio de la violencia" (890a5-6), lo que tiene como consecuencia que esos escritores arrastran a los jóvenes "a la vida recta según naturaleza, que consiste realmente en vivir imponiéndose a los demás y no sirviendo a otros según la ley" (890a9-12). De hecho, esas teorías

En este texto, el objeto de nuestro análisis es la teoría protagórica, de la que Platón ofrece este resumen:

> En especial de la política dicen que *comparte una pequeña porción con la naturaleza*, mientras que la mayor parte la tiene en común con el arte (889e), y así también la legislación entera no es por naturaleza sino por el arte, cuyos fundamentos no son verdaderos.
> [...]
> Querido amigo, éstos comienzan por afirmar que los dioses son productos del arte, no de la naturaleza, sino de ciertas costumbres y creencias religiosas, y que ésas son diferentes según la forma en que los hombres acordaron en cada caso entre sí cuando se dieron leyes. En particular, dicen que unas son las cosas naturalmente bellas, otras las que determina la ley, que las cosas justas no pertenecen en absoluto al ámbito de la naturaleza, sino que los hombres están continuamente disputando entre sí y cambiándolas siempre, y que cada una de las que cambian, y cuando lo hacen, es vigente en esa ocasión, porque las crean el arte y las leyes, pero no, por cierto, la naturaleza (889d7-890a2).

Este texto sobre el convencionalismo protagórico guarda sintonía con el pasaje ya citado del *Teeteto*, pero añadiendo algún matiz importante. El más significativo es que, supuesto que la política es obra del arte, no obstante, "tiene una pequeña parte en común con la naturaleza (*smikrón ti méros koinonoûn phýsei*)". Por tanto, la política no es enteramente convencional ni está

---

las exponen escritores tanto en prosa como en verso, y Critias es un reconocido poeta, en tanto que Protágoras es totalmente ajeno al ambiente de impiedades y sediciones de que habla Platón.

desconectada de la naturaleza, sino que se construye a partir de una base natural. Así pues, hay un punto en que biología y política se encuentran y se complementan: la una, la naturaleza, constituyendo el fundamento, y la otra, la política, construyendo un edificio que permite salvaguardar el fundamento natural y defenderlo, y ofrecer además la posibilidad de la vida en la polis, que sitúa a la especie en un nuevo estadio, el de la especie plenamente humanizada.

El discurso del sofista en el *Protágoras* da pistas de ese lugar en el que se encuentran la naturaleza y la moral. Primero, cuando Epimeteo reparte las capacidades entre las distintas especies lo hace con el propósito de proporcionar a todas los medios suficientes para su conservación y supervivencia[11]. Las capacidades de la especie humana son unas, de naturaleza técnica (el regalo de Prometeo), y otras, de naturaleza político-moral (regalo de Zeus). En ambos casos se trata de capacidades (*dynámeis*). Ahora bien, es necesario insistir en que, en lo relativo a la política, la especie humana no recibe de Zeus unas tablas de la ley, es decir, un código ya escrito, sino la capacidad para forjarlo de acuerdo con las circunstancias específicas de cada grupo humano.

En el diseño protagórico, se combina, de un lado, la universalidad de la capacidad moral, que ha sido otorgada a (o ha sido adquirida por) todos los miembros de la especie humana, y, de otro, la particularidad de cada código, dos rasgos a partir de los cuales se construye el relativismo político-moral de Protágoras, que persigue el propósito de responder a una doble exigencia:

–La exigencia biológica (natural) de conservación de la especie y sus individuos en el incierto escenario natural sobre el que se mueve la especie humana.

---

[11] Los términos que utiliza el griego es *salvar* (*sóizo*) y *salvación* (*sotería*). A su vez Prometeo interviene al ver que la especie humana se veía abocada a la destrucción al encontrarse inerme y desprotegida. Finalmente, Zeus interviene porque la especie se encuentra abocada a la destrucción en su competencia con las otras especies y, sobre todo, a la autodestrucción por su incapacidad para una convivencia pacífica y colaborativa.

–La exigencia de participación de todos en el acuerdo o convenio que construye y define el código moral, lo que a su vez exige la forma democrática de gobierno, donde el pueblo (*dêmos*) engloba a la totalidad de la ciudadanía, que después decide siguiendo el criterio mayoritario.

En los *Recuerdos de Sócrates* (IV 4 18-25), Jenofonte nos presenta a su maestro defendiendo una teoría de la justicia que, según ya hemos dicho, podía ser considerada como una respuesta poco original. Lo justo (*díkaion*) se identificaría con lo legal (*nómimon*). De esta manera, un buen ciudadano sería aquel que cumple las leyes.

El argumento de Sócrates parte de la distinción entre leyes escritas o positivas, las promulgadas en algún lugar y tiempo concretos y por alguna comunidad concreta, y las leyes no escritas (*ágraphoi nómoi*). La distinción tampoco tenía nada de original. Ya se contaba que Pericles recomendó a los atenienses que, en casos de impiedad, recurrieran no solo a las leyes escritas (*gegramménois nómois*), sino también a las no escritas (*agráphois*)[12].

Estas leyes no escritas, según Sócrates, no han podido ser promulgadas por una ciudad o comunidad determinadas, sino que tienen validez en todas. Así ocurre con la ley que manda venerar a los dioses, honrar a los progenitores o la prohibición del incesto. Estas leyes tienen otra característica, que las distingue de las leyes positivas: que los infractores tienen un castigo natural automático, independientemente de si cometen la infracción ante testigos o de manera oculta.

Esta característica le parece a Hipias, el interlocutor de Sócrates, "cosa divina, pues el hecho de que las propias leyes asuman el castigo para quienes las infringen me parece que es propio de un legislador superior al hombre".

---

[12] Lisias VI, *Contra Andócides por impiedad* 10. Se trata de un proceso de impiedad relacionado con la profanación de los misterios de Eleusis y la mutilación de los Hermes, hechos que ocurrieron el año 415 y que fueron interpretados como un mal presagio en vísperas de la expedición a Sicilia y como amenaza al sistema democrático.

Estas cuatro leyes, válidas en todas las sociedades, al no dimanar de la voluntad de un legislador humano, necesariamente han sido promulgadas por los dioses y, por tanto, como concluye el breve diálogo entre Sócrates e Hipias, "a los dioses les agrada que lo justo y lo legal sean una misma cosa".

Este breve diálogo entre Hipias y Sócrates parece la guía que sigue Platón en el libro IV de las *Leyes* (704a-724b), donde plantea los problemas derivados de la legislación (*nomothesía*) y las fundaciones (*oikismoi*) de las ciudades. Después de plantear el camino más rápido y más fácil para lograrlo (valiéndose de "un tirano joven, de buena memoria, dócil, valeroso y magnífico por naturaleza" (*Leyes* 709e), el ateniense recurre a una doble analogía: lo que ocurría en tiempos de Cronos y lo que el hombre en la actualidad hace con los rebaños y con los animales domesticados. El segundo caso es sencillo: no ponemos a bueyes a cuidar de los bueyes ni cabras a cuidar de las cabras, sino que somos nosotros, sus amos, un linaje superior, quienes nos encargamos de su cuidado. Eso mismo ocurría en los tiempos de Crono:

> Se dice que la causa de esto era que Cronos, conociendo, como ya lo tenemos expuesto, que el ser humano es incapaz de no llenarse de insolencia e injusticia si administra todas sus cosas siendo su propio amo, colocó –cuando reflexionó sobre esto– como reyes y gobernantes de nuestras ciudades, no a seres humanos, sino seres de una estirpe más divina y mejor, espíritus (*daímonas*) [...] que con gran comodidad suya y nuestra cuidó de nosotros y, al proporcionarnos paz, respeto (*aidós*), buenas leyes y abundancia de justicia (*díke*), hizo a las razas humanas completamente libres de discordia y felices (713c-e)[13].

[13] Se trata de los dones de Zeus que han llegado a la especie humana a través de Hermes, según el mito de Protágoras en el diálogo platónico

Un legislador que se proponga fundar una ciudad feliz y bien gobernada deberá esforzarse por imitar (*mimeîsthai*) el gobierno de la época de Crono. Y, como lo más inmortal que hay en nosotros es el intelecto, debemos dar el nombre de ley a lo que este ordene. Esta es la única manera de evitar el disenso, el conflicto y la injusticia que se observan en los regímenes existentes, en los que predomina la ley del más fuerte[14].

Platón concluye que

> a los que ahora se llaman gobernantes o magistrados los llamé servidores de las leyes, no por un afán de acuñar nombres nuevos, sino porque pienso que la conservación (*sotería*) de la ciudad y lo contrario se encuentra en esto más que en cualquier otra cosa. En efecto, la ciudad en la que la ley esté eventualmente dominada y no tenga poder, veo su ya pronta destrucción. Pero en aquella en la que la ley fuere amo de los gobernantes y los gobernantes esclavos de las leyes, veo realizada la salvación y que llega a tener todos los bienes que los dioses conceden a las ciudades (715c).

Lo que expone Protágoras sobre este mismo problema, la salvación de las ciudades, consta de dos momentos:

---

homónimo. Transcribo del griego las dos palabras claves, *aidós* y *díke*, del relato del sofista. La diferencia es sustantiva, pues lo que en Protágoras es un mito, en Platón es teoría. Protágoras, antes de comenzar su larga respuesta, pregunta a los presentes si prefieren que les responda "relatando un mito, como un viejo a gente joven, o avanzando mediante un razonamiento" (320c). La distinción entre mito y razonamiento es bien patente.

[14] En 714c hay una referencia explícita a la teoría que Trasímaco defiende en el libro I de la *República*, donde se define la "justicia como la conveniencia del más fuerte"

1. Las capacidades técnicas, los dones de Prometeo, son insuficientes para posibilitar la supervivencia de la especie humana. Tales capacidades la convierten en una especie superior a los demás animales, pero no le enseñan a evitar los conflictos dentro de la especie misma.

2. Ante el riesgo de desaparición por las mutuas injusticias, "Zeus temió que sucumbiera toda nuestra raza, y envió a Hermes que trajera a los hombres el sentido del respeto (*aidǿs*) y la justicia (*díkḛ*), para que fueran principios de armonía y orden en las ciudades y lazos de unión y amistad" (*Protágoras* 322c).

Protágoras, consciente de que está exponiendo un mito, utiliza el vocabulario de la poesía. *Aidǿs* y *Díkḛ*[15] son palabras de la tradición poética que en el discurso razonado posterior al mito se traducirán al lenguaje de las virtudes morales, el primero, como *moderación* o *templanza* (*sǫphrosýnḛ*) y, el segundo, como *justicia* (*díkaiosynḛ*).

Cada uno de estos dos regalos apunta a diferentes esferas. El *aidǿs*, el sentido del respeto o de la vergüenza, constituye el principio del autocontrol, es decir, la capacidad del ser humano para entender que sus planes de vida se deben desarrollar en un escenario en el que intervienen otras personas con otros tantos planes de vida. Es una fuerza interior que nos permite controlar las pasiones y ajustarlas a un marco de acción racional y razonable.

Por su parte, *díkḛ* hace referencia al sentido de la justicia, la capacidad de los seres humanos para traducir

---

[15] De acuerdo con el *Diccionario Griego-Español* (DGE), *Aidǿs*, como virtud moral y cívica, significa *acción de refrenarse*, *mesura*, *autodominio*, *escrúpulo*, *reparo*, *respeto a la ley*, *modestia*. En la tradición poética, personifica *la Mesura*, *la Vergüenza*, *el Escrúpulo*. En Atenas era venerada como nodriza de Atenea. A su vez *Díkḛ* es la personificación de la *Justicia* como garante de la regulación de la naturaleza y el orden social, considerada hija de Zeus y una de las Horas. El gramático Pausanias (s. II a.C.) nos informa de que "en la Acrópolis de Atenas había un altar de Aidos y Apheleia (modestia) alrededor del templo de Atenea Poliade, las cuales llegaron a ser, según algunos, pedagogas de Atenea y, según otros, sus nodrizas.

en normas explícitas acordadas los límites de acción en la polis y, así, evitar el conflicto. Es una segunda instancia que interviene cuando en algún individuo el *aidó̱s* resulta insuficiente.

Ahora bien, cuando termina el relato del mito y el sofista se decide a continuar con un discurso (*lógos*) (*Protágoras* 324d), las partes de la virtud no se reducen a dos, como cabría esperar, *so̱phrosýne̱* y *dikaiosýne̱*, sino que se añade un tercer elemento, que es la piedad (*hósion*). Nos recuerda Chantraine que *hósion*, aplicado a los seres humanos, significa *piadoso* con resonancia moral y se distingue de *eusebés* (*eusébeia*), que no implica más que respeto a los dioses y los ritos. Por su parte el LSJ afirma que el sentido de *hósios* depende, de un lado, de su relación con *díkaios* (sancionado por la ley humana) y, de otro, con *hierós* (sagrado para los dioses).

Teniendo presente todos estos datos, lo más razonable es suponer que, si la *so̱phrosýne̱* se corresponde con el *aidó̱s*, la *díke̱* se desdobla en *dikaiosýne̱* y *hosíotes*, es decir, la justicia entendida como las leyes escritas (lo *díkaion* como legal) y como lo conforme con las leyes no escritas (*tò hósion*), las leyes no escritas que, según afirma Pericles, "comportan reconocida vergüenza" a los infractores (*Discurso fúnebre* en Tucídides 2.37.3).

El pasaje antes aludido de los *Recuerdos de Sócrates* (4.4.18-25) se refería a cuatro leyes no escritas: venerar a los dioses (*nomízetai theoús*), honrar a los padres (*gonéas timân*), prohibir la relación sexual recíproca entre progenitores y prole, y corresponder con el bien a quienes nos hacen el bien. Estas son el tipo de leyes o tradiciones que un griego consideraría incluidas en la noción de *piedad* (*hosíote̱s*), como complemento de las leyes positivas. Hacen referencia a leyes que no comportan sanción legal, pero que comportan un reproche o vergüenza, como afirmaba Pericles.

El *Protágoras* platónico[16] deja claro que la piedad (*hósion, hosiótes*) está incluida en el catálogo de las virtudes protagóricas, donde es llamativa, por el contrario, la ausencia de la tradicional *valentía* (*andreía*). Estas dos virtudes, la una por su presencia, la otra por su ausencia, indican el sentido de la crítica social del sofista. La piedad, las tradiciones patrias, apuntan hacia un conservadurismo social, en el sentido de una sociedad que se muestra sensible y respetuosa con sus viejas tradiciones.

Por otra parte, la ausencia de la valentía es un indicio de la obsolescencia del antiguo modelo del hoplita. La vieja idea del guerrero armado en defensa de su propia identidad, familia y territorio dejaba paso a los ejércitos mercenarios de plena implantación en el siglo siguiente. El valiente estaba perdiendo su lugar en la escena de la polis. Los héroes de Maratón y Platea eran un recuerdo del pasado.

Las viejas traiciones, en cambio, están menos expuestas a la obsolescencia que deriva del progreso. El persistente conservadurismo político en la historia es una muestra. Protágoras era tan conservador en este sentido como demoledor y pionero en ámbitos teóricos, en los que ofrecía instrumentos al servicio de un modelo de sociedad, la democrática, que podía reivindicar su historia y sus padres fundadores desde Solón a Clístenes o Efialtes.

Probablemente, bajo la noción de piedad Protágoras incluía contenidos muy similares a los llamados *nómima* o *nomízomena*, diversos tipos de pautas de conducta que guardan relación con un patrón de observancia religiosa, costumbre o prácticas tradicionales. Para Ostwald (1985, 101), "*ta nomima* llegó a ser una expresión colectiva, incluyendo todas aquellas regulaciones que no pueden ser aplicadas por un tribunal de justicia, sino que dependen para su sanción de las presiones sociales".

---

[16] El término aparece, de un modo profuso, tanto en el *Gran discurso* del sofista, como también en el diálogo-debate posterior entre Protágoras y Sócrates.

Puestas así las cosas entre Protágoras y Platón, observamos que hay un punto de vista compartido: las leyes son las que salvan a la humanidad (los dos autores utilizan el mismo término: *sóizo, sotería*). En tal sentido, cabe hablar de *nomocracia* en los dos filósofos.

La divergencia se sitúa en un estadio anterior, cuando nos preguntamos por la *fuente* de la que dimana la ley. Si se quiere, desde otra perspectiva podríamos hablar también del *método* o *procedimiento* mediante el cual se llega a formular y promulgar una constitución.

Platón, en el corazón del libro IV, en el que plantea los principios del estado utópico de Magnesia, sentencia: "El dios, sin duda y por encima de todo, ha de ser *para nosotros* medida de todas las cosas, mucho mejor que cualquier hombre, como dicen por ahí" (*Leyes* 716c).

El cualificador expreso (*para nosotros*, *hemîn*) no deja lugar a dudas: Platón se opone a quien enuncia la teoría según la cual el hombre es medida de todas las cosas. De esta posición puede deducirse que la *nomocracia* platónica está supeditada a una teología como la del sofista lo está a una antropología. La teología política está naciendo en este pasaje de las *Leyes* de Platón, si bien Sócrates, con su insistente referencia a la declaración del oráculo de Delfos, había sembrado la primera semilla.

La célebre frase protagórica del hombre-medida, no en vano incluida en una obra que lleva por título *Discursos demoledores* (*katabállontes*), cobra su dimensión crítica a la luz de la réplica platónica.

En un sentido no muy diferente al de Platón, se expresa un célebre pasaje de las *Bacantes* (199-203) de Eurípides, obra póstuma y única tragedia dionisíaca que ha llegado a nuestros días. Los dos venerables personajes de la tradición poética, Cadmo y Tiresias, intercambian puntos de vista:

> CADMO. No desprecio a los dioses, yo que soy mortal.
> TIRESIAS. Ni nos hacemos los sabios con las divinidades.

Las tradiciones heredadas de nuestros padres,
de la misma edad que el tiempo, ningún discurso las demolerá,
ni aunque se descubra la sabiduría por obra de agudas mentes.

La alusión al escepticismo de Protágoras sobre los dioses es muy evidente. Así lo sugiere la confrontación entre los hombres (*thnetós*) y los dioses (*daímosin*), la presencia del vocabulario que define la actividad de los sofistas (*sophizómetha, sophón*) y el mismo verbo *katabaleî*, que alude a la obra ya citada de Protágoras. Dodds (1953) recuerda que el Tiresias de las *Bacantes* ha leído a Protágoras (200-203, y de modo similar 890-92)[17] lo mismo que a Pródico (274-285) y no duda de que estos versos son una referencia al agnosticismo protagórico (p. 95).

Teología política (el dios es la medida) *versus* filosofía política (el hombre es la medida), es decir, Platón *versus* Protágoras

Si tuviéramos que resumir la confrontación entre estos dos pensadores, podríamos decir que Platón es una especie de Moisés redivivo que se presenta ante su pueblo con unas tablas de la ley redactadas por Yahvé. Con las leyes redactadas y con la ayuda de "un tirano joven, memorioso, dócil, valiente y magnífico por naturaleza", Platón espera poder fundar la utópica ciudad de Magnesia de la manera más rápida y más fácil. El viejo Platón, cumplidos ya los setenta años al redactar las *Leyes*, después de su decepción en Siracusa, después de la lucha fratricida a muerte entre discípulos de la Academia, todavía le queda fe en esa fórmula fracasada,

[17] Estos dos pasajes son interpretados como una crítica por parte de Eurípides a las teorías ateas y agnósticas de los sofistas en materia de religión. En ambos casos, el poeta se muestra partidario de las tradiciones (*pátrioi paradochaî*). A juzgar por estos pasajes Eurípides, al final de su vida, estaría más cerca de Sócrates que de Protágoras.

todo antes que traspasar la puerta de la asamblea del pueblo ateniense, donde cada orador podía presentar sus propuestas y sus ideales reformadores. O tenía poca fe en sus propios argumentos o el pueblo (*d͟êmos*) no le merecía la menor confianza.

Protágoras, en cambio, no tiene las leyes ya elaboradas, pero sabe que comparte con todos los ciudadanos algunas facultades que constituyen las condiciones de posibilidad para elaborar las leyes que la ciudad necesita. Protágoras sí atraviesa el umbral de la puerta que da acceso a la *eccl͟esía*, donde el sabio, como se expone con detalle en el *Teeteto* (165e-168c), ejerce su función y pone a prueba su sabiduría. A él y a sus conciudadanos se les va la vida en ello. El resultado será más modesto que la perfecta ciudad utópica de Platón: aproximadamente, habrá la misma diferencia que la que hay entre un espléndido palacio ideal, que solo existe la mente de un literato, o la humilde y modesta morada donde vive, duerme y sueña una persona de carne y hueso.

Las leyes, en consecuencia, así como el principio de legalidad constituyen el instrumento que define las reglas de juego en una sociedad. Pero, a su vez, las leyes, contempladas en su conjunto, al menos en las sociedades democráticas, tienen el rango de un recurso pedagógico.

No debemos olvidar que el gran discurso de Protágoras (320c-328d) es una respuesta del sofista a la pregunta socrática de si la virtud se puede enseñar.

Para empezar, hay que decir que este *Gran Discurso* es un caso anómalo en la obra platónica. Si exceptuamos los momentos en que presenta un discurso, como en el *Fedro* o el *Menéxeno*, o expone algún mito, como en el *Gorgias,* el *Fedón* o la *República*, no hay ningún otro semejante de una respuesta tan inusitadamente extensa a una pregunta socrática.

La respuesta del sofista precisa, primero, cuál es la virtud política por la que pregunta Sócrates: la virtud política se resume en las ya citadas *aid͟ós* y *dík͟e*. Añade, en segundo lugar, que los atenienses como los demás pueblos "creen que esta (la virtud política) no se da por naturaleza (*phýsei*) ni con carácter espontáneo (*apó toû automátou*), sino que es enseñable y se obtiene del ejercicio, en quien la obtiene" (323c5), ofreciendo seguidamente una detallada argumentación, en la que la vida social aparece como un gigantesco proceso de aprendizaje

El sofista muestra con profusión el interés constante que se toma la polis por conseguir que sus ciudadanos aprendan la virtud. En este esfuerzo social por enseñar la virtud tiene un protagonismo especial la ley, que constituye el momento pedagógico más general que ocurre en una sociedad, por cuanto involucra a todos los sectores de la población adulta en un proceso de cuidado y aprendizaje. Por sí misma la ley, que dimana del sentido de la justicia, sería del todo insuficiente, si previamente no hubieran intervenido en el mismo sentido y con el mismo propósito, primero, las diversas instancias familiares, como son la nodriza, la madre, el pedagogo y el propio padre; es el momento de la infancia. En un nivel posterior, intervienen los maestros (*didáskaloi*) en sus diversos niveles y especialidades, sobre todo las letras y las artes poéticas musicales, de un lado, y la gimnástica, de otro; es el momento de la adolescencia y primera juventud.

Tanto la familia como la escuela actúan de consuno con el propósito de inculcar en el nuevo ser lo que es justo e injusto, lo decente y lo indecente, lo piadoso y lo impío, es decir, un conjunto de valores que desarrollan las capacidades de la especie humana, expresadas en las nociones de *respeto* (*aidọ́s*) y *justicia* (*díkẹ*). Este tiempo de infancia y adolescencia es un tiempo de entrenamiento para la virtud, de cuidado y práctica de la virtud.

Finalmente, les toca el turno a las leyes, el tiempo de la vida adulta. Al dejar la escuela, la ciudad toma el relevo a los maestros: le toca ahora al joven aprender las leyes y vivir conforme a ellas como si fueran un modelo (*parádeigma*). El sofista recurre a la típica estampa pedagógica de la primera cartilla: las leyes son al adulto lo que la muestra caligráfica es al niño que aprende a escribir.

La enseñanza (cuidado y aprendizaje) de la virtud es una actividad constante en nuestras sociedades, durante todo el tiempo de la vida, ejercida de modo privado (*ídia*) y público (*d̲emósía*). Si este proceso de aprendizaje y cuidado de la virtud falla en algún individuo, vienen los reproches y el castigo, con el caso extremo de la pena de muerte para el que es incapaz de tomar parte en la virtud política.

¿Pero qué ocurre si en una sociedad hay un proceso de degradación colectiva en lo que toca a la virtud política, es decir, a los valores de respeto y justicia? Del pensamiento del sofista se sigue que, cuanto mayor es el proceso de degradación, tanto mayor es el riesgo de colapso autodestructivo.

En nuestros días es evidente que vivimos momentos de crisis muy diversas, como la pandemia con sus secuelas sanitarias y económicas. La crisis política, sin embargo, es de otra naturaleza y magnitud, pues es un indicio preocupante de degradación moral de nuestras sociedades, que está llegando a niveles hasta hace poco difíciles de imaginar. El asalto al Capitolio en EE.UU. A comienzos de este mismo año es, en este contexto, un hecho muy significativo.

En estos momentos es especialmente valioso recordar las tesis de Protágoras:

> Por eso los atenienses y otras gentes, cuando se trata de la excelencia arquitectónica o de algún tema profesional, opinan que sólo unos pocos deben asistir a la decisión, y, si alguno que está al margen de estos pocos da su consejo, no se lo aceptan, como tú dices. Y es razonable, digo yo. Pero cuando se meten en una discusión sobre la excelencia política, que hay que tratar enteramente con justicia y moderación, naturalmente aceptan a cualquier persona, como que es el deber de todo el mundo participar de esta excelencia; de lo contrario, no existirían ciudades (*Protágoras* 322d).

El sofista insiste con reiteración que la especie humana no tiene el futuro garantizado, pues existe el riesgo constante de autodestrucción por la incapacidad de poner en pie un sistema político basado en el respeto y justicia (*aidǫ́s kaì díkę*). Si esta especie de profecía tenía visos de credibilidad en tiempos del sofista, en nuestros días, no ha hecho más que incrementarse.

Contra ese riesgo de autodestrucción, con la consiguiente tentación de la violencia, la polis no puede sino insistir en el cuidado y el ejercicio de la virtud a través de los instrumentos habituales: la *paideía*, los tribunales, las leyes y los procedimientos coactivos que obligan a respetar y cuidar la virtud (*Protágoras* 327c). Así lo expone el sofista en la parte conclusiva de su Gran Discurso.

La virtud política, como ya se ha dicho, no está enraizada en la propia naturaleza humana ni tampoco se desarrolla de manera espontánea ¿Cuál es entonces la relación que existe entre el regalo de Zeus y los seres humanos?

Recordemos primero que el regalo de Prometeo se reparte *a unos pocos (olígois)*, mientras que el regalo de Zeus se reparte entre *todos* (*epì pántas*). Eso significa que no se entrega a individuos particulares, sino que se ofrece a la especie humana en su conjunto y, después, cada individuo participa de ese don. La noción de *participación* (*metéchein*), hasta en nueve ocasiones aparece este término en boca del sofista, nos lleva a concebir la virtud política (*aidǫ́s* y *díkę*) como una propiedad común, de la que cada ciudadano participa en diferente medida. De la virtud política se participa de modo semejante a como en la democracia todo ciudadano participa del gobierno[18].

Así como las capacidades técnicas las incorpora cada individuo a su propia personalidad, las capacidades

---

[18] Aristóteles en la *Política* acuña expresiones como *metéchein tę̂s politeías* (1292b39) o *metéchein tę̂s póleǫs* (1316b2) en una línea semejante a la del sofista.

sociales o políticas son como una propiedad común, como lazos o vínculos (*desmoì philías*) que crecen entre las personas y cuya potencia radica en su capacidad de unificar.

Me parece muy oportuno recordar aquí un pensamiento de Benveniste (1983, 219) a propósito del vocabulario moral en la literatura griega:

> Para comprender esta compleja historia, hay que recordar que, en Homero, todo el vocabulario de los términos morales está fuertemente impregnado de valores no individuales, sino de relación. Lo que tomamos por una terminología psicológica, afectiva, moral, indica en realidad las relaciones del individuo con los miembros de su grupo; y la relación estrecha de algunos de estos términos morales entre sí es idónea para aclarar las significaciones iniciales.
>
> De este modo, en Homero hay relación constante entre *phílos* y el concepto de *aidós*. Expresiones como: *phílos té aidoîos té*, *aidos kaì phílotes*, *aideísthai kaì phileîn* muestran con toda evidencia una estrecha conexión. Incluso si nos atenemos a las definiciones recibidas, *aidós,* "respeto, reverencia", respeto a su propia conciencia y respecto a los miembros de una sociedad familiar, asociado a *phílos,* testimonia que las dos nociones eran igualmente institucionales y que indican sentimientos propios de los miembros de un grupo reducido.

La virtud política, por tanto, no apunta de modo prioritario a cualidades psicológicas o rasgos del carácter, como ocurre con las cualificaciones técnicas y epistémicas de las personas, sino a formas de relación entre los individuos de un grupo.

Ahora se entiende mejor por qué la virtud política no puede ser algo que forme parte de la naturaleza (*phýsei*) individual de una sola persona. Tienen la realidad de una relación y no de una sustancia, de una idea o de un elemento de la naturaleza. Son los lazos o fuerzas que mantienen unidos los elementos de la polis, que concitan la amistad.

Seguramente, la pareja Zeus y Hermes en la virtud política frente Atenea y Hefesto en la sabiduría técnica tiene un alto significado simbólico. Hermes, como nos recuerda Platón en el *Crátilo* (407e-408b), es el dios que inventó el lenguaje y la palabra, y toda su actividad (como intérprete, mercader y mensajero) gira en torno a la fuerza de la palabra. Lo mismo que ocurre en la actividad de la *paideía* en todos los niveles de la ciudad: la infancia, la juventud y la vida adulta.

La legislación, escrita o no escrita, es asimismo un fruto de la palabra. Como dirá Aristóteles, el alimento de la virtud política, lo que le ayuda a que arraigue y permanezca, es el logos.

Ahora bien, el lenguaje es un instrumento ambivalente. La verdad se entremezcla con la mentira. Ya las musas de Hesíodo (*Teogonía* 27-28) confesaron al poeta que "sabemos decir muchas mentiras con apariencia de verdades; y también sabemos, cuando queremos, proclamar la verdad". Pese a tal ambivalencia, el logos es nuestro único instrumento.

Sobre los cimientos del lenguaje, como instrumento de la *paideia*, de la persuasión, se fundan las asambleas, los tribunales y los parlamentos, el espacio donde se celebran los debates y se acrisolan las leyes, las pautas de nuestra vida comunitaria.

El riesgo de autodestrucción, con la consiguiente tentación de la violencia, surge cuando el instrumento del cuidado de nuestras virtudes, que es el lenguaje, comienza a deteriorarse. El *lógos* con frecuencia se reduce a mera voz (*phonḗ*)[19] y, en tal caso, se convierte en

---

[19] Aristóteles (*Política* 1253a7-18) nos da la clave de la distinción entre voz (*phonḗ*) y palabra (*lógos*): "La razón por la cual el hombre

un grito que expresa o el lamento del animal político herido, o el rugido de amenaza contra el adversario o el ruido interminable de la bronca y el insulto. El logos se degrada, baja a su nivel más ínfimo y, en tal caso, perdida la capacidad de diálogo, la vida política se encuentra en situación de dificultad.

Siendo la crisis política la madre de todas las crisis, como demuestra la realidad con insistencia, al conjunto de la ciudadanía y no en último lugar a los políticos nos podría venir bien recordar los argumentos de Protágoras en favor del respeto y la justicia, el fundamento de la amistad y la concordia.

Referencias Bibliográficas

Benveniste, Émile. 1983. *Vocabulario de las instituciones indoeuropeas*. Taurus.

Dodds, E. R. 1929. "Euripides the Irrationalist". *The Classical Review*, Vol. 43, No. 3, 97-104.

Dodds, E.R. 1953. *Bacchae Euripides*. Oxford: Clarendon Press.

Mayhew, Robert. 2011. *Plato: Laws 10: Translated with an introduction and commentary.* Clarendon Plato Series.

Menzel, Adolf. 1964. *Calicles. Contribución a la historia de la teoría del derecho del más fuerte.* UNAM.

Ostwald, Martin. 1986. *From Popular Sovereignty to the Sovereignty of Law: Law, Society, and Politics in Fifth-Century Athens.* University of California Press.

---

es un ser social (*zôion politikón*), más que cualquier abeja y que cualquier animal gregario, es evidente: la naturaleza, como decimos, no hace nada en vano, y el hombre es el único animal que tiene palabra. Pues la voz es signo del dolor y del placer, y por eso la poseen también los demás animales, porque su naturaleza llega hasta tener sensación de dolor y de placer e indicársela unos a otros. Pero la palabra es para manifestar lo conveniente y lo perjudicial, así como lo justo y lo injusto. Y esto es lo propio del hombre frente a los demás animales: poseer, él sólo, el sentido del bien y del mal, de lo justo y de lo injusto, y de los demás valores, y la participación comunitaria de estas cosas constituye la casa y la ciudad".

Solana Dueso, José. 2000. *El camino del ágora. Filosofía política de Protágoras de Abdera.* Prensas Universitarias de Zaragoza.
Solana Dueso, José. 2017. *Protagoras. Debates de la Grecia ilustrada.*
Vlastos, Gregory. 1995. "Equality and Justice in early greek cosmologies", en *Sudies in Greek Philosophy, vol. I, The Presocratics* 57-88.
Yona, Sergio. 2015. "What About Hermes? A Reconsideration of the Myth of Prometheus in Plato's Protagoras". *Classical World*, vol. 108, no. 2, 359–383.

La autoctonía en el *Menéxeno* y la filosofía natural de Anaxágoras

Francisco David Corrales Cordón
Universitat de Girona
fdcorrales@gmail.com

1. Introducción

Las siguientes páginas tienen como cometido discutir el que creo es un aspecto peculiar del tratamiento que dispensa Platón al tópico de la autoctonía en el discurso fúnebre que ocupa la mayor parte del *Menéxeno*[20]. El pasaje de nuestro interés, que citamos a continuación, forma parte del elogio del Ática. Dice así:

> Es por lo tanto más justo rendir honores a la misma madre, pues así resulta simultáneamente celebrado el buen linaje de los caídos. Esta tierra (χώρα) es digna de ser elogiada por todo el género humano y no sólo por nosotros, por muchos y variados motivos. [...] Sería un segundo justo elogio de ésta que en aquel tiempo en que toda la Tierra (ἡ πᾶσα γῆ) generaba (ἀνεδίδου) y hacía crecer (ἔφυε) animales de todas las especies (ζῷα παντοδαπά), tanto salvajes como domésticos (θηρία τε καὶ βοτά), la nuestra se mostró estéril y libre de bestias salvajes, y escogió de entre los animales y generó al ser humano (ἐξελέξατο δὲ τῶν ζῴων καὶ ἐγέννησεν ἄνθρωπον), que supera en inteligencia al resto de seres vivos y el

[20] Frente a las aproximadamente dos páginas y media de las secciones dialogadas que lo enmarcan (234a-236d; 249d-e), el discurso fúnebre ocupa unas trece páginas de la edición de Stephanus (236d-249c). Esto equivale a alrededor de cuatro quintas partes de la extensión total del *Menéxeno*. Sobre la estructura del diálogo y sus contenidos principales puede verse Pappas y Zelcer (2015, 15-19); Turner (2018).

único que reconoce la justicia y los dioses. (*Menéxeno* 237d-e) (trad. propia)

En este texto, la autoctonía de los atenienses parece considerarse un caso especial del que sería un proceso original y universal de generación de los seres vivientes a partir de la Tierra. Entiendo que esto introduce una variación significativa respecto de 1) la tradición mítica y religiosa que moldea la identidad política ateniense durante el siglo V, tal y como esa tradición puede ser reconstruida con las fuentes iconográficas y textuales que refieren más o menos consistentemente el *anodos* del pequeño Erictonio o Erecteo de las manos de Ge a las manos de Atenea, y 2) de la forma en que puede decirse que la autoctonía aparece como tópico en la tradición oratoria de los siglos V y IV[21].

---

[21] Sobre el elenco, el examen y la discusión de estas evidencias pueden verse los trabajos de Rosivach (1987), Blok (2009a, 2009b), Loraux (2012, 2017) y Calame (2009, 2011), sobre los que volvemos a continuación. En cuanto al segundo grupo de textos, entre los cuales puede contarse el discurso fúnebre del *Menéxeno*, el mito tiene siempre una función etiológica: la autoctonía es un factor decisivo a la hora de explicar las virtudes de los autóctonos y su glorioso destino político. Ella es causa de la valentía de Temístocles en Lisias (2, 43); del buen linaje y la virilidad de los atenienses en Demóstenes (60, 4-6); de la superioridad de los atenienses frente a los lacedemonios y, por lo tanto, de la legitimidad de su hegemonía, en el caso del *Panegírico* de Isócrates (4, 18-24); de un linaje insuperable que se expresa también en la educación conducente a la virtud y el bien para la patria, en el caso del epitafio de Hipérides (7-9). En general, por lo tanto, estos textos recurren a la autoctonía para tratar de justificar la superioridad moral y política de los atenienses respecto del resto de griegos o de seres humanos. Pero es importante notar que en estos textos el nacimiento de la tierra se refiere única y exclusivamente a los atenienses, sin que haya resquicio alguno que permita pensar que la autoctonía de los atenienses no es sino un caso particular de la generación de la vida a partir de la tierra. Así, en el epitafio de Lisias (2, 15) se identifica como autóctonos a los atenienses (ἀθηναῖοι); en Hipérides (7), se habla de los varones atenienses (ἀθηναίων ἀνδρῶν); en el *Panegírico* (25), el sujeto es un "nosotros" no mezclado del que se afirma que ha habitado siempre la tierra de la que nació (ἐξ ἧσπερ ἔφυμεν); en el *Panatenaico* (124-25) se repite esta idea, aunque se formula diciendo que los ancestros de los atenienses son, de entre los Helenos, los únicos en llamarse autóctonos (μόνους αὐτόχθονας τῶν

¿Cómo explicar esta variación? En relación con nuestro texto, N. Loraux (2017, p. 44 y n. 4) señalaba el carácter insólito del uso del término ἄνθρωπος cuando toca identificar a los nacidos de la tierra en el Ática, pero pasaba de puntillas, casi sin hacer ruido, tanto sobre ese detalle como sobre la referencia, a continuación, a la simultánea generación del resto de especies animales en otras regiones de la Tierra. Por citar algunos otros autores relevantes en la literatura académica dedicada al estudio de la tradición de la autoctonía en Atenas, el aspecto que hemos señalado tampoco ha atraído la atención de autores como Rosivach (1987), Blok (2009a y 2009b) o Calame (2009 y 2011), y se ignora en estudios monográficos relativamente recientes sobre el *Menéxeno*, como el de Pappas y Zelcer (2015, pp. 157 ss.). En sus reconstrucciones de los antecedentes de la versión de la autoctonía del *Menéxeno*, estos autores contemplan exclusivamente los textos que transmiten la tradición mítica y religiosa, especialmente de la tragedia, clave para la consolidación de la creencia de un origen ctónico del pueblo ateniense a partir de su descendencia de Erecteo o Erictonio; y, por otra parte, los textos de Heródoto y Tucídides, en los que se advierte una concepción secular de la autoctonía, según la cual esta se entendería como el arraigo del pueblo ateniense en el Ática desde tiempos inmemoriales, un arraigo que contrasta con el peregrinar de los pueblos migrantes. En el *Menéxeno*, esta segunda concepción se ve claramente

Ἑλλήνων), los únicos cuya estirpe no está mezclada ni es invasora, sino que tienen como alimento a la propia tierra de la que nacieron (καὶ ταύτην ἔχοντας τὴν χώραν τροφὸν ἐξ ἧσπερ ἔφυσαν). Sólo en el caso de Demóstenes (60, 4) parece afirmarse algo semejante a lo que encontramos en el *Menéxeno*. La exclusividad del carácter ateniense recae aquí en ser los únicos de los seres humanos que habitaron la misma tierra de la que nacieron (μόνοι γὰρ πάντων ἀνθρώπων, ἐξ ἧσπερ ἔφυσαν, ταύτην ᾤκησαν). Sobre la semejanza entre el *Menéxeno* y Demóstenes, puede verse Frangeskou (1999, 320; 329). En cualquier caso, el texto de Demóstenes, motivado por la derrota griega en Queronea, es muy posterior al *Menéxeno*, lo que hace pensar en una posible influencia del texto platónico sobre el orador.

reflejada en el pasaje que precede inmediatamente al que hemos citado (237b-c)[22]; pero, repetimos, la primera experimenta de partida una variación significativa, pues en nuestro texto ya no se trata de que los atenienses sean hijos de la tierra en su condición de descendientes de Erecteo o Erictonio. La tesis, por el contrario, pasa a ser la de un nacimiento de la tierra de todos los primeros atenienses, que fueron paridos, alimentados y albergados o acogidos en su seno sin el intermediario que en aquella tradición representan esas figuras míticas. En este contexto, la elección de ἄνθρωπος, término con el que se denomina a una clase especial de ser viviente, parece ser coherente con la generalización o extensión de ese proceso de generación a partir de la Tierra de toda clase de seres vivientes en diferentes áreas o regiones, y no deja de introducir cierta tensión en un discurso que tradicionalmente mira a exaltar la diferencia entre clases dentro de la ciudad[23].

Parecería pertinente, por lo tanto, preguntarse cómo interpretar esta variación de manera plausible, ya que los conjuntos de fuentes a los que hemos hecho referencia no

[22] "El primer fundamento de su noble linaje (*scil.* de los caídos en la guerra) es la procedencia de sus antepasados, que no era foránea ni hacía de sus descendientes unos metecos en el país al que habían venido desde otro lugar, sino que eran autóctonos y habitaban y vivían realmente en una patria, criados no como los otros por una madrastra, sino por la tierra madre en la que habitaban y ahora, después de muertos, yacen en los lugares familiares de la que los dio a luz (τῆς τεκούσης), los crió (θρεψάσης) y los acogió." (trad. E. Acosta Méndez)

[23] Véase sobre esta cuestión Pappas y Zelcer (2015, 169 ss.). La autoctonía del *Menéxeno* tiene una función igualadora que socava la función que juega tradicionalmente, a saber, la diferenciación entre grupos sociales dentro de la ciudad, tal y como puede encontrarse en la sociedad tripartita de la *República.* No obstante, hay que observar que, simultáneamente, en virtud de las características propias de la tierra que pare, nutre y cría a los atenienses, hay también aquí un efecto diferenciador respecto de otros pueblos. En palabras de estos autores: "The *Menexenus* similarly denies differences among Athenians, but only in the context of enhancing differences between Athens and everyone else. It will transplant the Republic 's three classes from one city 's interior to humanity at large." (Pappas y Zelcer 2015, 170).

proporcionan claves a ese respecto. La hipótesis que defenderé a continuación es que esta variación podría estar motivada por la influencia de las ideas de la filosofía natural de Anaxágoras en la élite democrática ateniense del siglo V. Para la evaluación de esta hipótesis (1) introduciremos sumariamente algunos puntos clave del desarrollo de la tradición mítica y las creencias de los atenienses sobre la autoctonía durante el siglo V, de acuerdo con las reconstrucciones comúnmente aceptadas, a la vez que llamaremos la atención sobre la relación de Anaxágoras con la élite democrática ateniense, a la sazón protagonista en el proceso de construcción de la identidad política para la que la autoctonía es una pieza fundamental; y (2), en segundo lugar, identificaremos y comentaremos brevemente algunos textos que entendemos hacen plausible la idea de una intromisión, interferencia o influencia de la filosofía de Anaxágoras en las elaboraciones democráticas sobre el mito. Entre ellos, (a) textos que sugieren que Platón conecta o asocia explícitamente el concepto de autoctonía con las ideas de los filósofos naturales, (b) textos doxográficos sobre las doctrinas zoogónicas de Anaxágoras y (c) textos que evidencian la penetración de estas ideas en la producción de poetas que, como Eurípides, fueron protagonistas con su obra en la consolidación de la tradición de la autoctonía ateniense.

2. La tradición de la autoctonía, Atenas y Anaxágoras

De acuerdo con las reconstrucciones de Rosivach (1987), Blok (2009a, 2009b) y Loraux (2012, 2017), es importante tener presente los siguientes puntos que, como mínimo, proporcionan una estructura general para la historia de las ideas y las creencias de los atenienses sobre la autoctonía durante el siglo V:

1) Primero, Rosivach y Blok concuerdan en que las dos ideas fundamentales sobre la autoctonía que han sido enumeradas anteriormente, es decir, (a) la creencia en la autoctonía como arraigo desde tiempos inmemoriales de

una población en un territorio, idea que se compadece con el uso del término αὐτόχθων como opuesto a ἔπηλυς; y (b) la creencia en la autoctonía como nacimiento de la tierra, creencia a la que corresponde el uso del término αὐτόχθων como sinónimo de γηγενής, eran independientes entre sí y, probablemente, la primera precedía a la segunda.

2) Segundo, los mismos autores sostienen que, durante la primera mitad del siglo V, esas ideas inicialmente independientes entre sí habrían comenzado a combinarse. Este proceso no habría sido accidental o azaroso, sino que se habría conducido de acuerdo con un trabajo inventivo encajado dentro de una dinámica institucional en la que fueron cruciales los poetas trágicos[24]. Esto lo argumentan, desde un punto de vista etimológico, por la naturaleza poética del término χθών y sus compuestos, entre los cuales se cuenta αὐτόχθων; pero también, desde un punto de vista semántico, porque αὐτόχθων no es un término puramente descriptivo, sino que, implicando una superioridad moral y política de los así designados, ostenta una inequívoca dimensión valorativa que lo hace adecuado para un género dado a la propaganda política como es la tragedia ática (Rosivach 1987, p. 299). A partir de esta dimensión valorativa, se ha defendido en algún caso una tesis más estricta y radical según la cual el mito de autoctonía del *Menéxeno* no tiene valor descriptivo alguno, sino uno puramente normativo (Robitzsch, 2018, 158).

3) Tercero, el proceso anterior acabaría propiciando, en el último cuarto del siglo V, la creencia en que la autoctonía de los atenienses entendida como el arraigo de

---

[24] Blok (2009a, 253-54) apunta algunos textos con los que se podría, aunque sólo sea de una manera muy general, reconstruir hipotéticamente ese proceso. El *Agamenón* de Esquilo (v. 536), que data del 458, proporcionaría una primera evidencia en esa dirección. Ahí, αὐτόχθων designa algo fuertemente arraigado a la tierra, los fundamentos de la ciudad. Puede decirse que esa idea de la permanencia y de la continuidad entre la tierra y el orden político seguirán presentes en los usos del término tanto en la tragedia como en los escritos de historiadores, oradores y comediógrafos.

los atenienses en el Ática es una consecuencia natural de su condición de descendientes de Erecteo/Erictonio, que es él mismo αὐτόχθων en el sentido de γηγενής. En este momento de la evolución de las ideas sobre la autoctonía en Atenas, serían clave tragedias de Eurípides como *Erecteo* (entre 425 y 420), solo conservada fragmentariamente, y especialmente *Ion* (entre el 415 y el 410) que, conservada íntegramente, representa a las tribus atenienses como descendientes, a través de Creusa, de Erictonio[25].

4) Por su parte, N. Loraux postuló la existencia de tradiciones alternativas de la autoctonía en la Atenas del siglo V. Esas tradiciones eran identificadas topológicamente. Por el lugar donde eran declamados, Loraux denominó a la de los discursos fúnebres la tradición del Cerámico, y, adoptando el mismo criterio, denominó a la de la tragedia la tradición de la Acrópolis (Loraux, 2017, 56-65). Esta diferencia topológica implicaba para Loraux una diferencia simbólica e ideológica que se reflejaba en un desplazamiento determinante en lo que hace al sujeto o sujetos nacidos de la tierra de acuerdo con lo que ella denominaba la ciudad aristocrática y la ciudad democrática. De este modo, en la llamada tradición de la Acrópolis, la autoctonía pertenece a los atenienses como descendientes de Erictonio, el único que en sentido estricto ha nacido de la tierra; por el contrario, en la del Cerámico, son todos los primeros atenienses los que gozan directamente de esa condición de nacidos de la tierra. De acuerdo con Loraux, el discurso del *Menéxeno* debía leerse con sus continuidades y rupturas, su asimilación de formas y tópicos y su voluntad crítica sobre el trasfondo de la tradición del Cerámico.

Ahora bien, aunque es más que probable que el uso del tópico de la autoctonía estuviese extendido en la oratoria del siglo V[26], lo cierto es que de los discursos

---

[25] Para la cronología de ambas tragedias véase Collard (2017, 351).

[26] Sobre este punto véase Blok (2009a, p. 255). El uso corriente del tópico en Heródoto y en la comedia, donde la autoctonía se conecta

fúnebres anteriores al *Menéxeno* que han llegado hasta nosotros y que podrían considerarse ejemplares de esa tradición, uno, la versión del *Discurso Fúnebre* de Pericles que nos brinda Tucídides, del 431/30, no contempla en absoluto la idea del nacimiento de la tierra de los atenienses; el tópico también está ausente en las líneas con las que contamos del epitafio de Gorgias (véase especialmente DK 82 B 6), que data de finales del siglo V; y, a mucho estirar, a principios del siglo IV, aparece en el *Epitafio* de Lisias (2, 17), compuesto en honor de los caídos en la guerra contra Corinto de 395-387, en fechas, por lo tanto, muy próximas a la composición del *Menéxeno*[27]. En el caso de Lisias, no obstante, no puede determinarse con exactitud si, cuando se trata de la autoctonía, se hace referencia al arraigo en el territorio de los atenienses o a su nacimiento de la tierra[28].

Es pertinente, por lo tanto, tener en cuenta que las evidencias textuales de una tradición del discurso fúnebre anterior al *Menéxeno* son muy reducidas y poco informativas a la hora de identificar modelos o referentes para Platón, un punto este que es observado correctamente por Pappas y Zelcer (2015, 157-58). Esto sitúa al *Menéxeno* en un lugar muy especial, pues es una pieza fundamental para la reconstrucción de una hipotética tradición clásica del discurso fúnebre y, por ende, de la presencia del tópico de la autoctonía en la

---

con la virtud y la virilidad de los ciudadanos atenienses (cfr. *Avispas* vv. 1071-78; *Lisístrata* vv. 1082-84) permiten inferir la normalidad del tópico en la tradición oratoria.

[27] Véase Todd (2007, 152). Todd ha argumentado también sobre la posibilidad que Platón tuviese precisamente como principal objetivo crítico el discurso fúnebre de Lisias (2007, 155 ss.).

[28] Concuerdo en este sentido con Blok (2009a, p. 261 y n. 54). Quizá esa ambigüedad pueda relacionarse con la peculiaridad que, según Todd (2007), puede observarse en la localización y función de este tópico en el epitafio de Lisias, donde ocupa una posición intermedia entre la parte mítica y la histórica, haciendo de puente entre ambas y resaltando, aunque no extendiéndose narrativamente, un aspecto, el de la autoctonía, que será importante en la continuación del discurso (pp. 226-27).

misma[29]. Ahora bien, si esto es así, podrían plantearse dificultades indeseadas para la interpretación de Loraux: el *Menéxeno* sería necesario para reconstruir una tradición de la autoctonía que, a su vez, es necesaria para explicar cómo se trata de la autoctonía en el *Menéxeno*. Además de esta circularidad, habría que señalar, por otra parte, que en la tradición de la autoctonía del Cerámico, según Loraux, habría cobrado forma la idea de un nacimiento de la tierra de los atenienses originarios, pero tal cosa contribuye poco a explicar la peculiaridad que motivan estas páginas, es decir, la extensión de esa forma de generación original al resto de seres vivientes.

5) De este modo, concluimos provisionalmente, las fuentes revisadas por estos autores para la reconstrucción de la tradición de la autoctonía no proporcionan evidencias de una siquiera incipiente creencia en un nacimiento de la tierra de todos los atenienses durante el siglo V y menos aún permiten pensar en que fuera común integrar esa idea del nacimiento de la tierra de los atenienses dentro de una idea o teoría más general en la que ese nacimiento de la tierra no sería sino una instancia particular de un proceso de generación universal.

3. Anaxágoras, Atenas y el epitafio del *Menéxeno*

Volviendo a nuestra hipótesis, aun con las discrepancias observables entre los autores que, como Mansfeld (1979, 1980), Sider (1981 [2005]) y Woodbury (1981) han estudiado en profundidad la actividad de Anaxágoras en Atenas, las cronologías alternativas que se ofrecen no dejan de situar al filósofo de Clazomene como una figura intelectual central en los momentos históricos en que las ideas sobre la autoctonía están adquiriendo especial presencia y desarrollo en la construcción de la identidad ateniense, es decir, ya antes de mediado el siglo

---

[29] Ziolkowski (1985) señalaba que el epitafio del *Menéxeno* es precisamente el ejemplar que reproduce con más cuidado las formas y elementos de la tradición antigua de los discursos fúnebres (cfr. Ziolkowski, 1985, pp. 30-31, 42), una característica que justificaría la fama que adquirió en la antigüedad.

V y durante entre veinte y treinta años (Curd, 2007, 131)[30].

A propósito de su influencia intelectual sobre la élite democrática ateniense, por otra parte, la tradición parece proporcionarnos un relato bastante bien establecido (Curd, 2007, 131). Para nuestro argumento, lo más importante es señalar su influencia sobre Pericles, así como el hecho de que gozara entre sus discípulos atenienses de Arquelao, amigo y maestro de Sócrates (D. L. II, 16=DK 60 A 1) y también de Eurípides (véanse los testimonios en Kannicht 2004, T36a-38d), al que una larga tradición se refiere como el filósofo escénico (ὁ σκηνικὸς φιλόσοφος)[31] y algunos de cuyos fragmentos, como veremos más adelante, son especialmente pertinentes para lo que aquí se discute.

Plutarco cuenta que Pericles abandonó la superstición religiosa por la filosofía natural (Pericles 6=DK 59 A 16). Y, según el propio Platón, Anaxágoras fue uno de los maestros de retórica del líder ateniense (*Fedro* 269e=DK 59 A 15)[32]. Por otra parte, de acuerdo con la información que proporciona Sócrates, el discurso fúnebre de Pericles

---

[30] Mansfeld (1979), por ejemplo, ha sugerido que Anaxágoras llegó Atenas en el año 456/55 BC, durante el arcontado de Calias, y que publicó su famoso Περὶ Φύσεως hacia el 440. Por el contrario, Sider (1981) ha defendido que es probable que Anaxágoras hubiese podido establecerse en Atenas durante el ascenso de Pericles al poder (464 BC), e incluso que el propio Pericles pudo haber invitado al filósofo debido a la fama adquirida por éste a raíz de la publicación de su libro, que, en esa hipótesis, debía haber existir con mucha anterioridad a la fecha propuesta por Mansfeld. Woodbury (1981) también ha argumentado a favor de una fecha temprana para la estancia de Anaxágoras en Atenas. La fecha de publicación del libro de Anaxágoras no es, en cualquier caso, determinante para evaluar su influencia intelectual previa sobre Pericles. Cabe observar también que Anaxágoras gozaba ya de cierta fama en fechas tempranas, de acuerdo con su predicción exitosa a propósito de la caída del meteorito de Egospótamos (ca. 467) (cfr. entre otros D. L. II, 10=59 DK A 1).

[31] Una discusión exhaustiva sobre esta manera de referirse al poeta trágico puede encontrarse en Wright (2005, 235-60).

[32] Sobre la importancia de Anaxágoras en la educación retórica de Pericles, véase Gemin (2017).

y el discurso que él mismo declamará ante Menéxeno son obra de Aspasia[33], quien habría compuesto este segundo epitafio a partir de la reutilización de fragmentos desechados de la que hemos de suponer una versión desconocida del primero (236b)[34]. Si esto es así, podemos pensar que los contenidos del epitafio del *Menéxeno* son probablemente coherentes con las ideas o el espíritu del líder ateniense[35] y, de acuerdo con esto, presentan

[33] En buena medida, la validez de nuestra hipótesis depende de que aceptemos la sinceridad de esta atribución y de las informaciones que proporciona Sócrates sobre Aspasia, cuya capacidad intelectual y habilidad retórica ha sido transmitida, por ejemplo, por Plutarco (*Pericles* 24; 31). No creo que haya razones determinantes que obliguen a descartar estas informaciones como ficticias o desorientadoras. Sobre la cuestión puede verse la discusión de Solana Dueso (1994, LIV ss.), quien ha defendido la sinceridad de Sócrates. Otra interpretación es la de Robitzsch (2017), quien ha mantenido que la presencia de Aspasia en el *Menéxeno* forma más bien parte de un juego en el que la ambigüedad es la nota predominante. Por el contrario, entre los negacionistas y los escépticos se han negado o puesto en duda diferentes cuestiones, como ahora que Aspasia hubiese llegado a dirigir su propia escuela de retórica (véase, por ejemplo, Schmitt Pantel 2009, 110, n. 21; Pisano 2015, 196); o que en el *Menéxeno* Platón fuese más allá de la tendencia a sexualizar el personaje propia de la Comedia Vieja. Según esta interpretación, en su condición de fulana y conseguidora de amantes para Pericles, el personaje tendría un valor instrumental para criticar la tradición de los epitafios (véase Henry 1995, 28-29). Sobre estas cuestiones hemos discutido en Corrales Cordón (2021).

[34] Clavaud (1980, 96-101; 265-77), a quien sigue Solana Dueso (1994, LVIII, LXIV-LXV), identifica aquí la impronta de Antifonte de Ramnunte, que es mencionado por Sócrates (*Menéxeno* 236a). En resumen, Clavaud sostiene que Platón trata de señalar "le caractère mécanique et systématique de certaines formes de création littéraire" (1980, 97). Aspasia no estaría sino poniendo en práctica los procedimientos habituales de los lógografos del momento. Por mi parte, he intentado argumentar que también existe la posibilidad de relacionar el método de composición atribuido a Aspasia con las doctrinas de Anaxágoras. Véase Corrales Cordón (2021, 217 ss.).

[35] Esto es compatible con un rango amplio de interpretaciones del *Menéxeno*, desde las que coinciden en afirmar su carácter paródico (véase, por ejemplo, Dodds 1959, Guthrie 1975, Loraux 2012, Trivigno 2009), a las que defienden que hay en el epitafio declamado por Sócrates un esfuerzo por superar a Tucídides (Pappas y Zelcer 2015), pasando por las que contemplan un carácter juguetón y

elementos distintivos y reconocibles de su carácter y aproximación a la realidad de las cosas, incluida aquí la realidad objeto de los relatos míticos de su tiempo. Quizá, pues, nuestro fragmento presente cierta deformación consciente del contenido mítico tradicional, de acuerdo con el desplazamiento que, según Plutarco, habría llevado a Pericles a abandonar la religiosidad convencional para abrazar la filosofía natural.

4. Platón, Anaxágoras y el origen de la vida

El propio Platón establece una relación estrecha entre la autoctonía, entendida como nacimiento a partir de la tierra y las ideas de algunos pensadores sobre la naturaleza de las cosas. Este es el caso del famoso pasaje en el que se habla de la guerra entre gigantes y dioses del *Sofista*, pasaje sobre el que han llamado la atención Pappas y Zelcer (2015, p. 163 y n.59)[36]. En este texto, los gigantes, que reducen la realidad de las cosas a lo corpóreo y tangible, son descritos como autóctonos (αὐτόχθονες) (247c) y nacidos de la tierra (γηγενεῖς) (248c). La identificación de estos gigantes con escuelas o autores precisos ha sido discutida. Cornford (1935) defendía que en el texto no hay intención de aludir a escuelas o pensadores concretos, sino que estos gigantes serían todos aquellos que sostienen que las cosas son de naturaleza puramente corpórea (pp. 228 ss.)[37]. Bluck (1975) difería en este punto y sugería que los candidatos idóneos entre los filósofos de las generaciones anteriores son Leucipo y Demócrito (p. 91)[38]. Por su parte, Pappas y

---

deliberadamente ambiguo (Rosenstock 1994; Salkever 1993; Long 2003).

[36] En el *Corpus platonicum* la heterogeneidad de los contextos, los propósitos y las formas concretas con que se introduce la idea de la autoctonía (que, además del *Menéxeno*, aparece en *República*, *Timeo*, *Critias*, *Leyes*, *Sofista* y *Político*) no permite proporcionar una interpretación uniforme.

[37] Véase también De Rijk (1986, 100).

[38] En la misma línea se pronunciaba Guthrie (1978, 138, n.2). Seligman (1974), siguiendo probablemente a Wilamowitz (1920, II, 245) ha criticado esa identificación sobre la base de que los átomos, postulados a priori, carecen de la propiedad que se requiere para ser

Zelcer (2015) concuerdan con la tesis de Cornford y advierten, además, que en este pasaje no se está bromeando sobre ningún materialista local, precisamente, porque el ejemplo palmario de algo así como un materialismo local sería Anaxágoras, un personaje al que difícilmente podría identificarse como un autóctono ateniense (p. 163).

A mi entender, de acuerdo con Cornford, la descripción platónica es tan general que parece adecuado reconocer en ella una manera de caracterizar a un grupo de pensadores más bien amplio y heterogéneo. Estos gigantes autóctonos serían una personificación de esas teorías que anteponen la materia o lo corpóreo a la hora de identificar la esencia de las cosas. Esas mismas teorías trasladadas al terreno biológico conducirían en algunos casos a hablar de la generación de las formas de vida a partir de la tierra o de algunos de los elementos materiales de los que se compone nuestro mundo.

Para nuestro argumento, no obstante, lo importante es que Platón establece una relación estrecha entre esas ideas y la autoctonía. Esto proporciona cierto apoyo a nuestra hipótesis sobre la causa de la variación de este tema en el elogio de la tierra del *Menéxeno*. Sería verosímil que el discurso de Aspasia incluyera la variación observada precisamente porque se trata de una variación coherente con las ideas que Pericles y su círculo pudieron tomar de alguno de aquellos gigantes y aplicado en sus discursos. Por otra parte, aunque el *Sofista* solo introduzca una alusión general a determinado tipo de ideas filosóficas, en el caso del *Menéxeno* podríamos estar justificados a hablar de algún gigante concreto a la hora de explicar la variación en el tema de

---

real, es decir, la tangibilidad (p. 31). Guthrie refutaba esta objeción observando que los átomos en agregación son observables y tangibles (1978, 138 n.2). Aunque se trata de una cuestión controvertida, cabe también recordar que los atomistas pudieron defender la variabilidad infinita de la magnitud de los átomos. Si fuera así, podría llegar a pensarse que los átomos cuya magnitud supera cierto umbral son observables. Véase sobre este punto Taylor (1999, 173-75).

la autoctonía. Además de Anaxágoras, otros candidatos serían Demócrito y Protágoras.

4.1. ¿Un gigante para el *Menéxeno*?

4.1.1. Los casos de Demócrito y Protágoras

Diodoro Sículo (I,7,2-6=DK 68 B 5) atribuye a Demócrito doctrinas cosmogónicas y zoogónicas presuntamente desarrolladas en su *Pequeña ordenación del cosmos* (*Mikros diakosmos*) que podrían inspirar la variación del *Menéxeno*. La idea de un surgimiento del hombre de la tierra, tal y como se recoge en pasajes de Aecio, Censorino y Lactancio (DK 68 A 139) apuntan en la misma dirección. Ahora bien, como ya observaba Guthrie (1965, 472), estas doctrinas forman parte de una tendencia a la racionalización de ideas populares que tenía un largo recorrido entre filósofos anteriores, comenzando por Anaximandro, siguiendo por Anaxágoras y su discípulo Arquelao de Atenas y, también, por Empédocles y Jenófanes. Por otra parte, la datación de la *Pequeña ordenación del cosmos* (*Mikros diakosmos*) es problemática y –aunque algunos han propuesto una fecha posterior al 430 (cfr. Kirk, Raven y Schofield 1987, 563), cosa que podría invitar a pensar en su escasa influencia sobre Pericles, que muere el 429– quizá sea más decisivo otro hecho: que, hasta donde sabemos, Demócrito no mantuvo una relación estrecha con los líderes democráticos atenienses.

Diferente es el caso de Protágoras, de quien sí sabemos que fue cercano a Pericles[39] y a quien el propio Platón, en el diálogo que se titula con el nombre de ese pensador, atribuye un mito en el que las especies animales también salen a la luz de la tierra (*Prot.* 320c-322d). Ahora bien, a diferencia de lo que sucede en el *Menéxeno*, el mito del *Protágoras* trata de la fabricación o producción de las especies animales por

---

[39] Sobre la relación entre Pericles y Protágoras puede verse O'Sullivan (1995).

parte de Prometeo y Epimeteo, que trabajan para ello dentro de la tierra. El mito del *Protágoras* se concentra en el valor del arte y la educación para la vida política y, aunque ese valor no es nada despreciable en el discurso fúnebre del *Menéxeno*, lo cierto es que cuando se trata del origen de las distintas especies de vivientes, prima la función natural de la generación[40].

4.1.2. El caso de Anaxágoras

Por el contrario, tanto por su influencia sobre Pericles como por el tipo de doctrinas zoogónicas que se le atribuyen, Anaxágoras podría ser considerado el gigante idóneo para el *Menéxeno*. Aecio (II, 8, 1=DK 59 A 67) informa que Anaxágoras mantenía que, después de la composición del cosmos, los seres vivientes surgieron de la tierra (μετὰ τὸ συστῆναι τὸν κόσμον καὶ τὰ ζῷα ἐκ τῆς γῆς ἐξαγαγεῖν). Hemos de suponer, de acuerdo con Patrizia Curd (2007), que la posibilidad de que los seres vivientes emerjan de la tierra implica que sus semillas debían estar inmediatamente presentes en los materiales con los que esta se formó, o que esas semillas acabaron en ella por algún proceso posterior al de la formación del cosmos (p. 226). Sobre este punto, Teofrasto (*Historia plantarum* III,1,4=A 117 DK; *De causis plantarum* I,5,2) transmite que, según Anaxágoras, el aire está lleno de

[40] La prioridad de lo natural sobre lo cultural en la versión de la autoctonía del *Menéxeno* se expresa en el protagonismo de Ge frente a Atenea, como han observado bien Pappas y Zelcer: "By assigning Athena's defining characteristics to Ge, the Menexenus recombines the female figures that the old autochthony story separated. Human civilization and its technologies no longer stand at a remove from the fertility and magic of nature, and potentially in opposition to it; now nature does the work of culture. For Athenians nature domesticates itself, bringing forth wheat and barley without any prior work by farmers, and providing for the first Athenians' education." (2015, 168). Sobre esta relación entre naturaleza y cultura en nuestro texto véase también Pappas (2011). No obstante, hay que observar también que existe una tendencia a leer el mito de Prometeo y Epimeteo del Protágoras en clave naturalista. Véase a este propósito Nussbaum (2001), Vegetti (2004), Bonazzi (2012), Van Riel (2012), Beresford (2013), Güremen (2017).

semillas que, transportadas por la lluvia hasta la tierra, son la causa de la generación de las plantas. De manera similar, Ireneo de Lyon en *Adversus Haereses* (II,14,2 =A 113 DK) incide en la idea de que las semillas de las cuales provienen los animales caen del cielo a la tierra.

Prueba de que estas ideas pudieron tener un impacto en la misma tradición poética que contribuyó de manera decisiva o, como mínimo, significativa a la consolidación de creencias sobre la autoctonía en el siglo V son algunos fragmentos de Eurípides que tradicionalmente se han asociado con las doctrinas de Anaxágoras. Estos son los casos de un fragmento de *Crisipo* (frag. 839, Kannicht), tragedia de fecha incierta (véase Collard, 2017, 352), y un fragmento de *Melanipa la sabia* (frag. 484, Kannicht), tragedia que data del mismo período que *Ion* (entre 415 y 410, según Collard, 2017, 351).

El contenido del fragmento de *Crisipo* concuerda con las informaciones proporcionadas por Teofrasto e Ireneo. En él se expone, efectivamente, cómo la tierra, tras haber recibido húmedas gotas de lluvia (ἡ δ'ὑγροβόλους σταγόνας νοτίας παραδεξαμένη), pare (τίκτει) las plantas (βοτάνην), las tribus de bestias (φῦλά τέ θηρῶν) y los mortales (θνητούς). De ahí que se considere justificado decir que la tierra es la madre de todas las cosas (ὅθεν οὐ ἄδικως μήτηρ πάντων νενόμισται, 6-7).

Pero quizá sea más interesante la cita del fragmento de *Melanipa la sabia* (frag. 484, Kannicht) proporcionada por Diodoro Sículo (I,7,7=DK 59 A 62). Wright (2018) ha notado que "la sabia" (ἡ σοφή) denota por supuesto la inteligencia de la heroína protagonista, pero apunta también que no ha de perderse de vista que la expresión se relacionaba de manera estrecha con el intelectualismo del siglo V, con los filósofos y los pensadores que la tradición historiográfica ha categorizado como sofistas. Esta caracterización no debe sorprendernos si estamos familiarizados con el tratamiento que Eurípides dispensa frecuentemente a sus personajes femeninos[41]. Más aún, la heroína de Eurípides

[41] Sobre Eurípides y el universo femenino, véase Powell (1999).

se presenta, en el que sin duda podríamos considerar un parlamento reivindicativo y desafiante, como alguien que posee o tiene inteligencia (νοῦς), a pesar de ser mujer[42]. La reivindicación de la propia inteligencia en el caso de Melanipa podría entenderse también como una forma de declarar su propia filiación intelectual o filosófica, de acuerdo con la tendencia entre algunos autores antiguos a usar el término νοῦς como sobrenombre de Anaxágoras. Como se ha argumentado en otro lugar, de manera irónica, el mismo término es utilizado por Aristófanes para caracterizar a personajes del entorno de Pericles, como sucede probablemente con la Praxágora de *Las Asambleístas*, en quien algunos ven una versión cómica de la Aspasia histórica e identifican también el modelo cómico que habría inspirado la Aspasia del *Menéxeno*[43].

Si lo anterior es correcto, tanto la Melanipa de Eurípides como la Aspasia de Platón exhiben características semejantes: ambas son inteligencias femeninas que, de una forma u otra, desafían un orden dominado por hombres. Esta semejanza en los caracteres puede extenderse también a las ideas a propósito de la generación de las distintas especies de entidades vivientes que encontramos en *Melanipa la sabia* y el *Menéxeno*. En el fragmento de *Melanipa la sabia* donde se abordan estas cuestiones podemos distinguir dos momentos: en el primero, el cielo y la tierra quedarían recogidos en una única forma (οὐρανός τε γαῖα τ'ἦν μορφὴ μία)[44]; en el segundo, tras la separación del cielo y la tierra, ambos dieron a luz (ἀνέδωκαν) a los árboles (δένδρη), las criaturas aladas (πετεινά), las bestias salvajes (θῆρας), los peces (o aquellos a los que alimenta

[42] frag. 482 (Kannicht): ἐγὼ γυνὴ μέν εἰμι, νοῦς δ'ἔνεστί μοι.

[43] Véase Corrales Cordón (2021, pp. 215 ss.)

[44] Diodoro apuntaba que la idea de una unidad original del cielo y la tierra remite a la tesis de Anaxágoras sobre la mezcla original de todos los constituyentes del cosmos, donde se afirma que "Todas las cosas estaban juntas..." (ὁμοῦ χρήματα πάντα ἦν) (cf. Simplicio, *Phys.* 26-30= DK 59 B 1).

el mar) (οὕς θ'ἅλμη τρέφει) y la raza de los mortales (γένος τε θνητῶν), es decir, los seres humanos.

En relación con la autoctonía del *Menéxeno* y con las ideas detectadas en *Crisipo*, es interesante detenernos en la descripción del proceso de generación de las distintas especies de seres vivientes que hemos parafraseado en el párrafo anterior. No se trata solamente de que los registros sean muy similares en los tres textos, sino que podemos observar una coincidencia particularmente interesante en el lenguaje usado en la descripción del fragmento de *Melanipa la sabia* y en la del *Menéxeno*. En efecto, en ambos textos encontramos un uso idéntico del verbo ἀναδίδωμι. Tanto Eurípides como el autor de nuestro discurso usan ἀναδίδωμι para referir la generación a partir de la Tierra de las distintas especies de entidades vivientes. ¿Se trata de una pura coincidencia? No hay por qué descartar esa posibilidad, pero, por lo general, como demuestran otros textos del propio Platón (*Leyes* 747d; *Político* 272a; *Critias* 113e) y de otros pensadores, como el autor del hipocrático *De los Aires, Aguas y Lugares* (XII) o Jenofonte (*Memorabilia* IV, 3), ἀναδίδωμι se usa para indicar el surgir de alimento de la tierra, y no el surgimiento de seres vivientes (aunque, por supuesto, unos seres vivientes puedan servir de alimento los unos a los otros); por otro lado, de entre los textos de Platón en los que se introduce la idea de la autoctonía, el *Menéxeno* es el único en emplear ese verbo con ese sentido particular; y, finalmente, no hay nada equiparable en el resto de textos de la tradición oratoria. Así las cosas, esta coincidencia parece bastante significativa. Con ella se refuerza, desde un punto de vista lingüístico, una coincidencia más general en el plano doctrinal que, además, queda enmarcada por la coincidencia observada en la manera de caracterizar a los personajes femeninos que presentan esas ideas de esa forma determinada. Es decir, Melanipa y Aspasia, la primera reivindicando su valía intelectual en primera persona, la segunda reivindicada como la maestra de retórica de Pericles y de Sócrates por este último, proponen ideas zoogónicas semejantes de modo semejante. En el segundo caso, esas sirven de marco general en el que inscribir la idea de la autoctonía.

5. Conclusiones

No es improbable que Platón hubiese considerado adecuado que un discurso fúnebre, supuestamente concebido por una de las mentes más conspicuas de la élite democrática ateniense del siglo V, tuviera que reflejar las ideas que proporcionaban un sello intelectual e ideológico distintivo a los lugares comunes de la tradición en torno a la propia identidad política. Que Platón identifique el concepto de la autoctonía entendida como nacimiento a partir de la Tierra con las teorías propias de la filosofía natural en torno a la realidad de las cosas, tal y como se ha visto sucede en el *Sofista*, proporciona cierto apoyo a la hipótesis según la cual la variación observada en el tratamiento de la autoctonía del *Menéxeno* respondería precisamente a ese trasfondo teórico. Ahora bien, a diferencia de lo que sucede en el *Sofista*, puede decirse que la sombra del pensamiento naturalista que se extiende sobre la autoctonía del *Menéxeno* pertenece a Anaxágoras, por la influencia de su filosofía sobre Pericles y su entorno y, obviamente, por la coincidencia en el contenido fundamental de su teoría sobre el origen de la vida con lo que se describe en el mito de autoctonía del *Menéxeno*.

Los fragmentos de Eurípides brevemente comentados tienen a ese respecto bastante importancia. En el caso de *Melanipa la sabia* se han observado ciertas coincidencias con el *Menéxeno*, como el protagonismo y la notoriedad de los personajes femeninos caracterizados en los términos de una conspicua potencia intelectual, la similitud en la doctrina sobre la generación de las distintas especies de vivientes y de la coincidencia en el uso del lenguaje con el que se describe ese proceso. Si tenemos en cuenta la proximidad cronológica de *Ion* y *Melanipa la sabia*, podríamos, como mínimo, decir que hacia el último cuarto del siglo V el tema del nacimiento de la tierra de los atenienses podía recibir tratamientos alternativos dentro de la llamada por Loraux tradición de la Acrópolis, uno de ellos corresponde a la adaptación o reformulación de los contenidos del mito de autoctonía de acuerdo con las ideas y el lenguaje de la filosofía natural. A fin de cuentas, en las reconstrucciones de Rosivach, Blok o Loraux se admite que las ideas heterogéneas de los atenienses en torno a la autoctonía entran en contacto y dan lugar a nuevas formas de entender su identidad y que tal cosa es el producto de un proceso en el que la invención poética y, añadimos nosotros, también la retórica, son piedras angulares. No debería resultar extraño, por lo tanto, que las tentativas filosóficas de proporcionar una explicación racional al origen de la vida hubiesen tenido algún impacto en esos procesos, sirviendo de inspiración a poetas y oradores, sobre todo cuando esas tentativas encontraban el abrigo del poder político. Si, como se ha defendido aquí, la *Melanipa* de Eurípides constituye un caso de introducción de ese tipo de ideas en la tragedia, no creo que sea muy atrevido afirmar que lo mismo podía suceder en la tradición de los discursos fúnebres. Quizá el discurso que Sócrates atribuye a Aspasia no sea sino muestra de eso mismo.

Referencias Bibliográficas

Acosta Méndez, E. (1983). Platón, *Menéxeno*, traducción, introducción y notas de Eduardo Acosta Méndez, en Platón, *Diálogos II*, Madrid: Gredos.

Beresford, A. (2013), 'Fangs, Feathers & Fairness: Protagoras on the Origins of Right and Wrong', in: J.M.V. Ophuijsen, M.V. Raalte and P.Stork (eds.), Protagoras of Abdera: The Man, His Measure, Leiden and Boston: Brill, pp. 139–162.

Blok, J. (2009a). "Gentrifying genealogy: On the genesis of the Athenian autochthony myth", in C. Walde, U. Dill (eds). *Antike Mythen: Medien, Transformationen, Konstruktionen.* Fritz Graf zum 65. Geburtstag. Berlin, 251–75.

Blok, J. (2009b). "Perikles' citizenship law: A new perspective", Historia 58, 141–70.

Bluck, R. (1975). *Plato's Sophist.* A Commentary by Richard S. Bluck. Edited by Gordon C. Neal. Manchester University Press.

Bonazzi, M. (2012). "Il mito di Prometeo nel Protagora: una variazione sul tema delle origini", in F. Calabi adn S. Gastaldi (eds.), *Immagini delle origini. La nascita della civilità e della cultura nel pensiero antico*, Sankt Augustin, Academia Verlag, pp. 41–57.

Calame, C. (2009). *Greek Mythology: Poetics, Pragmatics, and Fiction*, Cambridge UP.

Calame, C. (2011). "Myth and Performance on the Athenian Stage", Classical Philology 106, pp. 1-19.

Cerri, G. (2016). "A Scholarship Denied. Leucippus Founder of Ancient Atomism", en Giulio Colesanti e Laura Lulli (eds.). *Submerged Literature in Ancient Greek Culture. Volume 2: Case Studies.* Berlin-Boston: De Gruyter.

Clavaud, R. (1980). *Le* Ménexène *de Platon et la rhétorique de son temps*, Paris: Les Belles Lettres.

Collard, C. (2017). "Fragments and Fragmentary Plays", en L. McClure (ed.), A Companion to Euripides, Wiley-Blackwell, pp. 347-364.

Cornford, F. (1935). *Plato's Theory of Knowledge. The* Theaetetus *and the* Sophist *of Plato Translated with a Running Commentary*. London: Kegan Paul, Trench, Trubner & Co. LTD; New York: Harcourt, Brace and Company.

Corrales Cordón, F. D. (2021). "Aspasia, *la* intelecto, autora de epitafios" en J. Aguirre Santos y J. Lavilla de Lera (eds.), *Humor y filosofía en los diálogos de Platón*, Barcelona: Anthropos, pp. 211-25.

Curd, P. (2007). *Anaxagoras of Clazomenae, Fragments and Testimonia*. A Text and Translation with Notes and Essays, Toronto-Buffalo-London: University of Toronto Press.

De Rijk, L. M. (1986). Plato's Sophist. A Philosophical Commentary. Amsterdam-Oxford-New York: North Holland Publishing Company.

Diels, H.; Kranz, W. (1960-). Die Fragmente der Vorsokratiker, Weidmannsche Verlagsbuchhandlung. III vols.

Dodds, E. R. (ed.) (1959). Plato, *Gorgias*, a revised text with introduction and commentary by E.R. Dodds, Clarendon Press, Oxford.

Frangeskou, V. (1999). "Tradition and Originality in Some Attic Funeral Orations", *The Classical World*, Vol. 92, nº 4, pp. 315-36.

Gemin, M. (2017). "La influenza di Anassagora sull'oratoria di Pericle", *Rhetorica*, XXXV(2), pp. 123-136.

Güremen, R. (2017). "The Myth of Protagoras", *Methexis*, vol. 27, nº 1, pp. 46-58.

Guthrie, W. K. C. (1965). *A History of Greek Philosophy. Vol. 2. The Presocratic Tradition from Parmenides to Democritus*. Cambridge University Press.

Guthrie, W. K. C. (1975). *A History of Greek Philosophy, vol. IV, Plato, the man and his dialogues, earlier Period*, Cambridge University Press, Cambridge.

Guthrie, W. K. C. (1978). *A History of Greek Philosophy. Vol. 5. The Later Plato and the Academy*. Cambridge University Press.

Henry, M. M. (1995). *Prisoner of History: Aspasia of Miletus and her Biographical Tradition*, Oxford University Press, New York-Oxford.

Herrman, J. (2009). *Hyperides Funeral Oration*. Edited with Introductions, TRanslation and Commentary by Judson Herrman, Oxford University Press.

Kannicht, R. (ed.). (2004). *Tragicorum Graecorum Fragmenta. Volume 5. Euripides*. Göttingen: Vandenhoeck & Ruprecht.

Kirk, C. S.; Raven, J. E.; Schofield, M. (1987). *Los filósofos presocráticos*. Historia crítica con selección de textos. Versión española de Jesús García Fernández. Segunda Edición Ampliada. Madrid: Gredos.

Long, C. P. (2003). "Dancing Naked with Socrates: Pericles, Aspasia and Socrates at Play with Politics,

Rhetoric and Philosophy", *Ancient Philosophy*, 23, pp. 49-69.
Loraux, N. (2012). *La invención de Atenas. Historia de la oración fúnebre en la ciudad clásica*, trad. de S. Vassallo, Katz, Madrid.
Loraux, N. (2017). *Los hijos de Atenea. ideas atenienses sobre la ciudadanía y la división de sexos*, trad. de Montserrat Jufresa, Barcelona: Acantilado.
Mansfeld, J. (1979). "The Chronology of Anaxagoras' Athenian Period and the Date of His Trial" PartI: "The Length and Dating of the Athenian Period", *Mnemosyne* 32, pp. 39-69.
Mansfeld, J. (1980). "The Chronology of Anaxagoras' Athenian Period and the Date of His Trial", *Mnemosyne* 33 (1980) 84-95.
Méridier, L. (ed.) (1989). Platon, *Ion, Ménexène, Euthydème*, Les Belles Lettres, Paris.
Nussbaum, M. C. (1995). *La fragilidad del bien. Fortuna y ética en la tragedia y la filosofía griega*, trad. A. Ballesteros, Madrid: Visor.
O'Sullivan, N. (1995). "Pericles and Protagoras", *Greece & Rome*, Vol. 42, nº1, pp. 15-23.
Pappas, N. (2011). "Autochthony in Plato's Menexenus," Philosophical Inquiry 34, pp. 66-80.
Pappas, N. y Zelcer, M. (2014). *Politics and Philosophy in Plato's Menexenus*, London & New York: Routledge.
Pisano, C. (2015). "Aspasia «Maestro di retorica»", *Mètis*, 13, pp. 189-200.
Powell, A. (1990). (ed.) *Euripides, Women and Sexuality*, London: Routledge.
Riel, G.V. (2012). 'Religion and Morality. Elements of Plato's Anthropology in the Myth of Prometheus', in: C. Collobert, P. Destrée and F.J. Gonzalez (ed.) Plato and Myth: Studies on the Use and Status of Platonic Myths, Leiden and Boston: Brill, pp. 145–164.
Robitzsch, J. M. (2017). "On Aspasia in Plato's Menexenus", Phoenix, Vol. 71, nº 3/4, pp. 288-300.
Robitzsch, J. M. (2018). "Ethnic Identity and its Political Consequences in the *Menexenus*" en Parker, H. y

Robitzsch, J. M. (ed.) *Speeches for the Dead. Essays on Plato's* Menexenus, Berlin-Boston: De Gruyter, pp. 153-71.

Rosenstock, B. (1994). "Socrates as Revenant. A Reading of the *Menexenus*", *Phoenix*, 48, pp. 331-347.

Salkever, S. G. (1993). "Socrates' Aspasian Oration. The Play of Philosophy and Politics in Plato's *Menexenus*", *American Political Science Review*, 87, pp. 133-143.

Schmitt-Pantel, P. (2012). *I migliori di Atene. La vita dei potenti nella Grecia antica*, traduzione di G. Vernole & E. de Benedictis, Laterza, Roma-Bari.

Seligman, P. (1974). *Being and Not-Being. An Introduction to Plato's Sophist* by Paul Seligman. The Hague: Martinus Nijhoff.

Sider, D. (1981). *The Fragments of Anaxagoras*, Introduction, Text and Commentary, D., Beiträge zur Klassischen Philologie 118, Meisenheim am Glan: Anton Hain (2nd ed. Sankt Augustin: Akademia Verlag, 2005).

Solana Dueso, J. (ed.) (1994). Aspasia de Mileto, *Testimonios y discursos*, edición bilingüe, selección, prólogo, estudio introductorio, traducción y notas de J. Solana, Anthropos, Barcelona.

Taylor, C. C. W. (1999). *The Atomists Leucippus and Democritus.* Fragments. A Text and Translation with a Commentary by C. C. W. Taylor. Toronto-Buffalo-London: University of Toronto Press.

Todd, S.C. (2007). *A Commentary on Lysias, Speeches 1-11*. Oxford University Press.

Trivigno, F. (2009). "The Rhetoric of Parody in Plato's *Menexenus*" *Philosophy and Rhetoric*, 42 (1), pp. 29-58.

Turner, J. S. (2018). "On the Structure of Plato's Menexenus", en Parker, H. y Robitzsch, J. M. (ed.), cit. pp. 51-69.

Vegetti, M. (2004). "Protagora, autore della Repubblica? (ovvero, il 'mito' del Protagora nel suo contesto)", in

G. Casertano (ed.), *Il Protagora di Platone: struttura e problematiche*, Napoli: Loffredo, pp. 145–158.
Wilamowitz-Moellendorff, U. von. (1920). *Platon.* 2 vols. Berlin.
Woodbury, L. (1981). "Anaxagoras and Athens", *Phoenix* 35, 295-315.
Wright, M. (2005). *Euripides' Escape Tragedies. A Study of* Helen, Andromeda *and* Iphigenia among the Taurians, Oxford University Press.
Wright, M. (2018). *The Lost Plays of Greek Tragedy. Vol. 2: Aeschylus, Sophocles and Euripides*, Bloomsbury Academic.
Ziolkowski, J. (1985). *Thucydides and the Tradition of Funeral Speeches*, Salem, New Hampshire: The Ayer Company (reimpresión de la 1ª ed., Arno Press).

Las cóleras de Edipo. Una (re)lectura aristotélica

Esteban Bieda
Universidad de Buenos Aires, CONICET
estebanbieda@gmail.com

1. Introducción

La presencia de la cólera (ὀργή) como personaje recurrente en el *Edipo rey* de Sófocles es por demás evidente (cf. *v.g.* 335, 337, 339, 344, 345, 364, 405, 524, 807, 1241). Su capacidad para motorizar, particularmente, las acciones de Edipo es, quizás, uno de los elementos que mayor espesor y complejidad dramáticos da al personaje. Es debido a la cólera que Edipo increpa a Tiresias (345 ss.), que asesina a Layo (807 ss.), que discute con Yocasta (1067 ss.) y, finalmente, que mutila sus ojos (1268 ss.). El Creonte de *Edipo en Colono* resume este rasgo del personaje que actúa "por satisfacer la cólera, que es la que siempre te violenta" (855).

En la presente comunicación propongo enmarcar este rasgo particular del comportamiento de Edipo en la explicación aristotélica de la acción emocional (*διὰ πάθη*) en *Ética nicomaquea*, con el objetivo de mostrar cómo es posible que una decisión surgida de la emoción irracional responda, no obstante, a parámetros racionales. Mi intención es concluir que, aun cuando activados por la cólera, los actos perpetrados por Edipo son, para él, actos racionalmente aceptables.

2. Las cóleras de Edipo

Existen varios episodios del *Edipo rey* de Sófocles en los que la cólera motiva las acciones del héroe. Aquí me detendré solo en dos.

2.1. Tiresias

Edipo hace llamar a Tiresias debido a la confianza y el respeto que le inspira: el adivino que "todo lo ve" (300) es recibido como "protector y salvador" (303). "Estamos en tus manos" (314), confiesa el rey. La primera respuesta de Tiresias es desalentadora. Esto da lugar a un *crescendo* que irá desde la alabanza inicial hasta la agresión explícita. Hay un punto específico en el que el tono cambia sensiblemente:

> EDIPO.– ¡Malvado entre malvados! ¡Harías encolerizar (ἂν ὀργάνειας) incluso a una piedra! ¿Vas a hablar en algún momento? ¿O te vas a mostrar así de duro y reacio a concluir este asunto?
> TIRESIAS.– Censurás una cólera (ὀργήν), la mía, pero no terminás de ver que la tuya <te> habita de igual modo y, por el contrario, me culpás <a mí>.
> EDIPO.– ¿Quién no se encolerizaría (ἂν ὀργίζοιτο) al escuchar esas palabras con las que ahora estás deshonrando la ciudad? (334-340)

En tres parlamentos consecutivos Sófocles recurre a la cólera como elemento central del cambio de actitud del rey: de suplicante (*hiktḗrios*, 327) a alguien tomado por una cólera que haría enfurecer incluso a lo inerte.[45] Esto se ratifica unos pocos versos después:

> TIRESIAS.– No voy a hablar más. Si querés, <actuá> con la cólera más salvaje (δι' ὀργῆς ἥτις ἀγριωτάτη) de tu corazón.
> EDIPO.– ¡Por supuesto que sí! Tan encolerizado estoy (ὡς ὀργῆς ἔχω) que no voy a descartar nada de lo que pienso

[45] La naturaleza de la piedra es, supuestamente, lo incorruptible, lo más rígido (cf. Homero, *Odisea* XXIII, 103; Eurípides, *Medea* 1279-1282).

> (ξυνίημι). Me parece (δοκῶν ἐμοί), sabelo bien, que tramaste este asunto y también lo llevaste a cabo. (343-347)

Lo que me interesa destacar es que, respetando el perfil del personaje, la cólera de Edipo no se expresa físicamente, sino de manera intelectual (ξυνίημι, δοκῶν): un Edipo iracundo no golpea a Tiresias, sino que urde una posible trama en la que el adivino, confabulando con otros, habría perpetrado el asesinato de Layo. Si bien esto podría sonar absurdo, visto con atención el razonamiento de Edipo, aunque rebuscado y quizás inverosímil, no es imposible. Recordemos que fue Creonte quien tuvo la idea de acudir a Tiresias (288). Recordemos también que el adivino se tardó excesivamente en llegar al palacio (289), cosa que ya había ocurrido antes con el propio Creonte (74-75). Sófocles siembra con sutileza lo que ocurrirá en breve, poniendo en boca del rey cierta sospecha preliminar en relación con la tardanza para entrar en escena de dos personajes que, de inmediato, acusará de conspirar en su contra. ¿Por qué Creonte tardó en regresar? ¿Por qué fue Creonte mismo quien le sugirió llamar a Tiresias y ahora es Tiresias, inmediatamente después de la salida de Creonte, quien se demora? ¿Es que han estado hablando fuera de escena? ¿Tiene el complot algo de cierto? Conociendo las características del Creonte de *Edipo en Colono* y de *Antígona*, no parece tan disparatado. Ahora bien, no es una calma reflexiva lo que lleva a Edipo reconstruir este plan en su contra. Más bien lo hace sumergido en la cólera. Su ὀργή no solo no subvierte la razón, sino que parece escucharla y servirse de ella: es debido a este razonamiento que la cólera se dispara.

2.2. La automutilación

Paso al segundo ejemplo (vv. 1238 ss.). Con su madre-esposa ya encerrada en la habitación, al Mensajero del palacio no le es posible presenciar su muerte debido a la entrada de un Edipo fuera de sí: grita (βοῶν, 1252), da vueltas en derredor (περιπολῶν, 1254), deambula (φοιτᾷ, 1255) y da alaridos terribles (δεινὸν ἀύσας, 1260). Finalmente, da con el cadáver de Yocasta, cuyos broches áureos se clava en sus propios ojos. Ante la inminencia de su salida fuera del palacio, el Corifeo se lamenta:

> CORIFEO.– ¿Qué locura (μανία) te atropelló, desdichado? ¿Cuál fue la divinidad (δαίμων) que dio un salto mayor que los más altos contra tu infeliz destino (μοῖρα)? (1300-1304).

El Corifeo no puede explicar los acontecimientos sino en función del accionar de una divinidad o del destino. Sin embargo, Edipo no está del todo de acuerdo con esto:

> CORIFEO.– ¡Hiciste cosas terribles! ¿Cómo pudiste apagar así tus ojos? ¿Cuál de las divinidades te impulsó?
> EDIPO.– ¡Ese fue Apolo! ¡Apolo, amigos, fue el que llevó a cabo estos males, males míos, sufrimientos míos! Pero <a mis ojos> no los atacó cualquiera por su propia mano, sino yo <mismo>, desgraciado (1327-1334).

Edipo no duda del peso de la palabra délfica (Apolo) –aun cuando en breve se considerará ἄθεος (1360)– pero tiene bien en claro que la automutilación no fue ni un acto de locura ni producto de la incidencia divina. Inmerso en la cólera y la angustia, dando alaridos y deambulando por el palacio, no obstante *decidió* quitarse la vista. Prueba de esto es que tenía sus razones para hacerlo: "¿qué tenía yo entonces para ver… para amar?" (1337). La desgracia de Edipo no es solo su destino, sino también una inteligencia permeable incluso a la pasión: "miserable por tu inteligencia (νοῦς) al igual que por tu desgracia" (1347), sentencia el Corifeo, y agrega: "no sé cómo podría decir que reflexionaste (βεβουλεῦσθαι) bien" (1367). Edipo responde refiriéndose a las cosas que hizo (εἰργασμένα, 1369), no que padeció, luego de lo cual amplía el razonamiento que lo llevó, aun sumido en la cólera, a quitarse la vista (1369 ss.).

El efecto trágico buscado por Sófocles consiste, así, en presentar a un hombre víctima del destino, sin dudas, pero también de sus propias decisiones:

> MENSAJERO DEL PALACIO.– [...] Algunos de los males van a salir a la luz de inmediato, <males> voluntarios, no involuntarios (ἑκόντα κοὐκ ἄκοντα). Entre las calamidades, lastiman más las claramente elegidas por uno mismo (αὐθαίρετοι) (1223-1231).

Dado que la automutilación de Edipo probablemente haya sido una innovación de Sófocles, la doble aclaración en lo que a su génesis respecta resulta fundamental: aun cuando podría parecer que todo lo ocurrido a Edipo fue por designio divino, su mutilación –es decir: su castigo– fue voluntaria, producto de una decisión. De ahí que la *responsabilidad* del héroe ante los actos cometidos, aun cuando predestinados o producto de un arranque de cólera, quede en primer lugar. El adjetivo *αὐθαίρετος* suena ajeno al universo de *Edipo rey* y, sin embargo, Sófocles encuentra el modo de colocarlo en el centro de la trama. Yocasta eligió poner la cabeza en la horca (1237) y Edipo eligió pincharse los ojos. Nadie los forzó. Aunque embargados por la pasión, ambos sabían lo que hacían, ambos querían hacerlo.[46]

[46] Estas decisiones se diferencian del parricidio y del incesto, no elegidos como tales por parte de Edipo, debido a su ignorancia filial. Queda abierta la pregunta por la responsabilidad de Edipo frente a tal ignorancia: no sabía que estaba matando al padre ni que se estaba casando con su madre, pero, al momento de matar a un hombre con edad suficiente para ser su padre y de casarse con una mujer con edad suficiente para ser su madre, sí sabía que dudaba de su filiación con Pólibo y Mérope y sí sabía que cometería parricidio e incesto (el oráculo lo había vaticinado). Edipo no sabía, pero quizás era responsable por no haber sabido, quizá tendría que haber sabido. Eso es lo que, algunos años más adelante, Platón haría decir a Sócrates: «la vida sin <auto>investigación no es digna de ser vivida para un

3. Las acciones emocionales según Aristóteles

En *Ética nicomaquea* III, 1, Aristóteles realiza un detallado análisis de las distintas clases de acción humana en función de su voluntariedad e involuntariedad. Me detendré exclusivamente en las acciones emocionales (διὰ πάθη) para pensar algunos aspectos del obrar de Edipo recién comentado.[47]

Para que una acción sea voluntaria deben darse tres condiciones: (i) el principio físico de la acción debe estar en el agente y no en una fuerza externa (1110a15-17); (ii) el agente debe conocer las circunstancias en las que actúa, es decir, no debe haber ignorancia (1111a22-24); (iii) la acción debe ser producto de un deseo.[48] Existen acciones que satisfacen estas condiciones pero que, al no ser producto inmediato de una elección en sentido estricto –*i.e.* con deliberación racional previa–, se encuentran en el límite de lo censurable: las acciones emocionales.

De las diversas emociones analizadas en *Retórica* II, especialmente relevante aquí es la cólera (ὀργή, θυμός), en tanto motor típico de acciones emocionales

hombre» (*Apología de Sócrates* 38a). Algunas décadas más adelante, también Menandro diría que "la ignorancia es una desgracia elegida por sí misma (αὐθαίρετον). ¿Por qué responsabilizás a la fortuna (τύχη) cuando vos mismo estás cometiendo el delito?" (fr. 618, Turner). Cf. *Edipo en Colono* v. 523.

[47] No me extenderé en el tratamiento aristotélico general de los πάθη, tema por demás complejo y extenso. "En ninguno de los antiguos peripatéticos encontramos una definición de *páthos*"; Aspasio 44.20-21.

[48] Cfr. *DA* 3, 10; esp. 433a31-b1. En *DA* 414b2 Aristóteles contempla tres clases de deseo humano (ὄρεξις): uno irracional-colérico (θυμός); uno irracional-apetitivo (ἐπιθυμία); uno eminentemente racional o, cuando menos, capaz de escuchar a la razón (βούλησις). Para el complejo carácter "racional" de la βούλησις –asociada en *EN* 1102b131103a2 con la parte irracional del alma–, cfr. *Ret.* 1369a2-7, *DA* 433a22-25 y 434a11-14, y el preciso análisis de Irwin 1992, §3. Si bien existe una extrema similitud entre βούλησις y προαίρεσις, la diferencia principal es que se puede desear lo imposible, pero no elegirlo, como ya advierte Aspasio en su comentario 68.26-69.9. Para esta triple condición de voluntariedad, cfr. Charles (1984: 58).

voluntarias. Y esto porque, a diferencia de otras emociones, la cólera consiste más en un deseo que en una afección:[49]

> Sea la cólera un deseo (ὄρεξις) doloroso de venganza debido a un desprecio manifiesto contra uno mismo o contra algo propio, desprecio que no corresponde <recibir> [...]. Asimismo, a toda cólera debe seguir un placer surgido de la esperanza de vengarse [...]. Nadie aspira a lo que le parece imposible: el colérico aspira a lo que le resulta posible (1378a30-b4; con intervalos).[50]

La cólera aristotélica es generada por un tercero, algo fundamental si recordamos el episodio con Tiresias. Pero también la automutilación, en la que Edipo, quizás, está queriendo vengarse de sí mismo. Ahora bien, no es cualquier afrenta la que genera la cólera, sino una "que no corresponde" (μὴ προσήκοντος, 1378a32). Ya en este punto se ve que hay involucrada cierta clase de evaluación racional, cuyo objetivo es determinar si la afrenta recibida fue o no adecuada.[51] La supuesta

---

[49] Si bien el término para definir a la ira/cólera es ὀργή (*Ret.* 1378a30), más adelante en el análisis se utilizan θυμός (1378b5) y πάθος (1379a24), por lo que considero que lo dicho en *Retórica* sobre la ὀργή puede trasladarse a terreno ético a propósito del θυμός. Los apetitos (ἐπιθυμίαι) están ausentes en el tratado de las emociones de *Retórica* por su escasa incumbencia moral, pues el placer y dolor a los que dan lugar son corporales y no, como en el caso de la ira, psíquicos-morales (aunque la ira también tenga un basamento corporal en la ebullición de la sangre; cfr. *DA* 403a25-b8). Cfr. Meredith Cope & Edwin Sandys (1877 [2009]: *ad loc.*), Gardiner (1919: 17) y Dow (2015: 151).

[50] Para un análisis pormenorizado de esta definición de πάθος, cfr. Dow (2015: §8.3-5).

[51] En *Ret.* II, 1 se apela a las emociones como herramientas para formar juicios (ἕνεκα κρίσεως, 1377b21), pues los πάθη inciden en el modo en que el agente percibe su entorno (cfr. 1378a19-21). Fortenbaugh (2006: 110) es taxativo: "no existe ninguna clase de cólera que no involucre la creencia de que ha ocurrido un daño

conspiración de Tiresias y Creonte es, a criterio de Edipo, injusta, desde el momento en que los tebanos pusieron en sus manos el trono sin que él, Edipo, lo pidiera (380-399). Volviendo a Aristóteles, la esperanza de vengarse no puede responder sino a un cálculo racional capaz de medir el placer futuro frente al padecimiento por la afrenta presente. De hecho, se dice explícitamente que el colérico no aspira a lo que "le parece" (φαινομένων) imposible, de modo que, evidentemente, su reflexión y su cólera confluyen para determinar el curso de acción a seguir.[52] Un pasaje de *Tópicos* confirma la concurrencia de emoción y racionalidad en la cólera:

> Parece que del *qué-es* de la cólera se predican tanto el sufrimiento como la comprensión (ὑπόληψις) de la ofensa, porque el encolerizado sufre a la vez que comprende (ὑπολαμβάνει) que fue ofendido (127b30-32).[53]

Esto se ajusta perfectamente al caso de Edipo: sufre, hierve de pasión, pero no pierde el juicio, sino todo lo contrario. La cólera se alimenta de su reflexión dando lugar a una explicación de los hechos y a la justificación de su obrar.

En cuanto a las diversas justificaciones aristotélicas para incluir las acciones emocionales entre las voluntarias, me concentraré en un solo aspecto. Si recordamos las condiciones para que una acción sea voluntaria, las emocionales satisfacen sin duda alguna la

---

injustificado" (mi trad.). Para la necesidad de encolerizarse "como se debe/corresponde", cfr. también *EN* 1109a26-b26.

[52] En *DA* 433b5-10 una de las características del intelecto es, precisamente, percibir el tiempo para postergar acciones inmediatas en pos de mayor placer a futuro. Para las connotaciones racionales de φαινομένων aquí, cfr. Meredith Cope & Edwin Sandys (1877 [2009]: *ad loc.*).

[53] ὑπολαμβάνω y ὑπόλψις remiten de modo general al conocimiento: ciencia, prudencia y opinión: cfr. *DA* 427b23-26 y Sinnot (2007: nota 1003).

primera (no hay fuerza externa involucrada) y la tercera (el θυμός es una clase de deseo; *DA* 414b2). Pero ¿qué ocurre con la segunda? ¿Sabe lo que hace quien obra movido por la emoción? Como ya vimos a partir de la definición de *Retórica*, emoción y racionalidad no son excluyentes, sino que pueden colaborar con vistas a una misma meta. En medio del análisis de la voluntariedad práctica en *EN* 3, 1 también encontramos indicios de que quien obra movido por la emoción sabe, en cierto sentido, lo que está haciendo:

> Parece que actuar por ignorancia (δι' ἄγνοιαν) es diferente a obrar mientras se está ignorando <momentáneamente lo que se hace> (ἀγνοοῦντα). En efecto, no parece que quien está borracho o encolerizado (ὀργιζόμενος) actúe por ignorancia [...], ni tampoco sabiendo, sino <que lo hace> mientras está ignorando <momentáneamente lo que hace> (ἀγνοῶν) (1110b24-27).

El encolerizado –como el embriagado– posee conocimiento vinculado con la acción que realiza. Sin embargo, ocurre que, en el momento en que está actuando, ese conocimiento no está activo, no está puesto en ejercicio, no está operativo al momento de actuar.[54] Pero está. Es decir que quien actúa encolerizado hace algo que, cuando está calmo, *considera correcto*. Lo que la cólera hace no es contradecir sin más una opinión racional –independientemente de que sea o no correcta–, sino inhibir aquello que, en estado de calma, impide obrar conforme dicha opinión. Como consecuencia, la causa inmediata del obrar del colérico no es su opinión (pues actúa "mientras ignora <momentáneamente>" lo que está haciendo), sino la cólera. Hace lo que hace

[54] Es común para Aristóteles la posibilidad de poseer (ἔχειν) un conocimiento que, en determinada situación, no se utiliza (χρῆσθαι/θεωρεῖν); cfr. *EN* 1146b31-35 y *DA* II, 1. He analizado en detalle esta distinción en Bieda (2020).

porque está enojado, pero eso no implica que, en cierto sentido al menos, no sea eso lo que quería hacer: quien se venga coléricamente de una afrenta lo hace porque cree que corresponde vengarse (*Ret.* 1378a32). Esa opinión, sin embargo, no le basta para iniciar la venganza, quizá por cobardía. Su ira, en cambio, sí le permite concretarla. Decir que el agente está "ignorando <momentáneamente>" lo que hace no significa que desconoce que se está vengando o de quién se está vengando o que le está haciendo un daño, sino que no es su opinión la que inicia la acción: su cólera lo hace.[55] Hay, pues, cierta presencia mediata de la opinión racional. Y de allí surge la voluntariedad de las acciones coléricas. Una vez más: si la acción colérica nada tuviese que ver con las opiniones racionales del agente, mal se la podría considerar voluntaria y juzgar moralmente, pues siempre se podría aducir que ese estado de emoción violenta nada tiene que ver con la identidad moral de quien simplemente sería víctima de su emoción. De allí que Aristóteles pueda decir que "es necesario encolerizarse con ciertas cosas" (1111a30-31); y, por lo tanto, con otras no.[56] La cólera es moralmente deseable en algunas circunstancias. Tan necesaria que no tenerla podría merecer censura:

> El que es manso [...] no quiere ser llevado por la emoción, sino enojarse del modo, por los motivos y en el momento que la razón disponga (ὡς ἂν ὁ λόγος τάξῃ) [...]. Porque los que no se encolerizan por lo que se debe,

---

[55] *Stricto sensu* el responsable último por la acción colérica no es la cólera del agente, sino el tercero que, con su afrenta, originó dicha cólera legítima: "se juzga correctamente que lo hecho por cólera no es originado por la reflexión, pues el que obra coléricamente no inicia <la acción>, sino el que lo irritó" (1135b25-27). No obstante, incluso quien se quita la propia vida movido por la ira –caso en el que no hay un tercero– comete una injusticia contra la ciudad (cfr. 1138a10-13).

[56] El texto sigue: "parece que las emociones irracionales no son menos humanas, de modo que también lo son las acciones del hombre que surgen de la cólera y del apetito. Por lo tanto, es absurdo postularlas como involuntarias" (1111b1-3).

> ni como se debe, ni cuando se debe parecen vagos (ἠλίθιοι) [...]. Como no se encoleriza, parece incapaz de defenderse (1125b33-1126a7, con intervalos).

La razón (λόγος) dispone con quién, cómo y cuándo encolerizarse.[57] Sin embargo, esta afirmación debe ser atenuada. Caso contrario, tendríamos que concluir que todo acto colérico es (mediatamente) racional sin más, cosa evidentemente exagerada. Porque la cólera no lleva a Edipo a buen puerto: por muy racionalmente verosímil que le parezca, el complot de Creonte y Tiresias no existe, el asesino de Layo es él mismo y su esposa es su madre. Aristóteles contempla que la cólera solo en algunos casos será moralmente valiosa:

> En relación con encolerizarse, somos malos si lo hacemos excesiva o débilmente, pero buenos si lo hacemos mesuradamente. [...] Ni el que siente temor ni el encolerizado son elogiados, ni se censura al que se encoleriza sin más, sino a quien lo hace *de cierto modo* (ὁ πῶς <ὀργιζόμενος>)" (1105b26-1106a1, con intervalo).

Al ser una emoción irracional, la cólera no siempre hará exactamente lo que la razón le indica. El λόγος no determina de manera definitiva qué, cómo o cuándo habrá de encolerizarse el colérico. Y esto ocurre porque la cólera tiene un carácter doble: por un lado, puede escuchar a la razón, pero, por otro lado, su naturaleza es tal que la precipitación hace que no siempre concuerde con la disposición racional:[58]

---

[57] En la medida en que establece el término medio entre la ira excesiva (exceso) y la tranquilidad excesiva (defecto).

[58] De allí que existan serias dificultades para establecer racionalmente cuándo y cómo encolerizarse: cf. *EN* 1126a33-35.

Parece que la cólera oye en alguna medida (τι) a la razón, pero no oye del todo bien (παρακούειν), igual que los ayudantes atolondrados que, antes de oír todo lo que se <les> dice, salen corriendo y después equivocan la orden [...]. Del mismo modo, la cólera [...] se lanza (ὁρμᾷ) hacia la venganza. Porque la razón o la imaginación le mostraron que <hubo> ultraje o menosprecio, algo con lo que <la cólera> se enoja de inmediato (εὐθύς), como si hubiese concluido racionalmente (ὥσπερ συλλογισάμενος) que tenía que combatir contra eso. [...] De modo que la cólera sigue de algún modo a la razón (ὥσθ' ὁ μὲν θυμὸς ἀκολουθεῖ τῷ λόγῳ πως)" (1149a25-b1, con intervalo).[59]

Nuevamente se menciona cierto "modo" (πως) en el que la cólera acompaña al λόγος, modo que condensa su carácter bivalente: en su potencia reactiva no se agota su capacidad de generar acciones, pues también es permeable a la razón. El hervor (θερμότης) y la velocidad (ταχύτης, εὐθύς) de su naturaleza hacen que, en ciertos casos, el colérico obre como si hubiese razonado (ὥσπερ συλλογισάμενος), cuando en realidad está obedeciendo a un impulso (ὁρμᾷ). Este, quizás, sea el caso de Edipo. Pero, incluso en esos casos, la razón se ha pronunciado y la cólera, aunque de manera tergiversada o equívoca (παρακούειν), ha escuchado, por lo que "de algún modo" la sigue. Como el ayudante atolondrado, no ha escuchado todo lo que la razón dispuso, por lo que tan solo la sigue

[59] El pasaje retoma, con algo más de precisión, lo que ya se había dicho en *EN* 1, 13: "Parece que lo irracional <en el alma> es doble. Porque lo vegetativo de ningún modo se comunica con la razón, mientras que lo apetitivo –es decir: lo desiderativo en general– participa de algún modo (πως) <de la razón> [...]. Tanto la amonestación como toda clase de censura y la exhortación revelan que lo irracional es persuadido, de algún modo (πως), por la razón" (1102b28-1103a1).

en parte, pero la sigue. El modo en que la cólera escucha a la razón no es "matemático" (es decir: apodíctico), sino analogable a los vínculos filiales: "como cuando decimos de nuestro padre o de nuestros amigos que 'tienen razón', no como lo decimos de los matemáticos" (1102b31-33).

Volviendo a la cólera de Edipo con Tiresias, su razonamiento, aunque rebuscado, no resultaba disparatado. Esta tensión entre algo lógico-posible pero inverosímil puede explicarse, quizás, por este carácter ambivalente de la cólera aristotélica. Que escuche mal a la razón permite explicar los actos imprudentes a los que dan lugar los argumentos del rey. Quizás, incluso, estemos ante cierta clase de ὕβρις trágica toda vez que la cólera escucha mal a la razón del héroe.

4. Conclusión

La lectura aristotélica de las cóleras de Edipo tiene consecuencias concretas para la interpretación del personaje. Por lo pronto, que todo aquello que hace movido por la cólera le resulta, en parte al menos, racionalmente aceptable. Aun cuando la causa inmediata sea la cólera, lo que Edipo hace enojado es algo con lo que, en definitiva, está de acuerdo. Asimismo, también tiene consecuencias respecto del método aristotélico para la ética, más concretamente para lo concerniente a los ἔνδοξα (y los λεγόμενα) involucrados. ¿Por qué no aventurar que los vínculos que Aristóteles encuentra entre la cólera y la razón surgen de casos modélicos como el de Edipo de Sófocles, de conocimiento innegable por parte del estagirita? Si bien imposible de demostrar, resulta, como mínimo, un camino fértil de pensamiento.

Referencias bibliográficas

Bieda, E. (2020). *Sófocles. Edipo rey*, Estudio preliminar, traducción y notas (edición bilingüe), Buenos Aires. Ed. Winograd

Bieda, E. (2021). "Aristóteles frente al examen platónico de la voluntariedad práctica en *Leyes*", en *Quaderni Urbinati di Cultura Classica* 127 (156), pp. 99-124.

Charles, D. (1984). *Aristotle's Philosophy of Action*, London. Ed. Cambridge University Press

Dow, J. (2015). *Passions and Persuasion in Aristotle's Rhetoric*, Oxford. Oxford University Press

Fortenbaugh, W. (2006). *Aristotle's practical Side*, Leiden-Boston. Ed. J. Brill

Gardiner, H.N. (1919). "The Psychology of the Affections in Plato and Aristotle", en *The Philosophical Review* 28/2, pp. 1-26.

Meredith Cope, E. & Edwin Sandis, J. -eds.- (1877 [2009]). *Aristotle: Rhetoric*, Cambridge. Ed. Cambridge

Sinnot, E. (2007). *Aristóteles. Ética nicomaquea*, Buenos Aires. Ed. Ediciones Colihue

Apuntes sobre la relación entre saber y política a la luz del argumento del ἔργον en *Rep.* I

Ariel Vecchio
UNSAM-UNAV-LICH/CONICET
vecchioariel@gmail.com

1. Introducción: alcance y objetivo de la presente comunicación

Este escrito[60] tiene como objetivo presentar algunas notas sobre el tratamiento platónico del saber político en *Rep.*, que nos permitan reflexionar, en la medida de lo posible, en nuestro contexto sobre la relación entre saber y política[61]. De modo que se presentará una reconstrucción operacional de *Rep.* con el fin de enmarcar y gatillar una reflexión que permanece con plena vigencia. Para tal fin se propone como hilo conductor la tematización de lo que denominaremos "el argumento del ἔργον" en el L I de *Rep.*, con especial atención en la reflexión sobre la estructura teleológica de la técnica y la πρᾶξις en sus dos momentos: el primero formal y el segundo material. Aunque, por razones de extensión, aquí no lo abordaremos, esto nos permitiría comprender orientadamente, por un lado, la posterior conexión del "argumento del ἔργον" en el entramado textual con la noción de justicia y el bien, y, por otro, paralelamente, el papel de la política y la filosofía en la

---

[60] La versión actual sigue, con las correcciones pertinentes, el texto original que ha sido leído en oportunidad del Primer Foro Internacional de Filosofía Antigua y Primer Foro Departamental de Profesores de Filosofía. Algunas de las tesis presentadas aquí han sido completadas y defendidas con comentarios *ad hoc* en la presentación oral.

[61] La reflexión está motivada por la discusión actual sobre "el gobierno de científicos", caracterizado particularmente por epidemiólogos, y el lugar de la política.

ciudad creada en palabras[62], que funciona como paradigma existencial (cfr. VIII 592b y VIII 540d)[63].

Intentaremos poner en claro el tipo de saber que caracteriza la técnica política siguiendo la conexión interna entre técnica y ἔργον en el marco del L I. Esta conexión, en vistas del entramado general, funciona como análisis preparatorio para el descubrimiento de la justicia genuina. En esta conexión se presenta el requerimiento elemental para toda acción: orden y armonía de los constituyentes en vistas de un mismo fin y conforme a una articulación apropiada de las funciones convenientes.

La hipótesis es que la política es presentada como un tipo de saber holístico-arquitectónico, cuyo objeto está compuesto por elementos categorialmente diversos. Ella permitiría administrar el entramado de funciones y fines particulares que constituye la ciudad paradigmática en vistas a su ἀρετή: la unidad orgánica de la diversidad. Concomitantemente, el candidato capacitado con un tipo de conocimiento holístico-sinóptico para gobernar genuinamente el complejo entramado de fines de la ciudad en palabras, sea la colectiva o la individual, es el

---

[62] Cfr. *Sof.* 228c y ss. Además, véase el interesante análisis de Heidegger (2012:§56) de este pasaje del *Sof.* La estructura teleológica de búsqueda de la verdad está en conexión con la búsqueda del bien en la acción, como veremos a continuación. En este sentido Wieland (1999:272), en su brillante análisis (§16) de la estructura teleológica presentada en este contexto de *Rep.*, afirma "Der Orientierung des kognitiven Verhaltens an der Wahrheit entspricht die Orientierung alles Handelns am Guten."

[63] Es necesario advertir que en *Rep.* hay una ambivalencia transversal: como es sabido, la ciudad compuesta en palabras es paradigmática y cumple la función de punto de orientación para la existencia colectiva y, a su vez, individual. La lectura actual sigue la primera opción y trata de indagar posibles conexiones, aunque, creemos, no es la fundamental desde el punto de vista textual. Digamos solamente por caso que la pregunta inicial en L I 352c-d (de qué modo es necesario vivir en el plano individual) es de algún modo retomada, luego de la función heurística del correlato estructural ciudad-hombre, en IX 578c donde se afirma que la σκέψις de la conversación versa sobre lo más importante: el modo de vivir bien y de vivir mal (ἀγαθοῦ βίου καὶ κακοῦ).

agente formado bajo el tipo de conocimiento llamado "filosófico". Esto se debe a que su tipo peculiar de conocimiento es analítico-sintético, esto es, dialéctico.[64] De manera que la introducción de la filosofía en conexión con la política se justificaría si atendemos a que ella cumpliría, si se quiere, la función meta-arquitectónica.

2. La conexión interna entre técnica y ἔργον. Análisis preparatorio para la política

En una reconstrucción del L I de *Rep* podemos decir que la estructura teleológica atiende a dos planos: por un lado, la función y finalidad interna de cada técnica es favorecer el despliegue de su propio objeto, pero, por otro, el propio objeto es considerado en vistas a que tiene su propio ἔργον y, por ende, su finalidad. En otros términos, la técnica posee un plano descriptivo, en el cual devela la función propia de su objeto, y un plano normativo, en el que, contando con aquel, orienta el objeto a su propia ἀρετή, esto es, bien comprendido el término griego, a la correcta hechura de X en conexión con el despliegue interno de su propia φύσις. Esta caracterización básica de la técnica sirve como punto de inicio para el posterior desarrollo del tipo de saber propio de la instancia superior de gobierno, que se despliega, como se sabe, en los restantes libros conforme al conjunto de motivos co-implicados.

El pasaje 342a-c es fundamental para también comprender, según entendemos, un tópico central en ciertas obras de Platón, a saber: por un lado, la propia insuficiente de las técnicas con respecto a ser ellas mismas objeto de sí mismas y, por otro, la existencia de un tipo de saber reflexivo que no corresponde a ellas. Esto se debe a que el saber técnico, en sentido amplio, es

---

[64] El ἔργον de quienes fundan la ciudad (τῶν οἰκιστῶν) es obligar (ἀναγκάσαι) a los mejores dotados por naturaleza (τάς τε βελτίστας φύσεις), por un lado, a emprender el estudio de lo más importante, el bien (τὸ ἀγαθὸν), y, por otro, una vez alcanzado, retornar al ejercicio de la técnica política. En este punto seguimos a Wieland (1999:300).

un saber-cómo con vistas a su propio objeto de ejecución, es decir, sus objetos son externos y, por ende, no son saberes de carácter autorreflexivo. En este sentido, la medicina no examina lo que le conviene a ella, sino al cuerpo de quien atiende. De manera que ninguna técnica investiga lo conveniente (τὸ συμφέρον σκοπεῖ) para sí misma (ἑαυτῇ), pues no tiene necesidad de ello, sino en vistas de aquello por lo cual la técnica existe (ἐκείνῳ οὗ τέχνη ἐστίν).

De este modo, las técnicas gobiernan, gestionan y dominan únicamente aquello a partir de lo cual son técnicas (ἄρχουσί γε αἱ τέχναι καὶ κρατοῦσιν ἐκείνου οὗπέρ εἰσιν τέχναι). En otras palabras, la ciencia, ἐπιστήμη –término empleado como sinónimo de τέχνη en este contexto– no investiga ni ordena lo conveniente para la instancia capaz de gestionar –"lo más fuerte"–, sino lo conveniente del objeto particular de estudio, esto es, la instancia que es gobernada por ella –"lo menos fuerte"– (τὸ τοῦ κρείττονος συμφέρον σκοπεῖ οὐδ' ἐπιτάττει, ἀλλὰ τὸ τοῦ ἥττονός τε καὶ ἀρχομένου ὑπὸ ἑαυτῆς). De modo que quien ejecuta una técnica de modo genuino, no en apariencia, no lo hace con miras a su propio beneficio, sino que examina y prescribe lo que conviene al objeto por el cual es técnico o entendido (342d-e)[65].

El técnico, en calidad de δημιουργός, en sentido estricto, gobierna su objeto. Es por ello que, en estos pasajes, se establece una equiparación entre el técnico y

---

[65] Conforme a la analogía, el médico es médico por proporcionar salud y, adicionalmente, con relación a su propio ejercicio, perciben un salario. En otros términos, concomitantemente el médico es un mercenario por obtener un salario, pero su técnica y él mismo no se definen por ello. Es necesario, entonces, si se desea definir con rigor (ἀκριβῶς διορίζειν) o investigar con rigor (ἀκριβῶς σκοπεῖσθαι), atender a las cosas mismas, esto es, al beneficio particular de cada técnica, que está en conexión con el objeto particular, dado que allí se encuentra su genuino obrar. Para el tema del salario, Cfr. I 346d-347a. A su vez, cfr. Solans (2017:218, n. 439) y Schütrumpf (2011:34).

el ἄρχων, en el sentido de que todo técnico es a la vez κυβερνήτης: conduce al objeto de tu saber hacer. En términos de Sócrates se deja bien en claro que:

> nadie en ningún gobierno, en tanto que es gobernante, examina y dispone otra cosa que lo que conviene a lo gobernado, es decir, a aquello para lo cual él ejerce su profesión, y mirando a aquello, a lo que aquel conviene y se adecua, dice las cosas que dice y hace absolutamente todas las cosas que hace (343e).

Reformulando lo dicho, la técnica es a la vez descriptiva y, fundamentalmente, normativa-prescriptiva respecto a su objeto. Por ello, decir que con la mira puesta en el objeto, puntualmente en lo que a este conviene y le es apropiado, dice y hace todas las cosas que dice y hace, significa que, desde el plano descriptivo, conoce su objeto en todas las dimensiones; desde el plano normativo, tras poner en claro estas características propias de su objeto, prescribe qué tipo de acciones y de qué modo se deben realizar estas acciones para lograr correctamente el ἔργον, esto es, lo ἀγαθόν y la ἀρετή, como se verá a continuación, que están sujetos al tipo de objeto de cada técnica. En otras palabras, el momento descriptivo es la pre-condición o condición necesaria para ejecutar una técnica, la cual culmina su función en el momento normativo.

La estrategia empleada por Sócrates para en común buscar la verdad es repensar qué se entiende por verdadero o genuino médico (τὸν ὡς ἀληθῶς ἰατρὸν) y el verdadero o genuino pastor (τὸν ὡς ἀληθῶς ποιμένα), lo cual aúna la distinción epistemológica-ontológica entre ser-parecer y la indicación sobre el teleologismo propio de toda búsqueda o acción. Es importante notar que la estructura ὡς ἀληθῶς apunta a dar con ciertas propiedades del objeto que lo haga realmente X y no aparentemente X (cf. Vlastos, 1973: 59 yss). En este sentido, si se afirma que el pastor apacienta las ovejas sin mirar lo que es mejor para ellas (οὐ πρὸς τὸ τῶν προβάτων βέλτιστον βλέποντα) no lo hace en tanto pastor, sino como mercader. Es necesario entonces discernir el sentido genuino/verdadero de X y, luego, corroborar si a aquello que se tematiza se le puede aplicar el predicado X con arreglo. La definición, en esta línea interpretativa, no tiene un alcance meramente teórico, sino que sirve como pauta o guía práctica tanto en el debate como en la vida fáctica. Por ello, es necesario a partir del nombre X, remontarse al sentido o fenómeno por el cual recibe dicho nombre. Ahora bien, se pone en evidencia que todo trato presupone cierta precomprensión acertada o incorrecta de aquello con lo cual se trata, pero un trato competente, orientado, requiere de un previo análisis para la comprensión correcta de aquello con lo cual se ha de tratar competentemente. Una vez puesto en claro el punto de orientación, mirando a este, se ejecuta la acción.

En este contexto, se intenta poner en claro qué significa genuinamente "técnica de pastoreo" y, en el fondo, "técnica de gobierno": la técnica pone el foco en el objeto en cuestión y apunta a lo mejor no en sentido moral, sino en sentido técnico, es decir, a la eficacia de la acción o la hechura correcta del objeto. En este sentido, la técnica tiene por objetivo último hacer que el objeto de su estudio-cuidado esté en condiciones de desplegar conforme a su φύσις correctamente su ἔργον y, por ende, alcanzar su ἀρετή.

En plena conversación con Trasímaco, para mostrar la necesidad y, por ende, superioridad de cierta justicia también en el caso de la ciudad más injusta, Sócrates apela al ejemplo de una ciudad injusta que ha sometido a esclavitud al resto, que, en resumidas cuentas, sería una instancia de la tesis general de Trasímaco. De hecho, la tesis de Trasímaco es que la mejor πόλις (ἡ ἀρίστη), tema de harto alcance en *Rep.*, es la completamente injusta, aquella que esclaviza en mayor medida al resto (351b). Como se sabe, tras la puesta en claro de los presupuestos, en los L VIII y IX se afirma que la ciudad injusta, la tiránica, es aquella peor gobernada, en la medida en que toma el mando la "bestia multiforme" (la pluralidad) y esclaviza a la mejor, que sería la capaz de articular el compuesto. Este punto es central para lo que desarrollaremos a continuación: desde el plano individual, el tirano no se domina a sí mismo (579c-d, 388e), entonces, sus acciones son ejecutadas en un estado de auto-ocultamiento o, en otros términos, el tipo de deseo y sus consecuentes acciones no corresponden a un estado de auto-esclarecimiento. En este sentido, el tirano, que es caracterizado como el peor de los hombres, es quien resulta similar de algún modo a quien duerme (576b): no es dueño de sí (cfr. 430d-e y 545d). Por el contrario, es arrastrado por la fuerza y multiforma de lo irracional. Sócrates afirma que, aunque a alguien no le parezca (κἂν εἰ μή τῳ δοκεῖ), con clara alusión a Trasímaco, el verdadero tirano es un verdadero esclavo, puesto que es incapaz de capitanearse genuinamente a sí mismo (ὢν ἀκράτωρ). A este respecto, luego de caracterizar negativamente al tirano, Sócrates sostiene que el tirano en mayor medida es δυστυχής, infortunado, y que el modo de autogobierno denominado βασιλικόν es el mejor y más justo (τὸν ἄριστόν τε καὶ δικαιότατον), en la medida en que se mantiene la distribución adecuada de papeles internamente, que permite ser más feliz (εὐδαιμονέστατον) y autogobernarse (βασιλεύοντα αὑτοῦ). En cambio, el denominado τυραννικόν es el peor modo de gobierno y el más injusto (τὸν δὲ κάκιστόν τε καὶ ἀδικώτατον), dado que tiraniza al máximo a sí mismo y a la ciudad (ἑαυτοῦ τε ὅτι μάλιστα τυραννῇ καὶ τῆς πόλεως) (cfr. 388e)[66].

[66] En este punto, es interesante destacar la contraposición que se realiza en el L IX según la cual el modo de vida (βιώσεται) del tirano es el más desagradable (ἀηδέστατα) y el modo de vida aristocrático o real (βασιλεύς), esto es, el filosófico, es caracterizado como el más placentero (ἥδιστα). Allí se afirma que los tipos de placeres son tres, pero solo uno de buen origen (γνησίας) y los otros dos son, por ende, bastardos (587b-c, cfr. 583a). Esto debe ser entendido sobre la base de que, retomando lo dicho anteriormente, el tirano al huir de la ley y el λόγος (φυγὼν νόμον τε καὶ λόγον) va más allá de los bastardos (εἰς τὸ ἐπέκεινα ὑπερβὰς): anida en este tipo de vida el impulso hacia el exceso y la falta de autogobierno controlado. Para mostrar el exceso

Ahora bien, en el contexto del L I Sócrates intentará mostrar el punto central no visto por Trasímaco: en una

---

característico del modo de vida tiránico, Sócrates presenta, nuevamente, una metáfora de cierto sentido espacial: a partir de un punto de referencia dado por el oligárquico, que ya es un placer bastardo y por ende no es la referencia genuina, el tirano está tres veces más lejos (τρίτος που) del oligárquico y en medio de ellos se encuentra el democrático. Dicho esto, se afirma que, si es cierto esto, el tirano tendría un placer tres imágenes más alejado que el oligárquico del verdadero (οὐκοῦν καὶ ἡδονῆς τρίτῳ εἰδώλῳ πρὸς ἀλήθειαν ἀπ' ἐκείνου συνοικοῖ ἄν, εἰ τὰ πρόσθεν ἀληθῆ). Es decir, tomando como referencia el placer del oligárquico –placer bastardo que se halla ya a tres grados del placer ἀριστοκρατικὸν, es decir, βασιλικὸν– el placer tiránico se encuentra en tercer término, en medio de ambos se sitúa el democrático. De modo que el placer tiránico es el más alejado del verdadero placer y, por ende, excesivo; la vida del tiránico, ajustada a ese tipo de placer, es a su vez la menos placentera, la más desmedida y la menos autocontrolada. Es por ello que en este punto del argumento se afirma que el justo vence al injusto por la buena forma, la belleza y la virtud de la su modo de vida (εὐσχημοσύνῃ βίου, κάλλει y ἀρετῇ, 588a), como contracara el modo de vida tiránico, esto es, injusto, vive una vida excesivamente descontrolada y desfigurada, presa de la multiforma de los apetitos más voraces. Desgarrado en su interior, el tirano o el injusto vive la vida más desorientada, en la medida en que es arrastrado constantemente por diversos apetitos.
Ahora bien, a diferencia de los otros modos de vida allí analizados y sus tipos de placeres, el placer que acompaña a conocer la verdad solo le corresponde al filósofo. Por eso se sostiene que cuanto placer acompañe a la contemplación de lo que es (τῆς δὲ τοῦ ὄντος θέας, οἵαν ἡδονὴν ἔχει) es imposible que llegue a darse a otro que no sea el filósofo (ἀδύνατον ἄλλῳ γεγεῦσθαι πλὴν τῷ φιλοσόφῳ), quien acaso lo alcanza tras el proceso formativo dado desde la niñez y completado con el programa formativo propio del dialéctico, descrito en L VII. Ergo, el modo de vida filosófico, y por eso es completo, es el que permite conocer, esto es, estar en contacto con los tres tipos de placeres y solo, entonces, el filósofo puede juzgar con arreglo. La experiencia del filósofo, dado su modo vida, estará acompañada de un tipo de inteligencia o conocimiento práctico (μετά γε φρονήσεως) (582d) en este caso respecto a los placeres. Por lo tanto, tanto por el tipo de contacto con los diversos placeres, como por la propiedad del instrumento con el cual se juzga (cfr. 582d y VII 531e-535a) es el filósofo el mejor o, directamente, el único juez. Los otros modos de vida no permiten tener una mirada de conjunto que permita estar orientado al momento de juzgar acerca de cuál es el mejor placer –lo que recuerda al requisito para los dialécticos de poseer una mirada sinóptica, cfr. 537a y ss.

unidad orgánica, sea una πόλις, un ejército, incluso un grupo de piratas o ladrones (ἢ πόλιν ἢ στρατόπεδον ἢ λῃστὰς ἢ κλέπτας ἢ ἄλλο τι ἔθνος, 351c-d) en la medida en que cada uno es un grupo de personas que tienen un objetivo común, no podría tener éxito si prevaleciera la injusticia total *entre* ellos. Por eso, el principio formal supremo para toda genuina acción es la unidad de las partes en vistas de un mismo y único fin, sea este desde el punto de vista evaluativo –y por ende externo– de la condición que fuere. Como oportunamente se definirá más adelante en el diálogo, la justicia se prefigura ya como la correcta articulación entre las partes y sus funciones.

No obstante, como lo muestra el pasaje mencionado, la correcta articulación solo cobra sentido cuando las partes se insertan y armonizan en vistas de un único fin. Del análisis del L I, se desprende que el fin es aquello a partir de lo cual la cadena de articulaciones cobra sentido. Dado que esta definición es formal, es lícito utilizar el ejemplo tanto de un ejército como una banda de piratas o ladrones que tengan por objetivo realizar en común algo, aunque desde el punto de vista evaluativo sea injusto (ὅσα κοινῇ ἐπί τι ἔρχεται ἀδίκως, 351c). Desde este marco interpretativo, se comprenderá, al momento de tematizar la llamada ciudad ideal, el papel central, por un lado, de la justicia, la moderación en todas las funciones y la necesidad de articularla con el bien y, por otro, de la educación de las partes, sobre esto último puntualmente el contenido y el modo de la poesía, que será la base de la ligazón, al ser el elemento formativo de –da forma, moldea a– los constituyentes individualmente y respecto al modo de comprender el mundo compartido. De manera que, por el momento, la justicia, en términos formales, es la ligazón correcta de los componentes de una totalidad que están co-implicados en un objetivo común.

En esta línea, se afirma en el diálogo que la injusticia contrariamente provoca discordia, odio y lucha de unos hacia otros, en cambio la justicia concordia y amistad (ἥ γε ἀδικία καὶ μίση καὶ μάχας ἐν ἀλλήλοις παρέχει, ἡ δὲ δικαιοσύνη ὁμόνοιαν καὶ φιλίαν, 351d). En otros términos, la justicia es condición para el orden adecuado, la armonía, en cambio la injusticia es la fuente de la desmedida, la disolución del orden adecuado. De modo que, si el ἔργον de la injusticia es infundir odio en donde se presente, producirá discordia y, por ende, volverá a quienes integren la totalidad incapaces (ἀδυνάτους) para juntos actuar en común. En este sentido, uno de los argumentos contra la teología tradicional es que enseña a cometer injusticias, dado que muestra a las divinidades, paradigma humano, ejecutándolas. En el caso de un hombre, producirá la incapacidad para actuar armónicamente, en la medida en que es propio de la naturaleza de la injusticia el tener por ἔργον (πέφυκεν ἐργάζεσθαι) el conflicto, la discordia y, por ende, hará que ese hombre sea enemigo de sí mismo –la unidad interna se disuelve– y de los demás. A tal hombre,

> primeramente, lo hará incapaz de actuar (ἀδύνατον αὐτὸν πράττειν), dado que lo pone en conflicto, es decir, no concuerda consigo mismo (οὐχ ὁμονοοῦντα αὐτὸν ἑαυτῷ), y luego lo hará dañino para sí mismo y para los justos (352a).

Ante la insistente negativa de Trasímaco para contestar, Sócrates concluye:

> parece que los justos son más sabios, mejores y más capaces de actuar, en cambio los injustos de ningún modo son capaces de actuar unos con otros –en todo caso de ningún modo decimos algo verdadero cuando afirmamos que algunas veces aquellos que son injustos obran decididamente unos con otros en común. Pues si son injustos, no se hubieran mantenido juntos unos con otros, sino que es evidente que tenían cierta justicia que los hacía mantenerse unidos contra aquellos a los que les cometían las injusticias; por

> causa de la justicia hacían las cosas que hacían, y dado que estaban medio corrompidos por la injusticia, se lanzaron a cometer actos injustos; pues quienes están totalmente y completamente corrompidos (παμπόνηροι) son totalmente injustos y son incapaces de actuar –comprendo que estas cosas son así, pero no como tú estableciste al inicio: se debe investigar si también los justos viven mejor, es decir, si son más felices que los injustos, lo que precisamente hemos establecido investigar después. Según creo, parece en efecto que se sigue de las cosas dichas: de todos modos, se debe investigar mejor. Pues no es un discurso sobre cosas fortuitas, sino sobre de qué modo es menester vivir (352c-d).

Entre los varios asuntos, se entiende, nuevamente, por justicia al elemento aglutinante y, a la vez, distributivo por el cual se está en condiciones de realizar las acciones. Las acciones genuinas entonces se ejecutan sobre la base de la concordia, el orden adecuado, entre y del todo con las partes. Es necesario tener presente la noción de *prâxis* platónica, que subyace en este argumento, debido a que, vistas las cosas desde esta perspectiva, se podría seguir en profundidad la conexión textual entre el llamado principio de especialización, la unidad de fines, el papel de la justicia y de la moderación, y la educación. Más específicamente, contribuye a, por un lado, enmarcar y, a su vez, comprender la conexión inmediata entre la justicia, la unidad del agente de acción (en este contexto sea individual o colectivo) y las condiciones necesarias para que se estipule, en el marco del teleologismo unitario práctico, el mejor fin –y quién entre los constituyentes está en condiciones de realizarlo– con arreglo a la naturaleza del agente, que, en el caso del individuo, dado que vive en comunidad, también debe estar en conexión con el fin de la πόλις. El individuo, en este sentido, es caracterizado con una doble condición ineludible: es fin respecto a sí mismo y medio respecto a la πόλις, y el correcto obrar, moderado, queda situado en la puesta en claro del papel de la función propia dentro del entramado. Todavía cabe señalar que desde dicha posición en el entramado de fines cobra sentido la propia existencia.

Podríamos decir que, en una reconstrucción de conjunto, el llamado principio de especialización de la ciudad compuesta en palabras significa que cada uno lleva a cabo su propia *prâxis*, esto es, la actividad que apunta a su propio τέλος en conexión con las condiciones naturales de cada uno. En este sentido, entonces, se presenta un teleologismo individualizante, pero que es a su vez totalizante, pues el primero será inserto en el τέλος mayor, a saber: mantener la unidad en la diversidad, que es, dentro del argumento, el fin y función de los gobernantes y, por ende, de la técnica política. En este aspecto, se comprende la necesidad de una autotransparencia respecto al propio papel y del marco general, lo cual se manifiesta en el requerimiento de la moderación en toda la πόλις paradigmática. De manera que los constituyentes de la unidad orgánica (ὅλον) paradigmática realizan o ejecutan su propia *prâxis* de modo orientado y auto-transparente.

Sobre el pasaje de *Rep* I 352e-353e que estamos analizando[67], Boeri (2012:198-200) afirma:

> La conexión que establece Aristóteles entre la forma de algo y su función está claramente adelantada por Platón. En un notable pasaje de la *República* (352e-353e) el personaje Sócrates argumenta a favor de la tesis de que la justicia es más ventajosa y mejor, y que, por tanto, el justo vivirá mejor. Para probar esta hipótesis presenta un argumento que llamaré "argumento de la función y perfección propia de cada cosa", que puede ordenarse en los siguientes pasos:

---

[67] Para el ἔργον en Aristóteles, cfr. Vigo (2008:226).

(i) cada cosa tiene una función propia (ἔργον). (ii) Dicha función corresponde a lo que puede hacerse de la mejor manera (ἄριτα, κάλλιστα); por ejemplo, aunque los sarmientos de la vid pueden cortarse con un cuchillo o con una espada, es mejor hacerlo con la hoz o la podadora, que son instrumentos especialmente diseñados para desempeñar esa función (352e-353b). (iii) Si esto es así, también puede decirse que hay una excelencia o perfección (ἀρετή) propia de cada cosa a la que se le asigna una función. Cada cosa, entonces, desempeña bien la función que le corresponde gracias a la excelencia o perfección que le es propia (353c). (iv) Pero si las demás cosas tienen una función que les es propia, también el alma debe tenerla (como cuidar, mandar, deliberar y, fundamentalmente, vivir). (v) el alma, sin embargo, no puede cumplir bien sus funciones propias si no lo hace con su excelencia.

Ahora bien, dado que el ser humano tiene la capacidad de ejecutar diversas tareas y tomar como su propia función en un estado de ocultamiento, siguiendo la línea argumental de *Rep.*, una actividad que no está sujeta a su φύσις o condiciones subjetivas, para componer la ciudad en palabras, en tanto paradigma, es necesario, por un lado, que exista una instancia que esté en condiciones de seleccionar y distribuir los papeles y, por otro, desarrollar un modo particular de formar a los individuos, gestionado desde la instancia fundacional, dado que también la instancia superior de gestión es parte de y está inserta en la red de funciones y fines.

Por el momento, si la reconstrucción es correcta, es evidente que toda acción tiene un τέλος y que la condición necesaria o postulado mínimo para alcanzarlo es que los constituyentes del agente de *prâxis*, sea individual o colectiva, funcionen en conjunto y armónicamente para tal fin, de lo contrario, al desintegrarse, se vuelve en sentido estricto incapaz de *prâxis*. Solans (2017:225-226) afirma acertadamente que no

> se trata de la estructura motivacional de la acción y de sus condiciones para que pueda darse en una unidad armónica en ella –como ocurrirá en el L IV–, sino que se refiere al hecho evidente de que toda acción, en la medida en que como tal incluye un componente ineludible de efectividad causal, ha de imponer necesariamente cierto orden sobre los elementos que se requieren para que esta sea posible.

Si reconducimos este pasaje al correlato estructural entre el ser humano y la πόλις, podemos visualizar que en el L V, en el marco de la comunidad de placer y dolor, cuando se analiza el mayor mal de una πόλις en sentido estricto, subyace el argumento del postulado mínimo: el mal mayor es aquel que la despedaza y la convierte en múltiple en lugar de única.

Si conectamos esto con la banda de piratas del L I, argumento analizado anteriormente, podríamos decir que incluso ella requiere, aunque su fin sea desde el punto evaluativo incorrecto, de cierta comunidad de intereses. En este sentido es que se afirma que la mejor πόλις es la más similar a un ser humano (462d), en la medida en que se trata de pensar estructuras holísticas, esto es, unidades estructuralmente orgánicas que en conjunto se orientan a un fin. De manera que podemos decir que la particularización de los πάθη, del mismo modo que la injusticia –o su manifestación en la tiranía o en la democracia, cfr. *Leyes* I 628b y ss– disuelve (462a-b) la unidad mínima requerida para realizar acciones, que fue puesta al descubierto ya en los pasajes aquí analizados del L I. Bien vistas las cosas, también la crítica a la democracia, que es presentada como un modo de organización basado en una excesiva libertad individual desarticulada de los componentes y de todo (557b) y carente de una ἀρχή (562e), sigue, entre otros, el mismo argumento de base: no hay una aglutinación de los elementos en vistas de un fin, sino que es la expresión más acabada de la particularización indiscriminada, esto es, la multiplicidad no sintética.

Entonces, en este marco del L I –pero con alcance a todo el diálogo–, la justicia (cfr. 433a y ss) es un tipo de conocimiento operativo que tiende a generar la especificidad en la acción de cada elemento de tal modo que se configure armónicamente la ligazón de la totalidad, apoyado sobre la moderación, en vistas de un fin, sea este, desde el plano material, correcto o incorrecto.

En el desarrollo mencionado se intenta poner de relieve la relación entre la estructura de fines y funciones de cada técnica y su inserción en el marco general del fin supremo de la πόλις, esto es, la unidad de la diversidad correctamente orientada. Frente a la diversidad de saberes dentro de la πόλις, el cuidado de la unidad de la red de fines es la función de la técnica política, es decir, de la ciencia o técnica arquitectónica (428c-d y 441d)[68]. De allí que sea necesaria, como elemento básico, la justicia caracterizada como principio de especialización. Esto permite comprender su conexión con términos tales como φιλία, ὁμονοία y ἁρμονία que son requerimientos para el cumplimiento de la pauta superior (Grube, 1987:411, cfr. *Alcibiades* 126c, *Clitofonte* 409e).

Montados sobre una reconstrucción de algunos pasajes del L I, podemos comprender que, paulatinamente en el diálogo, se introduzca el empleo de predicados del tipo "bueno" o "malo" aplicados a técnicos desde dos planos:

---

[68] Véase, Grube (1987:396-399, 413 y 428).). Para la política como ciencia suprema que coordina los elementos de la πόλις, cfr. *Pol.* 305e. Esto se puede ver a su vez en la apropiación aristotélica de este encuadre. Cfr. Aristóteles *EN* L1094b y ss., VI 1139a30 y ss., 1140a25-1140b5, 1142a10-15, entre otros. En esta línea, se puede comprender la conexión entre la dialéctica platónica y la φρόνησις aristotélica establecida por Gadamer (1978). Véase para el detalle de la lectura gadameriana de Platón, García Santos (2014).

1. En el plano de la especificidad de su técnica, cuando se dice que un pastor es un "buen" pastor se hace referencia al carácter evaluativo de su accionar con miras a si ejecuta correctamente el propio fin de su técnica. Los términos "bueno" o "malo" aquí son empleados en el marco de una estructura interna de sentido, el plano interno teleológico. Es por ello que "bueno para X actividad" quiere decir que conoce el objeto y sabe tratar con él, en el sentido de actuar competentemente en el entramado de sentido teleológico interno: dispuesto el fin y lo conveniente de su objeto, descubre y articula correctamente los medios conforme a los cuales acceder a aquel[69]. Podríamos ver aquí una racionalidad interna

[69] Este sentido teleológico-normativo de la técnica-ciencia, no siempre atendido con precisión, es fundamental como clave interpretativa del diálogo: permitirá luego comprender tanto la causa por la cual se dice que un alma cuyas funciones estén bien articuladas es feliz –vive conforme a una correcta articulación de sus funciones, es justa, y, por ende, es feliz–, como el sentido del gobierno de los buenos (ἀγαθοί) –competentes, eficaces, cfr. Vegetti, (2012:252)– y la marcada repulsión ante el gobierno de los peores, esto es, los no competente. Puntualmente, permitirá comprender también la causa por la cual los que gobiernan ponen las pautas para la composición de los mitos con los cuales se educará a la πόλις, aunque no sean ellos mismo poetas. Es decir, no se trata en este marco, evidentemente, de un sentido moral, sino de un sentido técnico-operativo que, en oportunidad, será la base para mostrar en sede política la necesidad de adjuntar a este saber operativo un tipo de saber prudencial. Para la distinción entre saber técnico y moral, cfr. Vigo (2012a) y Solans (2020). En su tesis doctoral Solans (2017a:307) concluye "Platón no identifica el saber moral con un saber de tipo técnico, sino que lo presenta un saber práctico muy particular: el saber que faculta para el ejercicio de la capacidad de orientar la propia vida en vistas al bien". Esta estructura válida para la sede práctica personal, es utilizada para la explicación de la πόλις. Ahora bien, dado que la sentencia no contiene el tipo de saber que efectivamente orienta, a lo que intentamos atender aquí es además de la naturaleza de este tipo de saber, es cómo Platón compone una pieza en la cual da indicaciones de cómo enseñar a orientarse respecto al bien a alguien, qué tipos de bien se asigna a un agente conforme al lugar que ocupa en el entramado de la ciudad compuesta en palabras y la función que cumple respecto al bien general, no solo su cumplimiento efectivo sino la autotransparencia del agente respecto al lugar, etc. En este marco, la παιδεία y, puntualmente, la poesía cumplen la función de formar a los individuos

técnica, en la medida en que se da una variedad de fines particulares y su articulación o encadenamiento en vistas de un fin último, el supremo particular. De manera que cuando se afirma que un pastor debe cuidar a los animales significa en realidad que solo un pastor que cuida a sus animales es un "buen" pastor. En otros términos, el acceso por vía de esclarecimiento al concepto "pastor" permite la aplicación de los predicados bueno y malo, quienes se reparten en conexión con aquel. En este sentido, la norma o pauta fundamental indica el principio con arreglo al cual se verifica también toda normación[70].

2. Ahora bien, el accionar particular del pastor en el desarrollo posterior del diálogo también es evaluado bajo predicados del tipo bueno o malo desde el plano de la red de fines, la πόλις, pero ahora con miras a si ejecuta solo su técnica o no. Bien vistas las cosas, este tipo de evaluación externa, si se quiere, respecto al quehacer técnico se explica del siguiente modo: la cadena de fines particulares en conexión con actividades particulares será insertada en el fin de la actividad arquitectónica[71], la política, cuyo fin, en tanto último, es preeminente con respecto a los particulares de cada técnica, dado que, al orientar a las técnicas, dota de sentido a la cadena explicativa (cfr. *Pol.* 305d-306b). En esta línea, una de las tesis básicas de *Rep.* es que la política es, en primer

---

mediante un proceso de habituación y, por ende, de encarnación en lo que respecta al punto de orientación individual y al compartido.

[70] Para la distinción del político y el pastor, cfr. *Pol.* 276b y ss. Además, cfr. Grube (1987:426). Para comprender el alcance del problema de fondo es interesante reconducir este análisis a la conexión entre disciplinas teoréticas y normativas en Husserl (*Inv. Lóg.*, I, § 14). El ejemplo empleado en ese contexto es el siguiente: cuando se afirma que un guerrero debe ser valiente significa en realidad que solo un guerrero valiente es un "buen" guerrero.

[71] Como veremos a continuación, en IV 428d se dice que, dado que hay multiplicidad de conocimientos dentro de una πόλις, el conocimiento para gobernarla es la deliberación no sobre una técnica en particular, sea la carpintería o la agricultura, sino sobre la πόλις en su totalidad, cuya ejecución debe contemplar las relaciones internas y externas de la ciudad. La εὐβουλία respecto a la totalidad califica de sabia a una πόλις, cfr. 402c, 429a-c, 441c-d y 487a.

lugar, una técnica y, en segundo, la técnica arquitectónica: la πόλις es el objeto de la política, ahora bien, la πόλις es descubierta como una unidad orgánica que determina para su correcta existencia el principio de especialización, razón por la cual la conservación de esta unidad es en realidad el fin de la política. Solamente a partir de una estructura de sentido más amplia, cobra sentido la articulación de fines particulares: el accionar del técnico particular está al servicio de algo particular, el cual funciona como principio de regulación de la estructura interna teleológica, pero a su vez funciona como medio en vistas de la totalidad de sentido que administra el técnico político que es un tipo de saber-hacer, una capacidad sinóptica adquirida en un proceso peculiar de formación. En este sentido, tras presentar la educación particular de los gobernantes, basada en la prioridad de saber de uso en conexión con la estructura teleológica, la dialéctica y la idea del bien, Wieland (2021:66) sostiene:

> Estos deben poseer un conocimiento de la idea del bien que les haga capaces de tratar cada situación política del modo adecuado. También la aplicación de leyes está regulada por esta capacidad. Si se presta atención al hecho de que en la *República* el conocimiento de la idea del bien es presentado como el saber reservado para los gobernantes, se puede plantear una comparación con la exposición del arte regio que constituye el tema central del *Político*. En el decurso de este diálogo se examinan un buen número de disciplinas con el objetivo de esclarecer si el dominio de alguna de ellas constituye el saber que necesitan los gobernantes ideales. Se muestra, no obstante, que el arte regio que se busca no puede identificarse con ninguna de las disciplinas que se pueden caracterizar por referencia a un ámbito de competencia

> específico, puesto que el arte regio puede usar a cada una de estas disciplinas en su servicio. El arte regio es la única instancia que hace un uso correcto de ellas y de sus resultados. Por eso, el arte regio no se deja caracterizar como las demás disciplinas, por medio de la determinación de su contenido, sino únicamente por referencia a su capacidad para relacionarse con todas las demás disciplinas sirviéndose de ellas y regulando su aplicación. En la medida en que se trata del arte regio, este no se halla sujeto a leyes.

En otros términos, el fin último es introducido, pues de lo contrario la cadena de justificaciones va al infinito o carece de orientación[72] y, por ende, no da razón o fundamento, en este caso, a la técnica particular (por ejemplo, el sentido del quehacer del herrero se explica por referencia al domador de caballos y el de este por referencia al guerrero, etc., lo mismo para la poesía y su función formadora, cuya pauta es determinada desde el plano sinóptico-político[73]).

En el segundo plano mencionado, no se ajustan los predicados bueno y malo a la competencia o la incompetencia del agente respecto al obrar técnico, sino que cobra relevancia un tipo de saber no técnico, esto es, la moderación, que permite delimitarse al propio campo de competencia. Por esta razón, en III 389d se afirma que la tercera condición, la moderación, no solo debe ser inculcada por medio de la educación y cierto tipo de poesía en los guardianes, sino también en cada uno de los constituyentes. Es evidente, entonces, que este segundo

---

[72] Sobre el tema de orientación, es realmente muy interesante el texto de Kant (2005). A su vez, remitimos a Heidegger *SuZ* §23. Por último, véase, Vigo (2020).

[73] En este sentido se entiende que Homero sea caracterizado como el mejor de los poetas (plano interno de la técnica), porque emplea correctamente los dispositivos internos, y, a la vez, como un mal ejemplo visto desde la perspectiva ético-política (plano externo).

plano requiere un tipo de saber no técnico en cada uno de, si se permite la metáfora, los eslabones de la cadena: como se afirma en *Rep.*, a diferencia de las otras virtudes, cada uno de los individuos debe poseer, además del saber técnico, moderación que le permita ejecutar medida y comprensivamente solo su técnica. El segundo saber debe ser introducido desde los primeros momentos de formación a través de, como se sabe, cierto tipo de educación. En este sentido, se comprende que se planteen evaluaciones, por ejemplo, sobre la poesía no solo estéticas, sino de carácter normativo político, dado que apunta al contexto pragmático en el marco de la composición de una ciudad paradigmática. Por eso, las pautas de composición de la poesía que se desarrollan en *Rep.* no son propias de la poesía, dado que apuntan no al quehacer poético en cuanto tal –los fundadores de la ciudad no son poetas–, sino que se ejecutan con miras al entramado general (cfr. De los Ríos, 2018). Es decir, las pautas que guían la composición poética son impuestas desde el plano político, de él se deriva el "deber hacer" para alcanzar el fin político (podría pensarse que del mismo modo al estratega el político dará ciertas pautas).

El caso de la poesía es peculiar, debido a que es por medio de ella, en calidad de formadora del ἦθος, y aunada a otras actividades, cómo se alcanzan las condiciones subjetivas correctas de los agentes, por ejemplo, la valentía en los guerreros o la moderación en la totalidad. De manera que para la existencia del llamado principio de especialización no basta con el saber técnico, sino que se requiere de un tipo de saber prudencial en la cadena, fundamentalmente en la instancia superior de gestión, para armonizar, aunado a la σοφία de los gobernantes, correctamente los fines respecto al fin último y, desde los constituyentes de la unidad orgánica, para poner en claro el propio papel en el marco de fines. Como vemos, el caso de la poesía es de vital importancia, debido a la función modélica del ἦθος que ella tiene, solamente sobre la base de esta interpretación se comprende la centralidad de la crítica a la poesía en el entramado de *Rep.*

En una ciudad filosóficamente orientada, cuyo fin es ser paradigma para la efectivamente real, sea colectiva o individual, funcionaría –en potencial debido a que todo el entramado de *Rep.* es hipotético– de este modo armónico debido tanto a que sería administrada técnicamente y ejecutada por sus integrantes también técnicamente, como, fundamentalmente, al elemento de moderación requerido en toda las instancias.

Entonces, es comprensible que por medio del análisis del objeto y el fin propios de la política, se llegue al plano descriptivo y, a su vez, fundamentalmente, al plano normativo. La introducción de la ciudad ideal en el argumento general de la obra cumple la función de develar el mejor bien y el peor mal de la ciudad. En este estado de cosas, el mayor mal de la ciudad es aquel que la despedaza (διασπᾷ) y la convierte en múltiple antes que en una (πολλὰς ἀντὶ μιᾶς), por esta razón la particularización de los estados de ánimo la disuelve (ἰδίωσις διαλύει). Por el contrario, el mayor bien es su unidad, una que es sintética a partir de la pluralidad, razón por la cual mirando a lo cual el legislador debe establecer sus leyes y, fundamentalmente, marcar las pautas de la formación, con el caso peculiar de la poesía (cfr. Aristóteles *Pol.* II 1-6 para las críticas). En este punto, cobra sentido la crítica platónica a la educación tradicional: se debe buscar la forma de que los elementos se unan y tiendan todos al mismo fin (cfr. 462a-466d), debido a que lo que se denomina πόλις es una unidad orgánica (cfr. VII 520a para la función de los gobernantes así configurados en la ciudad hipotética, esto es, el σύνδεσμος de la ciudad).

A partir de lo dicho se comprende el lugar dentro del argumento general que ocupa la política y en este marco los guardianes y gobernantes. En la composición de la ciudad ideal, en palabras, por el momento "se está haciendo guardianes a los guardianes" (466a). Su función es la salvación de la πόλις completa –συμπάσης τῆς πόλεως σωτηρίαν, en el *Pol.* se habla de ἐπιμέλεια– (465d). Entonces, la política es arquitectónica basada no solamente en la justicia sino en el punto de articulación dado por el bien. Ahora bien, podemos decir que la introducción de la filosofía en conexión con la política se justifica si atendemos a que ella cumpliría, si se quiere, la función meta-arquitectónica, dado que estipula el principio regulador máximo y además posee una mirada de conjunto: en 537c se dice que el dialéctico, que será el gobernante, es συνοπτικός (término griego que figura por primera vez en este contexto). Si la política administra dentro de la πόλις *la unidad*, la filosofía debe orientar esta administración a partir del conocimiento de *la unidad de la pluralidad*. Tenemos entonces que visualizar niveles de gestión[74].

En términos del diálogo, en IV 428d se dice que, dado que hay multiplicidad de conocimientos dentro de un πόλις, el saber para gobernar la πόλις es la deliberación, que es una capacidad, no sobre una técnica en particular, sea la carpintería o la agricultura, sino sobre la πόλις en su totalidad, cuya ejecución debe contemplar las relaciones internas y externas de la ciudad. La εὐβουλία respecto a la totalidad califica de sabia a una πόλις. Este tipo de competencia le corresponde solo a una parte, la que gobierna (429a, 441c-d). Lo muy interesante de la caracterización de la ciudad como sabía por vía de la εὐβουλία es que nos pone frente a un tipo de saber no cerrado, ni proposicional, sino abierto a la dimensión temporal y, en especial, la futura[75]. En otros términos, como dirá Aristóteles en *EN* VI 1142b1 y ss, la εὐβουλία, por un lado, es un deliberar recto que presupone una mirada de conjunto que oriente, en tanto tal es una investigación y surge luego de mucho tiempo/experiencia, y, por otro, conectado con lo anterior, no es ciencia debido a que no se investiga lo que ya se sabe. La buena deliberación es, entonces, una especie de rectitud, que no pertenece ni a la ciencia ni a la técnica,

---

[74] No debemos olvidar que la ciudad compuesta en palabras es una realización propia de un filósofo, Sócrates, cfr. Wieland (1989).

[75] Esta es una tesis básica del *Político*: es necesario que el tipo de saber del político sea aquel que le permita articular toda ley, universal, con el caso particular. Cfr. *Pol.* 294a y ss. Veáse, Grube (1987:422-424, y para la conexión con Aristóteles, n.21).

sino que es propia del prudente[76]. Podemos decir que es

[76] Seguimos las indicaciones de Wieland (1996). Por ejemplo, Gadamer (1931:42-43), en su análisis del diálogo platónico, focaliza en el aspecto de la sostenibilidad de una definición dada en un contexto X. Ahora bien, en este contexto también se pone de relieve la necesidad de saber tratar en el ámbito práctico concreto de una conversación con definiciones correctamente elaboradas, pero que no contienen a dicho saber, dado que, por ejemplo, "beneficiar a los amigos" requiere como condición, por un lado, saber qué es beneficiar, cuándo y cómo, y, por otro, a su vez, saber hacerlo. Sobre esta base se va a componer la refutación de la tesis de Trasímaco, según la cual "lo que conviene" requiere un tipo de saber acerca de qué es lo conveniente y otro de tipo de saber hacer. Dado que Gadamer vincula el diálogo platónico con la φρόνησις aristotélica, puede ser útil la lectura del apartado "La actualidad hermenéutica de Aristóteles" (1997a:383 y ss), en donde la caracteriza como un saber situado y referido a sí mismo, compatible con nuestra lectura de la caracterización de Sócrates en los diálogos platónicos. A su vez, remitimos a Wieland (1999:§§3 y 13), (1991) y (2018), discípulo de Gadamer. Además, cfr. García Santos (2014:116 y ss). En este sentido puede leerse el requerimiento de conectar la φρόνησις con la justicia en *Rep*. X 621c. Para la crítica a la poesía homérica, como παιδεία sin φρόνησις, desplegada en el movimiento dialéctico de *Rep*. cuyo momento cúlmine aparece en el mito de Er, véase, Gadamer (1991), en especial p. 101, n. 8, y Jaeger (2002), de quien se nutre el primero. Es interesante al respecto el pasaje de *Fedón* 65b. Aunque el contexto de aparición sea distinto, en el marco de la reflexión acerca de la adquisición de la φρόνησις se cita a poetas. Sobre este pasaje Vigo (2009:26, n.40) afirma: "El hecho de que la referencia a los poetas vaya precedida por la restricción "incluso" (*kaí*) parece aludir a que tal opinión es sostenida también por autores que no han entrado en consideraciones más pormenorizadas del tipo de conocimiento proporcionado por los sentidos". El autor remite a Rowe (1993) y Burnet (1911).
En esta línea, en *Pol*. 293c-e se afirma que el régimen político recto –el que efectivamente lo es y no solamente parece– es aquel que estipula reglas, pero fundamentalmente posee agentes políticos que saben aplicarlas, para lo cual se debe estar en condiciones de articular la ciencia y la justicia, esto es, no solo estipular la finalidad correcta, sino administrar en vistas de aquella en el ámbito práctico. En este sentido se afirma en 294a-c que lo que vuelve recto a un régimen no es tanto la ley, sino el hombre dotado de sensatez que sabe aplicarla. Para el problema de aplicación, cfr. Wieland (1996:17 y ss). Está en lo cierto Bey (2017:39) al concluir "que el puesto de la *phrónēsis* en la filosofía política platónica debe ser reconsiderado". Cfr. Aristóteles, *EN* 1107a30. Para lo dicho sobre el *Político*, remitimos a Rossetti (1987), Schmidt Osmanczik (1987) y Gómez Robledo (1987). Para los

cierta competencia que, tras un proceso investigativo, anticipa escenarios en el ámbito contingente[77].

En tal marco, entonces, la articulación de la política con la filosofía sería el reflejo de la articulación de la justicia con el bien.

Una vez más, la pregunta por quién debe gobernar se sigue del despliegue argumental general. Por ejemplo, en el L VI 484b leemos:

> ¿qué tenemos después de esto (τὸ μετὰ τοῦτο)?
> ¿qué va a ser –respondí– sino lo que se sigue (τὸ ἑξῆς)? Puesto que, por una parte, filósofos son quienes son capaces de alcanzar lo que siempre es igual a sí mismo, y, por otra, no son filósofos quienes divagan en muchos y variados impedimentos, ¿cuáles de ellos conviene que sean conductores (ἡγεμόνας) de la ciudad?
> [...]
> - A los que de ellos se revelan capaces de vigilar las leyes y actividades de la ciudad, a esos estableceremos como vigilantes.

Luego de esto, se pondrá de manifiesto que si hay alguien que va a cuidar y orientar la πόλις, es preferible que esa instancia sea de vista aguda antes que ciega. Ahora bien, en las líneas siguientes se plantea la necesidad de que además del conocimiento de lo que es, se debe exigir la experiencia sobre ello[78].

---

usos de φρόνησις en *Rep.*, cfr. 431d (se contrapone a los apetitos); 432 a, 496a, 559b, 582e y 603a (con sentido de "inteligencia práctica"); 433b y 433d (sinónimo de σοφία); 461a (se contrapone a σῶμα) y 505b (se contrapone a ἡδονή); 505b y 505c (con el sentido de cierto tipo de conocimiento del bien); y 571c, 582 a, 582d, 586a, 591b, 621a y 621c (con sentido de "prudencia", "sensatez").

[77] Para una profundización, cfr. Vigo (2012b) y Vecchio (2019). Sobre el horizonte temporal, cfr. Vigo (1997) y Vecchio (2020).

[78] En este sentido se afirma en el VII que el programa educativo particular del gobernante debe ser completado con la dialéctica y, en ese marco, extrañamente para un lector contemporáneo, se sostiene

Desde el punto de vista temático del diálogo lo dicho hasta aquí solo muestra la precondición o la estructura formal de toda acción, incluida la injusta: debe haber cierta o algún tipo de justicia, entendida en los términos ya descritos, por la cual poder ejecutar la acción. En esta línea se comprende que exista un modo adecuado y un modo inadecuado de hacer uso de la justicia (cfr. *Gorgias*), pero no, como se tiende a pensar, en sentido moral meramente. El modo correcto e el incorrecto se establecen, luego, en función de una idea reguladora superior, la idea del bien (VI 505a-b)[79], que permite dotar de valor y utilidad a todas las demás cosas justas, bellas, etc. En este contexto, se ha demostrado desde el punto de

---

que los gobernantes deben ejercitarse y ser hábiles en el preguntar y responder (543d, νομοθετήσεις δὴ αὐτοῖς ταύτης μάλιστα τῆς παιδείας ἀντιλαμβάνεσθαι, ἐξ ἧς ἐρωτᾶν τε καὶ ἀποκρίνεσθαι ἐπιστημονέστατα οἷοί τ' ἔσονται;). No se apunta aquí a una competencia oratoria, sino a que el saber propio del genuino gobernante, entonces, es una habilidad que se ejercita, en base a condiciones naturales, en la gimnasia, llamada dialéctica, cuyo fin es ser capaz de descubrir el fin genuino de la ciudad (individual o colectiva) y saber administrar la unidad con vistas a tal. El saber propio del dialéctico en este sentido es útil para el gobernante. Cfr. *Rep*. VII 531e-532c, 533a y 534a-e, *Parm*. 135d-136a y *Crátilo* 390c y 398d. Para las condiciones del agente dialéctico en este contexto y la finalidad de la dialéctica como saber distinguir "lo bastardo y lo bien nacido", cfr. *Rep*. VII 535a y ss. Para estudios sobre la dialéctica en *Rep*., cfr. Vallejos Campos (2020:137-150), Baltzly (1996:149-165), Marcos (2020:67-80) y Gonzalez (1998:209- 244). Para un estudio más general, cfr. Fronterotta (2011:43-74).

[79] Al respeco Reeve (2005:xiii) afirma "at the center of Socrates' defense of justice stand the philosopher-kings— who unite political power and authority with philosophical knowledge of the transcendent, unchanging form of the good (the good-itself)—and the ideal city they come to rule, Kallipolis ("beautiful city" or "noble city" in Greek). Because this knowledge is based, as Socrates argues, in mathematics and science, it is unmediated by conventionally controlled concepts of good and bad, just and unjust. Hence it is free from the distorting influence of power or ideology, and so immune to the challenge Thrasymachus poses to the elenchus". Para la idea como principio regulativo, cfr. Boeri (2012:210). De todos modos, podemos aún destacar, en otras palabras o en términos kantianos, que Platón habría descubierto desde la razón teórica, en *lógoi*, una hipótesis racional, que sirve, desde el plano práctico, como postulado, cfr. *Rep*. 517b-c.

vista interno de la "racionalidad práctica" que el agente requiere de cierta justicia, que es, en términos formales, la ligazón que armoniza los elementos en vistas del fin (cfr. *Sof.* 228b y ss). Por ello es necesaria incluso cierta capacidad de ejecución y traducción en acciones de los propios propósitos, como condición necesaria de la posibilidad de obrar mal (normativamente hablando). En esto el vicio se parece a la virtud, como vio Aristóteles, y ambos se distinguen de la incontinencia, que es sobre todo, justamente, un problema de incapacidad de ejecución y realización en concreto. Si solo cierto ajuste entre "partes", pongamos el ejemplo platónico de una banda de piratas, permite eficacia en la producción de la acción, entonces, al momento del diálogo, tal tipo de ajuste se da, al menos, en cierta medida, incluso en aquellos casos en los que se lleva a cabo algo (materialmente) injusto. Con esto, la tarea socrática será develar la necesidad de un punto de articulación mayor para dirigir el principio básico de ajuste entre las partes (justicia). La estrategia para tal fin es articular en el análisis este primer momento descriptivo con el normativo.

Ahora bien, de ningún modo lo dicho hasta aquí demuestra que, ahora desde el punto de vista externo y evaluativo, la vida del tirano –quien se comporta injustamente con los demás, pero en él anida cierta justicia, lo cual ya es dado por hecho– sea peor que la del hombre justo –en todo caso se ha mostrar internamente la prioridad de cierta noción de justicia–. Para afrontar este tema, se conectará, tal como lo hará argumentalmente Aristóteles (*EN*), la descripción formal con un análisis del ἔργον, ἀγαθόν y la ἀρετή, que permitirá determinar el contenido material[80], puntualmente aquí se abre la

[80] Para el argumento del ἔργον como una declaración programática, cfr. Solans (2017a:230) y Santas (2006:137-41). Sobre el empleo de ἔργον Reeve (2005:345) ofrece la siguiente lista de pasajes: 330c5, 332e3, 335d3, 11, 346d5, 351d9, 352d9, e3, e9, 353a7, 10, b1, 3, 4, 8, 14, c6, 10, d3, 9, e1, 369b3, e2, 370b2, 8, 371c8, 374b8, d8, e6, 377a12, 378a1, 380a7, 382a2, e8, 383a5, 389d6, 391d4, 396a2, 4, 400a3, 401c7, 406c4, 407a1, 4, 413c8, 421c2, d14, e5, 423d4, 434a4,

reflexión que pondrá en el centro de atención el alma y sus funciones.

La estrategia empleada en el L I es comenzar con una descripción formal del ἔργον a partir de la disyuntiva según la cual ἔργον es aquello que solamente ejecuta algo o si es aquello que lo ejecuta más bellamente (κάλλιστα) que los demás (por ejemplo, se puede podar una vid con un cuchillo, pero esa no es su función, sino que es la función de la podadora, para lo cual ha sido creada, cf. 353a). De cara a la disyuntiva planteada, se elige la segunda vía de indagación. En este sentido, se intentará dar cuenta de que la ἀρετή está en clara conexión, en primer lugar, con el objeto en cuestión y, en segundo, con su ἔργον, en la medida en que la ἀρετή –vinculada etimológicamente con el superlativo ἄριστος– es la ejecución más acabada del propio ἔργον (cfr 353a-c), que por ende está sujeta a la propia φύσις. A su vez, la ἀρετή, y este punto es fundamental para el entramado argumental general, funciona, una vez puesta en claro, como punto de orientación para quien ejecute una técnica, puesto que en vistas de la ἀρετή del objeto se realiza la acción.

Como afirmamos, la estrategia argumental es, en un primer momento, en el L I no preguntar por el contenido, sino por la estructura formal:

> So:- Cualquiera que sea, dije yo, la ἀρετή de ellos: pues no pregunto todavía eso [i.e. el contenido], sino que pregunto si por la propia ἀρετή el ἔργον de ellos mismos ejecuta correctamente las cosas ejecutadas, pero mal por la κακία (353c).

453a2, b10, 463e1, 467e6, 473a6, 487c6, 492d5, 494e4, 496e1, 498e4, 501e5, 511c4, 519c8, 530a5, c2, e1, 531d5, 534d4, 537d7, 540a6, 548d3, 549a5, 559c4, 563a7, 574e4, 588d1, 597a6, 598a3, e6, 599b4, 6, 600a4, 602e2, 603a12. Para la conexión entre ἔργον, τέλος y φύσις, cfr. Vigo (2016). Además, cfr. Arist. *EN.* 1097a17-28, *Pol.* II 2 1253a24 y *Meteor.* 390a10-13, entre otros.

Si conectamos este pasaje del L I con el pasaje L X 601c, en el marco del análisis del agente competente y los tres tipos de técnicas allí presentados, se comprende que se retome y amplíe esta noción:

> So:- ¿Acaso la excelencia, la belleza y la rectitud de cada utensilio, ser viviente o acción no es en vistas de otra cosa que la utilidad, en vistas de aquella por la cual fue fabricada o por naturaleza? (601c).

Se sigue, entonces, que el ἔργον, como dijimos, es ejecutar la acción correspondiente, y la ἀρετή es la ejecución perfecta, acabada, del ἔργον propio, sea por naturaleza, sea por la creación de tipo técnica. En cambio, la κακία es la ejecución malograda del ἔργον. En este sentido, como sostiene acertadamente Vegetti (2012:252), se comprende la razón por la cual el ἔργον correcto está en conexión no solo con el término griego ἀρετή sino también con ἀγαθόν: un objeto o acción es "virtuosa" cuando está bien hecha, es eficaz respecto a su propio obrar.

Si reconducimos este análisis preparatorio al entramado general, una ciudad bella es aquella que está bien compuesta, para lo cual, por su propia multiplicidad inherente y, a su vez, el requerimiento de unidad, requiere una correcta articulación y armonización de los elementos. Esa pauta la cumple, como se sabe, la justicia plasmada en el principio de especialización, en compañía de las otras tres virtudes[81], que para ser correctamente ejecutada requiere de un tipo específico de habituación de sus constituyentes y por ende un tipo peculiar de educación, estratificado y, a su vez, sintetizado. Como ya hemos dicho, el único agente capaz para ejercer la política de modo genuino es aquel que posea un tipo de

[81] Cfr. *Leyes* I 630b donde se afirma que la virtud completa está integrada por δικαιοσύνη, σωφροσύνη, φρόνησις y ἀνδρεία. En 631c-d se afirma que el bien divino primero es la φρόνησις. Cfr. *Leyes* I 792d donde se afirma que la vida correcta es τὸ μέσον.

saber analítico-sintético, debido a que la πόλις, como el individuo, es una unidad cualitativamente y cuantitativamente determinada y, por ende, solo aquel conoce el ἔργον y la ἀρετή de la ciudad.

Dicho esto, en un segundo momento de este análisis del L I, tras la puesta en claro de la estructura formal, se tematiza el aspecto material del ἔργον, siempre particular, del alma, por el cual se distinga de los demás existente. Esto es importante debido a que si la estructura teleológica formal es compartida por seres y acciones en general y, por eso, es *a priori*, el aspecto material delimita y determina la función particular, dando lugar así a una especie de "naturalismo trascendental"[82].

---

[82] En su análisis de Aristóteles, Vigo (2016:227-254) sostiene que la ética aristotélica podría ser comprendida como 'naturalismo trascendental, lo cual es muy interesante para aplicarlo al caso de Platón. Puntualmente, esta idea la desarrolla en el Cap. VIII (pp. 227-254), donde renueva la interpretación de la fundación de la ética aristotélica, en una reconstrucción de EN, especialmente del libro I. En ella, sigue dos momentos del propio desarrollo aristotélico: i- en el que se establece la necesidad de una estructura teleológica (formal y apriorística) para explicar la acción (p. 249); y ii- en el que se argumenta en favor de determinado contenido material del fin último de la *prâxis*. Vigo sitúa al primero en el orden de la teoría de la acción y lo denomina 'trascendental', en la medida que se establece un presupuesto formal de un fin último (pp. 230-243); en cambio al segundo lo ubica en el orden de una ética normativa, y lo denomina 'naturalismo', dado que envuelve cierta comprensión antropológica y metafísica (pp. 243-250), puntualmente sobre el ἔργον (EN I 6), vinculado a la noción de felicidad en sede normativa (pp. 184-189; 196-201). Completa esta línea un Apéndice dedicado al papel de la referencia del ἔργον humano en el marco de la teoría de la acción y, en especial, la ética aristotélica (pp. 252-254). Conceptualiza, en conclusión, la fundación de la ética aristotélica como 'naturalismo trascendental', donde el segundo momento materialmente delimita y restringe en alcance al marco más amplio dado por el momento trascendental (pp. 229, 249). Como vemos, el desarrollo aristotélico sistematiza y sigue la línea abierta por Platón. De todos modos, en el argumento de *Rep.* no solo se determina la función propia del alma en general, sino que a su vez se discrimina un tipo de función específica para cada tipo humano descrito que a su vez está en plena conexión con su tipo de condición natural. La educación, en este marco, será la guía y completa esa naturaleza de base.

La función propia del alma humana, que por ende hace que sea alma humana, está referida a tipos de acciones particulares: cuidar o procurar (τὸ ἐπιμελεῖσθαι), gobernar o guiar (ἄρχειν), planear o deliberar (βουλεύεσθαι) y todas las acciones de esta clase (τὰ τοιαῦτα πάντα)[83]. Como puede apreciarse, estas acciones son propias de la técnica descrita arriba y, bien orientadas, son las requeridas para el político genuino, tanto para la vida colectiva, como para la vida individual de la propia "πόλις". De manera que no se trata de la función que puede cumplir X, sino de la función apropiada (como el ejemplo de la podadora, cfr. 353a).

En este punto, Sócrates pregunta entonces:

> ¿hay algo distinto que el alma al que podamos asignarle estas cosas con justicia y digamos que son propias de él? (353d).

Sócrates incluso retrotrae el argumento a una esfera elemental para poner en claro la función del alma. En otros términos, en el argumento conectará la función propia del alma respecto a un fin determinado, es decir, el alma tiene la función propia de cuidar, guiar y deliberar respecto a o en vistas de algo. En este marco, afirma, entonces, que el vivir (τὸ ζῆν) es la función del alma

---

[83] En II 381a el propio personaje Sócrates afirma: "y el alma más viril e inteligente ¿no sería aquella a la que menos pertubaría y alteraría un πάθος externo?". Completa esta idea en 381b: "todo lo que es καλός, sea por naturaleza o por técnica, o por ambas, es lo que menos cambia por otro". Cfr. 387e, 390a y 391c. Por último conviene destacar que en el pasaje L X 602c-d, contra el engaño surgido por un error perceptivo-evaluativo, error que es propio de la naturaleza humana, se presentan como auxiliares el medir, calcular y el pesar (τὸ μετρεῖν καὶ ἀριθμεῖν καὶ ἱστάναι, y cfr. VII 525a) "de modo que no gobierne en nosotros (μὴ ἄρχειν ἐν ἡμῖν) lo que parece más o menos, mayor o menor, sino lo que calcula, mide o pesa" (τὸ φαινόμενον μεῖζον ἢ ἔλαττον ἢ πλέον ἢ βαρύτερον, ἀλλὰ τὸ λογισάμενον καὶ μετρῆσαν ἢ καὶ στῆσαν)

(ψυχῆς ἔργον)[84]. Ahora bien, siguiendo esta línea existencial y con la mira puesta en el vivir bien, la ἀρετή de la ψυχή humana, se desarrollarán analítica y sintéticamente los motivos implicados durante los restantes libros.

3. A modo de cierre

Tras el análisis de las reflexiones del L I. sobre la conexión interna entre τέχνη, ἔργον, ἀγαθόν y ἀρετή y, a su vez, su proyección y profundización en la selección aquí ofrecida de pasajes clave de otros libros de *Rep.* donde se presentan casos vinculados a la técnica política, hemos podido documentar suficientemente que toda ciencia o técnica, incluida la política propia o general, requiere o solicita para existir su propio objeto, el cual no es autárquico y completo. Así, la ciencia o técnica se ocupa únicamente de brindarle lo mejor a su objeto, esto es, no mira a otro asunto ni a sí misma, sino solamente a la correcta hechura de su objeto. Por ende, en vistas a su objeto es normativa, para lo cual, previamente, requiere un momento descriptivo: hay que conocer, investigar el objeto, conocer sus potencialidades, establecer hipótesis de "candidatos" para gobernar con miras a lo mejor no en sentido abstracto sino con miras al objeto particular, etc. En otros términos, el marco normativo requiere un previo enfoque descriptivo, en calidad de conocimiento especializado que se orienta a cómo alcanzar el fin propio. El fin último marca la pauta normativa, pero el fin último debe ser averiguado en el marco abierto de la indagación propia, su especificidad. Ahora bien, el fin último de la ciencia está en conexión con el fin propio de su objeto, para lo cual es necesario el momento descriptivo previo. Lo importante es que, en una palabra, la política, ciencia arquitectónica, sin filosofía, ciencia de

[84] Ahora bien, qué se entiende por vivir bien en lo que respecta a lo humano será el tema central del diálogo y es retomado en el inicio del L. II, con respecto a tipos de ciudades, y posteriormente en la concepción de vida de cada tipo humano en los L. VIII-IX (y su correspondiente gobierno).

lo que es siempre, queda ciega, al perder de vista el punto de orientación básico. En este sentido, desde el plano individual, podríamos decir que la elección vital por la filosofía es el modo apropiado de vivir una vida humanamente vivible.

Para finalizar, podemos decir que la política, caso peculiar de ciencia o técnica, debe ser atendida en dos planos:

- en cuanto saber técnico-científico, posee un momento descriptivo, en el cual pone en claro qué y cómo es su objeto y, de allí, su ἀρετή y, montado sobre este, otro momento que es normativo: orientar efectivamente a su objeto lo más cercano del paradigma descubierto en la instancia descriptiva, que por razones netamente categoriales nunca alcanza[85];
- en cuanto práctica, el saber que caracteriza al político es el tipo de saber que le permita un balance reflexivo entre los distintos elementos en juego, guiado, tras el momento investigativo-deliberativo, por lo considerado bueno/malo para salvaguardar la unidad heterogénea del complejo.

Si reconducimos este análisis preparatorio al entramado general, una ciudad bella es aquella que está bien compuesta o ejecutada, para lo cual, por su propia multiplicidad inherente y, a su vez, el presupuesto de unidad requiere una correcta articulación y armonización de los elementos. Como ya hemos dicho, el único agente capaz para ejercer la política de modo genuino es aquel que posea un tipo de saber analítico-sintético, debido a que la ciudad es una unidad cualitativa y cuantitativamente determinada y, por ende, solo aquel

[85] Se debe tener presente también que la πρᾶξις alcanza menos la verdad que las palabras (V 473a). El contexto de aparición de esta sentencia, no siempre atendido, permite comprender que se trata de ver la diferencia entre componer una ciudad, un paradigma, y ejecutar su realidad efectiva en el mundo empírico, sometido al tiempo, la contingencia, etc. En este sentido, incluida la ciudad aristocrática está sujeta al devenir y, por ende, al deterioro.

conoce el ἔργον y la ἀρετή de la ciudad, el paradigma. De hecho, no siempre atendido, el presupuesto del principio de especialización es ya atender a la diversidad y similitud relativa a las ocupaciones (454e). De manera que es evidente que el saber del filósofo-gobernante genuino, dado el objeto peculiar descubierto por vía investigativa interna, es uno de tipo analítico-sintético, esto es, dialéctico. Lo importante es que, en una palabra, la política, ciencia arquitectónica, sin filosofía, ciencia de lo que es siempre y conocimiento sinóptico, queda ciega, al perder de vista el punto de orientación básico. En este sentido, la elección vital por la filosofía es el modo apropiado de vivir una vida humanamente vivible y, por ende, es ridículo que un guardián necesite de guardián (Boeri, 2017) (403e).

Referencias bibliográficas

Primaria

Aristóteles (1963). *Politica.* Recognovit brevique adnotatione critica instruxit W.D. Ross, Oxford-Nueva York, E Typographeo Clarendoniano.

Aristóteles (1970). *L'Éthique a Nicomaque*. Traduction et notes de Gauthier, R. A. & Jolif, J. Y. Louvain: Publications Universitaires.

Aristóteles (2014). *Œuvres. Éthiques, Politique, Rhétorique, Poétique, Métaphysique*, Editión publiée sous la direction de R. Bodéüs, París, Gallimard.

Platón (1967). *Oeuvres complètes. 7.1, La République : livres IV-VII.* Ed. Chambry, É. Paris: Les Belles Lettres.

Platón (1970). *Oeuvres complètes. 6, La République : livres I-III*. Ed. Chambry, É. Paris: Les Belles Lettres.

Platón (1973). *Oeuvres complètes. 7,2, La Republique : livres VIII-X.* Ed. Chambry, É. Paris: Les Belles Lettres.

Platón (1988). *Platonis Opera.* Ed. Burnet, I. Oxford: Oxford Classical Texts.

Platón (2017). *La República*. Platón (introducción, traducción y notas Sánchez-Elvira, Mas Torres y García Romero). Akal: Madrid.

Secundaria

Baltzly, D. (1996). “To an Unhypothetical First Principle in Plato's Republic”, *History of Philosophy Quarterly*, Vol. 13, pp. 149-165. Baltzly (1996:149-165)

Bey, F. (2017). La poesía como diálogo. Consideraciones en torno a Plato und die Dichter de Hans-Georg Gadamer. *Boletín de Estética*, pp. 7-43.

Boeri, M. D. (2017) «¿Quién custodia a los “custodios”? Platón, el poder del discurso y la relevancia de la educación en la formación del gobernante». *Disputatio. Philosophical Research Bulletin* 6:7 (2017): pp. 231–255.

Burnet, J. (1911). *Plato's Phaedo*. Oxford.

De los Ríos, I. (2018). Chapter 6: Politics of the Soul in Plato’s Republic. En Boeri, M.- Kanayama, Y.- Mittelmann, J. (eds.) (2018). *Soul and Mind in Greek Thought. Psychological Issues in Plato and Aristotle.* Canadá: Springer.

Gadamer, G-H. (1978). Die Idee des Guten zwischen Plato und Aristoteles, pp. 128-227. En GW 7: Griechische Philosoophie III, Mohr Siebeck, Tubinga, 1991.

Gadamer, G-H. (1991). “Platón y los poetas”, trad de Jorge María Mejía, *Estudios de Filosofía*, 3, pp. 87-108

Gadamer, G-H. (1997). La actualidad hermenéutica de Aristóteles. En *Verdad y Método* I. Sígueme: Salamanca.

García Santos, C. (2014). Los escritos de Gadamer sobre Platón: un diagnóstico de verdad y método. Diálogo y dialéctica en la experiencia hermenéutica. Tesis Doctoral. UNED.

Gonzalez, F. (1998). “Idealization and Destruction of Hypotheses in the Republic”, en *Dialectic and*

Dialogue, Illinois, Nothwestern University Press, 1998, cap. 8, pp. 209- 244.

Gómez-Robledo, A. (1987). “La ley en el pensamiento de Platón”. En Egger, L. (ed) (1987). *Platón: los diálogos tardíos*, pp.151-160.

Grube, G. M. A. (1987). *El pensamiento de Platón*. Madrid: Gredos.

Fronterotta, F. (2011). “ΥΠΟΘΕΣΙΣ Ε ΔΙΑΛΕΓΕΣΘΑΙ. METODO IPOTETICO E METODO DIALETTICO IN PLATONE”, in Longo, A., Argument from Hypothesis in Ancient Philosophy, Napoli, Bibliopolis,

Heidegger, M. (2006). *Sein und Zeit* (1927). Tübingen: Max Niemeyer.

Heidegger, M. (2012). *Platão: O Sofista* (Traduzido por Marco Antônio Casanova). Rio de Janeiro: Forense Universitária.

Husserl, E. (1929). *Investigaciones Lógicas, T I*. Madrid: Revista Occidente.

Jaeger, W. (2002). Paideia*: los ideales de la cultura griega*. FCE: México.

Kant, E. (2005). *Cómo orientarse en el pensamiento*. Buenos Aires: Editorial Quadrata.

Marcos, G. (2020). “La crítica de Platón a los matemáticos que toman las hipótesis por principios (República VI-VII) Una interpretación a luz de la metáfora del sueño”, *Plato Journal The Journal of the International Plato Society*, vol. 20 (2020), pp. 67-80.

Reale, G. (2003). *Por una nueva interpretación de Platón*. Herder: Barcelona.

Rossetti, L. (1987). Sui rischi di un'attitudine troppo benevola dell'interprete verso il testo: il caso del *Politico*. En Eggers Lan, C. (1987), *op. cit.,* 9-34.

Rowe, C. J. (1993). *Plato, Phaedo,* Cambridge.

Schmidt Osmanczik. U. (1987). EPICHEREÎN… KATÀ PÓLIN THERAPEÍAN TÉCHNEI GNORÍZEIN. En torno al *Político* de Platón. En Egger, L. (ed) (1987), *op. cit.*, 49-56.

Schütrumpf, E. (2011). Konventionelle Vorstellungen über Gerechtigkeit, en Höffe O. (ed.) (2011a) *Platon: Politeia* (pp. 21–39). Berlin 2011 (=1997).

Solans, M. (2017). El conocimiento del bien en Platón. Un estudio del saber moral de *Apología* a *República*. Tesis Doctoral. UNAV.

Solans, M. (2020). Saber, principios y deliberación. Una interpretación del saber moral en el *Critón*. *PENSAMIENTO*, 76, 288, pp. 5-29.

Vallejos Campos, A. (2020). "La intuición, el programa dialéctico de la República y su práctica en el Parménides y en el Teeteto", *Plato Journal. The Journal of the International Plato Society* 20 (2020), 137-150.

Vecchio, A. (2019). "Lógos, tonalidad afectiva y acción: un acercamiento hermenéutico a *Retórica*". En Bieda, E. - Mársico, C. -eds.- (2019). *Ética, política y estética en la Grecia clásica. Ensayos en homenaje a Victoria E. Juliá*. Buenos Aires: Biblos.

Vecchio, A. (2020). "Cap: 18: Notas sobre el horizonte temporal de la *prãxis* aristotélica y la *Zeitlichkeit* heideggeriana". En Molina E. (ed.) (2020). *Tiempo y Espacio*. Buenos Aires: Editorial Teseo.

Vegetti, M. (2012). *Quince lecciones sobre Platón*. Buenos Aires: Gredos.

Vigo, A. (1997). Razón práctica y tiempo en Aristóteles. Futuro, incertidumbre y sentido. *Philosophia* (Mendoza), 172-199.

Vigo, A. (2008). *Arqueología y aleteiología y otros estudios heideggerianos*. Buenos Aires: Editorial Biblos.

Vigo, A. (2009). *Fedón*. Colihue: Buenos Aires.

Vigo, A. (2012a). Platón y las aporías del conocimiento de sí. En M. D. Boeri – N. Ooms (eds.), *El espíritu y la letra. Un homenaje a Alfonso Gómez Lobo*. Buenos Aires, p. 215-247.

Vigo, A. (2012b). Deliberación y decisión según Aristóteles. *Tópicos*, 43, 51-92.

Vigo, A. (2016). *Action, Reason and Truth. Studies in Aristotle's Conception of Practical Rationality*. Leuven: Peeters.

Vigo, A. (2020). Remisión, orientación y comprensión mundana: Apuntes sobre el análisis heideggeriano del signo en el § 17 de *Sein und Zeit*. Studia Heideggeriana, 9, 113-135. https://doi.org/10.46605/sh.vol9.2020.103

Vlastos, G. (1973). *Platonic Studies*. Princeton.

Wieland, W. (1989). Estado y autoconciencia. Apuntes a la *República* de Platón. En Cruz M.- Granada M. Á. - Papiol A. (1989). *Historia, lenguaje, sociedad. Homenaje a Emilio Lledó*, pp. 90-103. Barcelona: Editorial Crítica.

Wieland, W. (1991). La crítica de Platón a la escritura y los límites de la comunicabilidad (trad. Vigo). *Méthexis*, 4 (1991): pp. 19-37.

Wieland, W. (1996). *La razón y su praxis. Cuatro ensayos filosóficos*. Buenos Aires: Biblos.

Wieland, W. (1999). *Platon und die Formen des Wissens*. Göttingen: Vandenhoeck und Ruprecht.

Wieland, W. (2021). Platón y la utilidad de la idea. Sobre la función de la idea del bien (trad. M. Solans). ACTA PHILOSOPHICA, *Rivista internazionale di filosofia*, I, 30, pp. 57-74

Analítica de los deseos para una reivindicación del placer desde la propuesta ética de Epicuro de Samos[86]

Estiven Valencia Marín
Universidad Tecnológica de Pereira
estiven.valencia@utp.edu.co

"Elemento fundamental para la salvación propia
es el cuidado que debemos tener a nuestro
tiempo y la vigilancia con esos vicios
que dañan por los malos deseos"
Gnomologio Vaticano, 80

1. Introducción

Las continuas referencias sobre Epicuro por parte de pensadores posteriores a su muerte dan razón de una cierta influencia de las doctrinas del Samio a lo largo de la época helenística, su declive tras la desaparición de Alejandro Magno, la instauración de Roma como imperio y el fin de las hostilidades contra el cristianismo en el periodo que inaugura la patrística. Ora para crítica, ora para plena aceptación de lo enunciado por el filósofo de Samos, lo cierto es que su respuesta a la pregunta por el fin de la vida y los medios para alcanzarlo le merecieron juicios de irreligiosidad, inmoralidad, plagiario, etc., si se recurre a las célebres fuentes del momento: Cicerón, Plutarco, Sexto Empírico, Clemente, Eusebio de Cesárea y demás. A fin de cuentas, se trata de algunos

[86] Se recurre a la versión bilingüe griego-italiano de las tres cartas recopiladas por Diógenes Laercio, máximas (en adelante *Ratæ Sententiæ*) y sentencias (en adelante *Gnomologio Vaticano*) de Epicuro, compiladas por Graziano Arrighetti (1960). Las traducciones son de nuestra autoría. Sobre las citas de Diálogos de Séneca: De la Vida Feliz (en adelante *De beata vita*) y Cartas a Lucilo (*Ad Lucilum*); Del supremo bien y del mal de Cicerón (*De finibus*); Contra Colotes (*Adversus Colotem*) y De la imposibilidad de vivir placenteramente según Epicuro de Plutarco (*Non suav. Epic.*), se usan las versiones al español de Gredos.

representantes de corrientes que disienten, en parte o en su totalidad, de lo previamente tratado por el pensador en cuestión: el placer como el principio y el fin (ἀρχὴ καὶ τέλος) del vivir, pero una preocupación por este modo de vida halló quien lo comprendiera de modo distinto a sus contendores, incluso desde presuntas corrientes adversas.

De esta suerte es Séneca, tutor y posterior consejero del emperador Nerón, para quien la consecución de la vida feliz solo es realmente posible con la práctica de la virtud, aunque él mismo considera que el placer bajo, servil, débil y caduco, que condena, no es el que Epicuro establece (*De vita beata*, VII, 2-3; XII, 3-XIII, 2). De hecho, la prédica de ignominias de las que acusan a la escuela de Epicuro, tal cual relata el filósofo estoico a su hermano Galión, no son más que habladurías y mala fama inmerecida entre estoicos que deben ser desacreditadas. Tales ideas contrastan con aquel panorama hostil que estableció Cicerón con su irreprensible actitud para con los disolutos dando cabida al desenfreno (*De Finibus*, II, 22), y Plutarco con su abolición y el desprecio por las leyes disuadiendo a participar en la vida pública (*Adversus Colotem*, 1127d-e), para un epicureismo que, a nuestro entender, apuesta por un rechazo a los vicios y exalta las virtudes de tal modo que el placer, en términos de Diógenes Laercio, revela indisociabilidad con la virtud (ἀχώριστος τῆς ἡδονῆς τὴν ἀρετὴν) (D.L. X, 138).

La doctrina sugerida por el filósofo de Samos y que, al paso del tiempo, fue mantenida íntegra por sus discípulos, al menos en lo que respecta al placer como fin de la vida dichosa, informa de ciertos rasgos teóricos los cuales convergen en una finalidad, a saber, la defensa de una vida feliz que, en sentido omnímodo, recoge variados aspectos de la existencia (material y anímica), siendo preeminente el propósito de un filosofar que busca de la salud del cuerpo y la imperturbabilidad del alma (ὑγίεια τοῦ σώματος καὶ τῆς ψυχῆς ἀταραξία) (*Ad Menoeceum*, 128). Para ello, un conocimiento de la realidad de lo provechoso y perjudicial, un bien que se limita a la experiencia del no sufrir en el cuerpo ni en el alma, tiene en una autosuficiencia del ser humano su criterio de adquisición; autosuficiencia que se logra en el reproche a la viciada participación en ciertas actividades de la πόλις y de sus instituciones, el desarraigo de aquellas riquezas y honores excesivos, además de las falsas creencias en los dioses. Todo esto integra lo que puede llamarse los tópicos éticos esenciales de una filosofía epicúrea.

Pero una defensa del placer, el placer definido como ausencia de sufrimiento somático y ausencia de inquietud anímica, parece albergar en la eliminación de falsas creencias y vanos deseos su elemental medio de realización, en otras palabras, falsas creencias sobre el mundo y el valor de las cosas suscitan los vanos deseos que causan turbación (Nussbaum, 2003, p.142; Tsouna, 2009, p.249; Erler, 2020, p.46). Tal manera de idear la responsabilidad de los deseos en la malograda adquisición de posibles satisfacciones orienta en un proyecto de justificación para una sensación que, como se espera de un hedonista, comporta aquel criterio de provecho y conservación del ser humano en toda acción, empero es el mismo Epicuro quien advierte de no elegir cualquier placer si de ellos se derivan dolores (*Ad Menoeceum*, 129). Con ello, si la ἡδονή pudiese declinar en dolor, aunque es el dolor un contrario del placer, ¿no es esto razón suficiente para desmontar el placer como principio y fin en la vida? ¿no será, más bien, que el filósofo samio busca fundarse más en la virtud que en el deleite al integrar ambos?

2. Los deseos (ἐπιθυμιαι) y acciones son un riesgo para el bien esperado

Semejantes cuestiones vienen ya dadas por las críticas ciceroniana y plutarquea a esos ideales establecidos por Epicuro pues, si este fue hombre de bien y afectuoso en el trato con sus amigos tal como relaciona a Torcuato con la doctrina del filosofar del Jardín, es prueba de su atención por la virtud más que por el placer (*De Finibus*, II, 25). Además, resulta desatino el retener por ventaja los placeres corporales que los racionales, los cuales acaecen en la parte del alma dedicada a la contemplación y estudio (*Non. suav. Epic.,* 1092d-e). Y, aunque dadas las objeciones descritas, lo cierto es que el tratamiento de los deseos y creencias es un patrón de actuación para adecuar al cuerpo y alma en la recepción de lo que es apropiado a su salud y serenidad. Dicho así, las virtudes se integran al deleite concretándose cuando el ser humano discierne sobre aquellos motivos legítimos de elección o de aversión de los deseos (ἐπιθυμιαι) según Epicuro (*Ad Menoeceum*, 132); un proceso que según Dominico Pesce porta, también, una limitación de placeres el cual cataloga de *cálculo prudencial*:

> En cualquier circunstancia, la elección y aversión siempre llega al placer o al dolor respectivamente, pero se estima en la suma total de la acción su desarrollo completo y no simplemente el que refiere al presente inmediato. De ahí la necesidad de un tal cálculo prudente (*calcolo accorto*) que a la par, es capaz de evitar un placer cuando está seguido por un dolor mayor y de buscar dolor cuando es seguido por un placer mayor. Por tal razón, gracias a esta intervención de la razón se considera el placer y la utilidad del mismo (1981, pp.113-114).

La anterior mención a una posible liberación de placeres por cuanto se prevé dolor en ellos, explicaría aquel *dictum* de no todo placer es elegible (οὐ πᾶσαν ἡδονὴν αἱρούμεθα) como razón previa a la idea de todo placer es bueno (πᾶσα ἡδονὴ ἀγαθόν). Pero, en contraste con semejante paradoja de la *Carta a Meneceo,* muchas de las máximas y sentencias en que la ἡδονὴ es objeto de reivindicación sitúan a los deseos como potenciales focos de perjuicio y a las falsas opiniones o presunciones como elementos nocivos al sosiego físico-psicológico del hombre (*Ratæ Sententiæ*, XV; *Gnomologio Vaticano*, 80). Ahora bien, un cálculo de placeres supone una clasificación al estilo platónico[87] en que las categorías de puro e impuro, bueno o malo, determinan a los dignos de elección motivando el más lúcido argumento de un enfoque eminentemente racionalista que, tanto para el citado Pesce como para Kelly Arenson, se ciñe a la práctica de evitar todos los placeres disponibles pues existen muchos que son *in extremis* nocivos para el bienestar corporal y anímico (2019, p. 85).

Aceptada la existencia de placeres nocivos, deseos perjudiciales y falsas opiniones o presunciones, queda la preeminencia de la razón como único propósito acreedor de selección con miras a la obtención de un bienestar que rehúsa de cualquier medio para su logro. Es por esto que la cuestión del placer como fin de la vida, ἡδονὴ que a juicio de G. Striker se le tiene por afección inalterada que integra cuerpo y alma en conjunto, concluye en inverosimilitud si bien, desde el mismo Epicuro, se carecen de argumentos que justifiquen estas aseveraciones (1996, p.207). Queda con ello la incertidumbre de ser el epicureísmo un legítimo hedonismo que, en comparación con otras tendencias como las de Cirene, guarecen un hedonismo a ultranza que ni se preocupa por las consecuencias futuras, pues su sentido es la satisfacción del momento vivido, ni recurre a la distinción de placeres por ser todos buenos. Y, aunque el problema de delimitar el epicureismo al rango de hedonista o de valoración apofática de este, indudablemente el Samio ubica acciones y deseos en el centro de la reflexión.

[87] Una amplia taxonomía de placeres se tiene en los diálogos de Platón, sobre todo en el *Filebo,* que parte de la célebre distinción de puros e impuros, y de los que se desprenden los del género mesurado, violentos, verdaderos y falsos (52c-d). Otros diálogos como el de *Protágoras* y del *Gorgias* hacen alusión a placeres momentáneos y mayores (356a-c), además de buenos y malos (495a) respectivamente; se anexan *República* y *Fedón* en donde la distinción de placeres somáticos, impetuosos e inteligibles (580b-586d) acercan a la superioridad de los placeres del aprendizaje sobre los de índole corporal en el *Fedón* (114e).

En lo que respecta a los deseos, una taxonomía tan amplia como la que se declara en la *Carta a Meneceo* en los términos de "naturales y vanos (φυσικαί καὶ κεναί), y de aquellos naturales unos son necesarios y otros simplemente naturales (ἀναγκαῖαι καὶ φυσικαὶ μόνον)" (Epicuro, trad. 1960, 127), es también reproducida en una de las máximas capitales al estimar "naturales y necesarios (φυσικαὶ καὶ ἀναγκαῖαι), naturales y no necesarios (οὐκ ἀναγκαῖαι), ni naturales ni necesarios (οὔτε φυσικαὶ οὔτ᾽ἀναγκαῖαι)" (*Ratæ Sententiæ*, XXIX). Basta tal par de ordenaciones para precisar un problema de definiciones que, en últimas, priva de sentido a los mencionados deseos simplemente naturales, sin embargo, la segunda clasificación alberga una visión más inteligible para los fines que persigue el filósofo samio. De hecho, el esfuerzo por el alcance de la salud, tranquilidad o bienestar físico y mental implicaría la atención sobre algunas apetencias que no atentaría contra el fin esperado, incluso en lo que refiere a los lujos, como posesiones ya adquiridas, de los que se hará mención más adelante.

Teniendo en cuenta lo dicho por Michael Erler acerca de un convencimiento de los epicúreos en observar y analizar los fenómenos naturales para granjearse bienes estables, es la opción que determina una división o analítica de los deseos cada vez que Epicuro recurre a la ciencia natural para resaltar un proceder racional (2020, p.31). Lo curioso es que ninguna de las teorías físicas con las que Epicuro intenta explicar los procesos de generación de cuanto es perceptible y el modo por el que el mundo y sus fenómenos es percibido, jamás se toma por principios condicionales de las decisiones y/o elecciones del ser humano. Esto significa que, aunque en Epicuro los deseos y las opiniones comportan un patrón de acción o reacción que asume los estímulos externos como sus móviles naturales, no es así para la deliberación de lo más apto al bienestar que comprende, sin más, un ejercicio racional. De aquí se desprende las referencias a la *autosuficiencia* la cual, por examen de lo natural, suprime banalidades tal cual recuerda el citado M. Erler junto con Tim O'Keefe (2009, p.154).

3. Las anticipaciones (πρόληψεις) como criterio para una distinción de deseos

Las acciones y deseos condicionan la vida feliz, esto es, toda acción y deseo llega a ser un medio para el placer si se estima a este como objetivo de vida, y por ello, demanda del cuidado sobre lo que es censurable y puede ser tomado por deleite a costa de una falsa noción del mismo que declina en dolor. Esto es justamente lo que sucede con la estima del desarrollo completo del deleite que hace del examen de las vivencias pasadas y pronóstico de los bienes esperados una pauta de búsqueda; pauta que pone un obstáculo a la célebre defensa cirenaica de la imperante actualidad del goce. Mas la idea de hedonismo epicúreo –que, coherentemente, debería amparar la experiencia presente del placer, un instante sentido que se apoya en la no expectativa y el desinterés de que aparezca de nuevo tal sentir, conforme a la interpretación de Richard Woolf (2009, p.160)–, acepta un saber anticipado de los dolores que hace posible un cálculo prudencial de los apetitos por el recuerdo de las experiencias vividas en el pasado tal como lo asume el mismísimo filósofo de Samos.

Bien vistas las cosas, el recuerdo entraña una condición necesaria para la tasación de los deseos y de sus principales causas: las sensaciones, en cuyas alteraciones están implicados los juicios que se aplican a las sensaciones y no a las sensaciones mismas. Por ese motivo es que el mismo Diógenes Laercio, refiriéndose a los criterios de la verdad en Epicuro, define el recuerdo de lo que se nos muestra como pre-concepciones (πρόληψεις) (trad. 1960, 31), esto es, un criterio que introduce objetos conocidos para evaluar la variabilidad e invariabilidad en las percepciones del momento, y predicar de ellas su veracidad o error. De manera análoga, el placer puede verse salvo de reprensión por tratarse de una sensación resultante de actividades, y aunque esto no es tan explícito en las obras del Samio, toda afección y deseo se origina en los estímulos del medio (*Ad Herodotum*, 68). En consecuencia, dicha interacción sensaciones somáticas-afecciones anímicas comporta una posible réplica para aquella falta de razones que, según Striker (1996), no prueban la integración cuerpo-alma que alega el samio.

Entonces, las πρόληψεις como elementos de análisis para los juicios u opiniones no sólo se aplican a cuestiones epistémicas en tanto aborda las αἰσθήσεις como fuente de saberes sino, también, a los asuntos éticos por cuanto encierra a las afecciones y deseos en un proceso de discernimiento con el fin de evitar desenlaces nocivos. Al respecto, y según la opinión del helenista italiano Alberto Grilli, la imposición de ciertas restricciones para no destruir el valor del placer obliga a pensar en un ascetismo a ultranza que, por una parte, hace de toda acción objeto de simples prohibiciones, y por otra parte, revela un semblante más negativo del placer objetando nuevamente su justificación y realización (1953, p.41). Ciertamente, la mención de las virtudes que se enlazan con la ἡδονὴ según aquel *dictum* epicúreo de no se vive gozosamente sin ser sensato y no se vive sensatamente sin el placer (*Ad Menoeceum*, 132; *Ratæ Sententiæ*, V) aboga por un desasimiento de solo aquellos deseos y creencias que generan turbación tal como describe Nussbaum en términos de diagnóstico y posterior terapia:

> los mismos deseos que producen la ansiedad, la actividad frenética y toda suerte de angustias debido a su insaciable carencia de límites, son también esos deseos que dependen por completo de creencias falsas de modo que por supresión de creencias se suprimen los deseos, y por tanto, la turbación. Lo que Epicuro necesita para hacer este diagnóstico convincente y recomendar su terapia es, en primer lugar, un proceso para separar los buenos deseos

> de los malos, aquellos sanos de los enfermizos; luego un diagnóstico del origen de los malos deseos que demuestre que tienen por base las falsas creencias; por último un tratamiento de las falsas creencias que muestre por la modificación de creencias la liberación de los malos deseos (2003, p.143).

En este punto, la discusión se centra en una analítica, en una distinción de los deseos que convienen ser satisfechos y eliminación de falsas creencias para asegurar el buen estado físico-psíquico en el que lo simplemente necesario impera sobre la suntuosidad que, a veces, entorpece el logro de tranquilidad deseada. Bien connatural es este que el filósofo de Samos llama ἡδονὴ y que se debe, para ser conseguido, al referido cálculo de deseos que alejado del susodicho ascetismo a ultranza inquiere, más bien, las condiciones de posibilidad de una vida agradable sin riesgo de alteración. A este propósito, la intención de saciar los deseos naturales y necesarios (φυσικαί καὶ ἀναγκαῖαι) por sobre los vanos, es decir, aquellos que exigen de un esfuerzo exuberante para su consecución, no es más que granjearse los bienes que conservan con certeza la naturaleza humana. Por eso, una vida sencilla hace a una vida sosegada sin que esto signifique un completo desprendimiento de gozarse sobriamente en los lujos cuando son estos los que se poseen (Woolf, 2009, p.165; Mas Torres, 2019, p. 434).

Apréciese, con lo dicho, el rol preponderante que atesora la φρόνησις en la selección de acciones y deseos que detentan placer, pero no como un modo de fijar la racionalidad en el centro del filosofar de Epicuro, sino más bien de estimar a aquella como un complemento que propicia condiciones idóneas que aseguren el goce deseado. En todo caso, la justificación de un enfoque reflexivo en la ἡδονὴ, desde la incorporación de la razón como instrumento de las satisfacciones seguras, es tarea que el filósofo en cuestión nos revela en sus múltiples escritos tanto en los que conciernen a los fundamentos físicos y gnoseológicos como de aquellos que se concentran en las prácticas humanas. Así, un sobrio razonamiento (νήφων λογισμὸς) lleva a una vida gozosa, razonamiento que tiene las funciones de descartar supuestos que turban y hacer del placer consecuencia de los actos correctos, empero la indulgencia para con posibles vicios agradables por la idea de un escape a los efectos dolorosos de algunas acciones, guían un utilitarismo que pudiese amparar Epicuro según Taylor (1911, p.88).

Desde esta óptica utilitaria, pensar el placer como excusa para acciones que estiman grados de reprobación, particularmente como lo aprecia Cicerón al hacer mofa de una de las máximas epicúreas en la que se dice que los disolutos no deben ser reprendidos si se colman de placeres (*De Finibus*, II, 7,21), es lo que caracterizaría al epicureísmo como genuinamente hedonista. Lo cierto es que esto no es lo enunciado por el pensador de Samos puesto que, al decir de Séneca cuando refiere al Samio, quien por buen camino va detecta un fin y es por tal razón que debe uno alejarse de las vanidades cuando se quiere saber si lo que pides responde a deseos naturales o a ciegas codicias (*Ad Lucilum*, II, 16,7-9). Cabe, entonces, señalar que existe una recuperación del valor del placer por la asociación con la ἀρετή de tal manera que la naturaleza orientadora de las virtudes, concretamente en el discernir motivos de elección o de rechazo de las acciones, opiniones y deseos, está al servicio del goce para la elección de lo que es verdaderamente bueno en la vida del ser humano.

4. Apreciaciones finales

En síntesis, la misiva que procede de la escuela del Jardín es, ante todo, la sugerencia de estar en la vida del mejor modo posible siendo, para este caso, la filosofía una práctica de completa introspección con la que se conocería, por una parte, el fin en la existencia de cada hombre y, por otra, se escrutarían los medios convenientes para un bienestar esperado. Así, la pretensión de fortalecer al ser humano por medio de las virtudes frente a los errores causados por las vanas opiniones que opacan la decisión de un vivir bien posiciona al placer como un bien natural desde el que se puede juzgar lo conveniente y provechoso. Luego, ni el placer es justificación para las acciones perniciosas ni tampoco es aspecto que debe ser relegado del fin de plenificación humana puesto que, junto con deseos, pasiones y opiniones, integran todo el complejo psíquico de la naturaleza humana, pero solo haciendo frente a todo temor y pasión perniciosa por mor de opiniones hueras es posible mejorar nuestro carácter y hacernos con la serenidad (O'Keefe, 2009, p.157; Mas Torres, 2019, p.311).

Se comprende, entonces, la capacidad del hombre para darse al sosiego, al bienestar, al placer en palabras del mismo Epicuro, que no solo estima colmar las necesidades corpóreas sino también, como se ha indicado, menesteres anímicos. Para el logro de tales satisfacciones, liberarse de miedos o temores y de falsas opiniones, por ejemplo, el temor a los dioses por el mal que pueden retribuir, el miedo a la insensibilidad que produce la muerte o la dificultad de hacerse con estados agradables en la existencia, incluso, a la insufrible presencia del dolor, es imperativo. Al fin y al cabo, la salvaguarda de la bondad de las sensaciones tan celosamente recusada por adversarios de la filosofía del Jardín significó no solo el posicionamiento de una ἡδονή que, desde Epicuro, no está aislada de las acciones cotidianas y, en general, de la misma existencia humana, sino que también posibilitó la inspección de otros aspectos que, ciertamente, configuran todo un proceso de aprehensión, aceptación, rechazo y/o cuidado de condiciones de vida de las que depende el logro o el fracaso de un bienestar deseado.

Referencias bibliográficas

Arenson, K. E. (2019). *Health and hedonism in Plato and Epicurus.* London: Bloomsbury Academic Publishing.

Cicerón. (1987). *Del supremo bien y del mal. (V. Herrero Llorente, Trad.)*. Madrid: Gredos.

Epicuro. (1960). *Opere.* (G. Arrighetti, Trad.). Torino: Giulio Einaudi.

Erler, M. (2020). *Epicurus. An introduction to ethics and politics philosophy.* Basel: Schwabe Verlagsgruppe AG.

Grilli, A. (1953). *Il Problema della Vita Contemplativa nel mondo Greco-Romano.* Milano: Fratelli Bocca Editori.

Mas Torres, S. (2019). *Epicuro, epicúreos y epicureismo en Roma.* Madrid: UNED.

Nussbaum. M. (2003). *La terapia del deseo. Teoría y práctica en la ética helenística.* (M. Candel, Trad.). Barcelona: Paidós.

O'Keefe, T. (2009). Action and responsibility. En J. Warren (Ed.), *Cambridge Companion to Epicureanism* (pp. 142-157). Cambridge: Cambridge University Press.

Pesce. D. (1981). *Introduzione a Epicuro.* Roma: Laterza.

Plutarco. (2004). *Obras morales y de costumbres XII.* (J. F. Martos, Trad.). Madrid: Gredos.

Séneca. (2013). *Diálogos y Epístolas Morales a Lucilo.* (J. Mariné e I. Roca Meliá, Trads.). Madrid: Gredos.

Striker, G. (1996). *Essays on the Hellenistic epistemology and ethics.* Cambridge: Cambridge University Press.

Taylor, A. E. (1911). *Epicurus.* London: Constable & Company.

Tsouna, V. (2009). Therapeutic strategies. En J. Warren (Ed.), *The Cambridge Companion to Epicureanism* (pp. 234-248). Cambridge: Cambridge University Press.

Woolf, R. (2009). The pleasure and desire. En J. Warren (Ed.), *The Cambridge Companion to Epicureanism* (pp. 158-178). Cambridge: Cambridge University Press.

Cuerpo y economía en el tratado *Económico* de Jenofonte

Étienne Helmer
Universidad de Puerto Rico – Dep. de Filosofía
etienne.helmer@upr.edu

1. Introducción[88]

La idea según la cual

> el cuerpo se ha convertido en un objeto de la historia total, analizado en sus interacciones con la sociedad, como un sistema de representación de las construcciones sociales, políticas, religiosas, económicas y culturales, es decir, como un lenguaje y un medio, una interfaz entre el yo y los demás (Gherchanoc, 2015, p.10)

encuentra una ilustración y una confirmación evidentes con la Grecia antigua. Las publicaciones sobre el papel, el valor y el significado del cuerpo –tanto en sus representaciones mentales o visuales como en las prácticas de las que es el principio o el objeto (por ejemplo, D'Ercole, 2018)– se han multiplicado a partir de la década de los 1990 (Gherchanoc, 2015, p. 10; véase Garrison, 2014; Prost y Wilgaux, 2006; y Wilgaux y Dasen, 2008).

Sin embargo, ningún estudio ha examinado las numerosas referencias al cuerpo en sus aspectos económicos –salvo el famoso, pero muy selectivo, estudio de la economía antigua y el uso del cuerpo que Michel Foucault dedicó a la sexualidad y al matrimonio en el segundo volumen de la *Historia de la sexualidad.*

[88] Esta investigación ha sido posible gracias a una beca del Programa "Directeurs d'Études Associés" de la "Fondation de la Maison des Sciences de l'Homme" (Francia), sept.-oct. 2020. Estoy muy agradecido a los responsables del Programa por su apoyo.

Estas referencias pueden ser muy generales, como sucede por ejemplo en un conocido pasaje del *Fedón*, en lo cual Sócrates hace del cuerpo la fuente de los males individuales y colectivos:

> Tomemos las guerras, las revoluciones, los conflictos: nada más que el cuerpo y sus apetitos los originan. Porque todas las guerras tienen su origen en la apropiación de la riqueza. Y es el cuerpo el que nos obliga a adquirir estas riquezas (*Fedón,* 66c).

Aunque no se mencionan explícitamente, las prácticas, los instrumentos y los marcos de la economía desempeñan aquí el papel de intermediarios entre el cuerpo y la violencia de la que se hace responsable. En su gran generalidad, este pasaje es bastante congruente con el Libro II de la *República*, que da origen a la ciudad a partir de la "multiplicidad" de las necesidades humanas. Su insaciabilidad conduce por etapas a la guerra para apoderarse de los territorios vecinos (*República* II, 369b-373e). Si estos fragmentos, como otros, no llaman la atención por la relación que señalan entre cuerpo y economía, no es de extrañar que tampoco se comenten pasajes mucho más específicos sobre esta misma relación. Este silencio unánime se debe esencialmente al silencio del que está rodeado el pensamiento económico griego antiguo, entendido no en el sentido amplio de representación de la economía, como ya se encuentra en Hesíodo y Homero (Zurbach, 2012), sino en el sentido más estricto de reflexión teórica sobre las prácticas, las instituciones y los fenómenos económicos. Durante mucho tiempo, esa reflexión fue considerada inexistente o, en el mejor de los casos, muy rudimentaria por no tener carácter científico. Solo recientemente ha recibido la atención de algunos historiadores del pensamiento económico y algunos historiadores de la filosofía antigua (Descat, 2010; Helmer, 2021; Leshem, 2013 y 2012). Esta reflexión teórica en materia económica es desarrollada por filósofos o autores cercanos a ellos y constituye lo que se ha llamado *el logos oikonomikos* (Descat 2010), es decir, un discurso teórico cuyo objeto es la buena administración doméstica (*oikonomia*) y cuya forma puede ser la de un tratado separado (Jenofonte, el Pseudo-Aristóteles y Filodemo de Gadara) o la de una reflexión insertada en obras más comprensivas, como ocurre en el caso de la *República* y las *Leyes* de Platón, y la *Política* de Aristóteles. Este discurso examina operaciones muy concretas: en lo que respecta a los bienes, se ocupa de su adquisición, conservación y uso; y en lo que respecta a los miembros del *oikos*, se ocupa tanto de la relación conyugal, en particular de la reproducción y del reparto genérico o sexual de las tareas económicas, como de la relación entre el amo y el esclavo (Leshem, 2016).

Ahora bien, para que sean posibles, todas estas operaciones requieren cuerpos que les correspondan, y que ellos conformen a su vez. Por ejemplo, en el Libro I de la *Política,* Aristóteles identifica al esclavo con su cuerpo, al que atribuye dos características: es fuerte y, a diferencia del cuerpo del hombre libre, no se mantiene erguido, bajo el efecto de las tareas que realiza (*Política,* 1254b26-32). También el Ps. Aristóteles indica, en el tratado *Económico*, que la agricultura es la actividad que conviene al dueño del *oikos* porque forma el cuerpo que le corresponde: al hacerle capaz de soportar el aire libre y el trabajo duro, le prepara para afrontar el peligro, es decir, la guerra (*Econ.* I, II, 3, 1343b3-5). Estos ejemplos sugieren que la *oikonomia* es en parte una "fábrica de cuerpos", que articula sus dimensiones biológicas, sociopolíticas y simbólicas, y que constituye el telón de fondo sobre el que *el logos oikonomikos* presenta y analiza las operaciones económicas mencionadas más arriba. Para mostrarlo, me enfocaré en el tratado *Económico* de Jenofonte, por dos razones. La primera es que la obra de Jenofonte nunca ha sido examinada desde este punto de vista. La segunda es que esta contribución forma parte de un proyecto más amplio dedicado a renovar las interpretaciones que se han dado de este texto, visto muchas veces como un mero tratado de ética o de moral, hasta de propaganda (Merein, 1993), o como un código de conducta para los terratenientes honrados ("*gentleman landowner*" Finley 1974, 17; Waterfield 1990, 276), pero no como un texto de filosofía y antropología económicas.

2. El alma y el cuerpo: el legado socrático de Jenofonte

2.1. El alma soberana

Para acercarse con exactitud a la dimensión económica del cuerpo, es necesario decir algunas palabras sobre el alma y el cuerpo en la obra de Jenofonte. Su representación metafísica del hombre, aunque sucinta en comparación con la de Platón, comparte, sin embargo, las mismas categorías generales y el mismo patrón general: el ser humano está compuesto por un alma y un cuerpo estrechamente unidos, hasta el punto de que "si bebemos demasiado de una vez", como explica Sócrates, "pronto nuestro cuerpo y nuestro intelecto (καὶ τὰ σώματα καὶ αἱ γνῶμαι) flaquean y perdemos el aliento" (*Banquete* II, 26); y, más generalmente, quien se esclaviza a los placeres "avergüenza tanto a su alma como a su cuerpo" (αἰσχρῶς διατεθείη καὶ τὸ σῶμα καὶ τὴν ψυχήν, *Recuerdos* I, 5, 4).

Sin embargo, el alma tiene una precedencia axiológica y funcional sobre el cuerpo. En términos de valor, primero, Sócrates indica que "el amor del alma supera el amor del cuerpo" (πολὺ κρείτων ἐστὶν ὁ τῆς ψυχῆς ἢ ὁ τοῦ σώματος, *Banquete* VIII, 12; cf. 23), hasta el punto de que hay algo "indigno de un hombre libre en establecer más vínculos con el cuerpo que con el alma" (καὶ ἀνελεύθερος ἡ συνουσία τῷ τὸ σῶμα μᾶλλον ἢ τῷ τὴν ψυχὴν ἀγαπῶντι, *Banquete* VIII, 23).

Este valor superior del alma, nunca demostrado, se debe probablemente a su posible inmortalidad (*Ciropedia* VIII 7, 19-22), pero también al hecho de que es la sede de las virtudes y que, por tanto, en ella se concentra el esfuerzo ético. El alma es invisible (οὐδὲ γὰρ τὴν σαυτοῦ σύγε ψυχὴν ὁρᾷς, *Recuerdos* I, 4, 9), pero puede ser percibida a través de las actitudes y acciones llevadas a cabo por los individuos. En este punto, la sabiduría del sobrio Agesilao coincide con la del pródigo Ciro. Para el primero, las obras realizadas son los testigos del alma invisible (ὥστ' οὐκ ἀκούοντας ἀλλ' ὁρῶντας ἐξῆν αὐτοῦ τὴν ψυχὴν δοκιμάζειν, *Agesilao* VI, 2), por lo que son los recuerdos de ella los que deben dejarse a su muerte, más que las imágenes de su cuerpo en forma de estatuas o pinturas. Tales reproducciones materiales, en efecto, sólo presuponen que se es rico, mientras que los recuerdos del alma requieren, en cambio, que se sea moralmente bueno (τὸ δὲ αὐτοῦ ἔργον εἶναι, καὶ τὸ μὲν πλουσίων, τὸ δὲ τῶν ἀγαθῶν, *Agesilao* XI,7). Del mismo modo, al morir, Ciro declara a sus familiares: "Hasta ahora no veíais mi alma, pero por sus operaciones la habéis reconocido en mí" (οὐδὲ γὰρ νῦν τοι τήν γ' ἐμὴν ψυχὴν ἑωρᾶτε, ἀλλ' οἷς διεπράτετο, τούτοις αὐτὴν ὡς οὖσαν κατεφωρᾶτε, *Ciropedia* VIII, 7, 17).

En cuanto a la superioridad funcional del alma, Jenofonte conserva aquí también el modelo socrático presentado por Platón. Sin embargo, sus fórmulas son muy generales, no entran en los detalles de la acción exacta que el alma ejerce sobre el cuerpo. Sócrates se contenta con decir que el alma "reina en nosotros" (ἀλλὰ μὴν καὶ ἀνθρώπου γε ψυχή [...] μὲν βασιλεύει ἐν ἡμῖν, *Recuerdos* IV, 3, 14), que "es soberana sobre el cuerpo" (ἡ [ψυχὴ] τοῦ σώματος κυρία ἐστίν, *Recuerdos* I, 4, 9), lo que Ciro explica en términos idénticos en el momento de su muerte (αἱ ψυχαὶ κύριαι, *Ciropedia* VIII, 7, 18). Tal primacía funcional del alma está estrechamente relacionada con la importancia que Sócrates otorga a la *enkrateia*, este "autocontrol que está en la base de la virtud y [que debe] establecerse primero en el alma" (*Recuerdos* I, 5, 4). Sócrates es el modelo de este autocontrol porque consiguió, según sus propias palabras en la *Apología*, no dejarse esclavizar por sus apetitos (τίνα μὲν γὰρ ἐπίστασθε ἧτον ἐμοῦ δουλεύοντα ταῖς τοῦ σώματος ἐπιθυμίαις; *Apología* II, 16). Por lo cual insta a sus compañeros a este mismo control (*Recuerdos* II, 1, 1).

2.2. Por encima del alma y del cuerpo

A este esquema general de la relación entre el alma y el cuerpo se añaden tres elementos que hacen salir el cuerpo de la sombra en la que parece estar situado. El primero es que la primacía funcional del alma no es la última palabra de Jenofonte sobre la relación entre alma y cuerpo. Un pasaje de los *Recuerdos* relativo a la moderación de Sócrates señala que, en su opinión, los placeres no tienen su sede en el cuerpo solamente, sino en el alma misma a la que son "connaturales":

> Nacidos en el alma dentro del mismo cuerpo (ἐν γὰρ τῷ αὐτῷ σώματι συμπεφυτευμέναι τῇ ψυχῇ αἱ ἡδοναὶ), los placeres tratan de persuadirla para que abandone la moderación y, en cambio, los satisfaga a ellos y al cuerpo lo antes posible (*Recuerdos* I, 2, 23).

Según Michel Narcy, este pasaje muestra que la *enkrateia* consiste principalmente en el poder que Sócrates tiene sobre su alma, más que en el poder de su alma sobre su cuerpo solamente (Narcy, 2004, 233). Por lo tanto, debemos imaginar una instancia capaz de dominar el cuerpo *y* el alma, y desde la cual Sócrates guía ambos por el camino de la virtud, en general, y de la *enkrateia,* en particular.

En segundo lugar, desde esta hipotética instancia superior, el alma pierde su posición preeminente y pasa a situarse al lado del cuerpo o, al menos, se acerca a ello, respecto a la técnica o disciplina ética. Por eso necesita ser ejercitada de la misma manera como el cuerpo, como sugería el pasaje citado anteriormente sobre la *enkrateia* (*Recuerdos* I, 5, 4). Según Sócrates,

> si uno no ejercita su cuerpo, se vuelve incapaz para las obras del cuerpo, y del mismo modo, si uno no ejercita su alma, se vuelve incapaz para las obras del alma, no puede hacer lo que debe hacer, ni abstenerse de lo que no debe hacer (*Recuerdos* I, 2, 19).

Tal paralelismo otorga un papel motor al cuerpo: lejos de ser un mero servidor del alma, que se contenta con seguir pasivamente sus prescripciones o con recibir sus movimientos, recupera un papel ético activo, hasta el punto de que, incluso, ejerce una influencia sobre el estado del alma, como explica Sócrates a Epígono:

> Incluso en la actividad en la que, en tu opinión, la participación del cuerpo es menor, a saber, en el ejercicio del pensamiento (ἐν τῷ διανοεῖσθαι), ¿quién no sabe que incluso ahí hay muchos que cometen graves errores por la mala salud de sus cuerpos? El mal estado del cuerpo es a menudo la causa, en muchos, de que el olvido, el desaliento, la hosquedad y la locura caigan sobre sus mentes (τὴν διάνοιαν), hasta el punto de expulsar de ellas incluso el conocimiento (τὰς ἐπιστήμας) (*Recuerdos* III, 12, 6).

Es este tercer elemento el que voy a desarrollar a continuación, porque es decisivo en el tratado *Económico*.

2.3. El cuerpo como fuerza motriz y política de los individuos

El énfasis del Sócrates de Jenofonte en el cuidado del cuerpo es una característica recurrente de su ética. De las virtudes de la tríada socrática de Jenofonte (*enkrateia*, *karteria*, *autarkeia*), dos se refieren más directamente al cuerpo: la *enkrateia*, en tanto dominio de los placeres corporales, y la *karteria*, definida como resistencia al dolor físico (Dorion 2016, 311). El filósofo no descuida su cuerpo y no aprueba a quienes lo descuidan (ἀλλὰ μὴν καὶ τοῦ σώματος αὐτός τε οὐκ ἠμέλει τούς τ' ἀμελοῦντας οὐκ ἐπῄνει, *Recuerdos* I, 2, 4). Cuidar el cuerpo significa ejercitarlo, sobre todo a través de la gimnasia para que adquiera sus propias virtudes, es decir, según Sócrates, el vigor y la salud, así como la belleza, que consiste en sus justas proporciones (*Banquete* II, 17 y 20 sobre el peso igual de las piernas y los hombros de Sócrates). Un pasaje del *Banquete* resume todos estos aspectos. Sócrates elogia a un bailarín porque su práctica ejercita todo su cuerpo, sin dejar ninguna parte ociosa, como los espartanos, cuyos cuerpos "bastan para todo" porque ejercitan todas las partes de manera similar (ὁμοίως γὰρ ἀπό τε τῶν σκελῶν καὶ ἀπὸ χειρῶν καὶ ἀπὸ τραχήλου γυμνάζονται, *Constitución de los lacedemonios*, V, 8-9). También Sócrates declara que quiere aprender de él a bailar, lo que provoca la risa de sus compañeros:

> ¿Os reís de mí? ¿Acaso porque quiero ejercitarme (γυμναζόμενος), para tener salud o comer y dormir más a gusto, o porque me apetece esa clase de ejercicios (γυμνασίων), no como los corredores de fondo, cuyas piernas engordan pero enflaquecen de hombros, ni como los púgiles, que desarrollan los hombros pero quedan flacos de piernas, sino haciendo trabajar el cuerpo entero y tenerlo todo él equilibrado? [18] ¿O acaso os reís porque no necesitaré buscar un compañero de ejercicios (συγγυμναστὴν), (…), y porque en invierno tendré que hacer los ejercicios (γυμνάσομαι) bajo techado, y a la sombra cuando haga excesivo calor? [19] ¿Os reís porque, teniendo demasiada tripa, quiero reducirla moderadamente? (*Banquete* II, 17-19).

Este pasaje muestra claramente la importancia que Sócrates otorga a la *gumnastikê tekhnê* por sus beneficios tanto higiénicos –garantizar la salud– como estéticos –garantizar las proporciones correctas del cuerpo. Sin embargo, la importancia de estos ejercicios no se limita a los beneficios que los individuos obtienen al adquirir fuerza y belleza: se debe, principalmente, a los efectos políticos que se derivan de estos beneficios individuales. Más concretamente, estas virtudes son indispensables para que los cuerpos individuales den valor a la ciudad o a cualquier formación política, valor que se mide en términos de eficacia militar. Los cuerpos individuales son, en este sentido, cuerpos intrínsecamente políticos: son el instrumento esencial de la grandeza de la entidad cívica a la que pertenecen. Tres pasajes lo demuestran, lo que nos llevará al tratado *Económico*. El primero, al final de la *Ciropedia* (VIII, 8-21), lo demuestra de manera indirecta. La decadencia de los persas tras la muerte de Ciro el Joven se debió, en parte, a que "ya no cuidaban su cuerpo como antes" (οὐδὲ τῶν σωμάτων ἐπιμέλονται ὥσπερ πρόσθεν, *Ciropedia* VIII, 8, 8). Mostraron desidia y esclavitud al placer y a los lujos, esto los debilitó físicamente. Así, la resistencia de los persas (τὴν μὲν Περσῶν καρτερίαν) fue sustituida por la suavidad de los medos (τὴν δὲ τῶν Μήδων μαλακίαν, VIII, 8, 15).

Un segundo pasaje también lo muestra, positivamente esta vez, en los *Recuerdos*. A Epígenes, que se justifica por no ejercitar su cuerpo argumentando que es un mero particular (ἰδιώτης), Sócrates replica que su cuerpo no es precisamente un mero cuerpo particular. Las numerosas razones individuales que deberían llevar a Epígenes a cuidar su cuerpo –entre otras, tener más posibilidades de sobrevivir a la guerra, no ser esclavizado y no ser visto como un cobarde (*Recuerdos* III, 12, 2-8)– están precedidas por este argumento que hace de su cuerpo, aunque Sócrates no utilice el término, un cuerpo "*koinon*", por el servicio que presta a la ciudad al participar en la guerra: "¿Eres de la opinión de que la lucha por la vida que los atenienses emprenderán tarde o temprano contra el enemigo es de poca importancia?"

(*Recuerdos* III, 12, 1). Este recordatorio –o revelación– del carácter político del cuerpo de Epígenes se ilustra con el hecho de que aquellos cuyos cuerpos son robustos son capaces de "echar una mano a sus amigos" en la batalla y de convertirse en "los benefactores de su país" (*Recuerdos* III, 12, 4).

Esta dimensión política del organismo es aún más notable, por fin, en el tratado *Económico*. Se une a una dimensión económica, que constituye el punto de articulación entre lo particular y lo común que se mencionó brevemente en el caso Epígenes. En un pasaje poco comentado, Sócrates establece un vínculo entre el cuerpo individual de Iscómaco, a través de sus actividades económicas y la prosperidad de la *polis*:

> El que tiene lo suficiente para comer conserva mejor, creo yo, la salud haciendo un correcto ejercicio (…) Hasta aquí te sigo, Iscómaco, en lo que afirmas: que el hombre que se esfuerza, que atiende a sus negocios y se ejercita tiene mayores posibilidades de conseguir la prosperidad. Pero ¿qué entrenamiento utilizas para alcanzar el bienestar físico y la fuerza? ¿Cómo te ejercitas en las artes de la guerra? ¿Cómo te las arreglas para tener dinero de más, para ayudar a los amigos y fortalecer la *polis*? Me gustaría que me informaras sobre ello (*Económico* XI, 13).

La pregunta de Sócrates hace del cuerpo el lugar de una estrecha articulación entre *oikos* y *polis* o, más exactamente, entre una determinada idea del *oikos* y una determinada idea de la *polis*. La cadena tiene tres eslabones: de la mesa al ejercicio y del ejercicio a la ciudad. ¿Cómo hace el cuerpo para unir estos tres eslabones? ¿Qué apoyo encuentra la ciudad en el cuerpo económico de Iscómaco? Esto es lo que tenemos que examinar ahora, entrando en los detalles del tratado *Económico*.

3. Los cuerpos en el tratado *Económico*

Una breve comparación entre Aristóteles y Jenofonte revela, por contraste, la perspectiva elegida por este último para evocar los cuerpos en su tratado *Económico*. Aristóteles, en la *Política*, se enfoca en cuatro cuerpos: el del hombre libre, contrastado con el cuerpo del esclavo; el de la mujer libre, considerada como la madre del futuro hijo libre; y el de este último (Helmer, 2020). El acercamiento de Jenofonte es distinto. Por un lado, los cuerpos de los cónyuges libres ocupan el centro del libro, especialmente en el discurso de Iscómaco, mientras que el cuerpo de los esclavos recibe poca atención, y el de los niños ninguna. Por otro lado, a diferencia de la *Política* y del tratado *Económico* del Ps. Aristóteles, los cuerpos de los esposos libres que administran su *oikos* son pensados en su relación con el cuerpo del filósofo, el cuerpo de Sócrates. Estos dos elementos –la importancia del cuerpo del hombre y de la mujer libres en el *oikos*, y el cuerpo del filósofo– están estrechamente vinculados desde el principio del tratado *Económico*, si recordamos que el cuerpo forma el hilo conductor de la conversación educativa entre Sócrates y Critóbulo. Por ser esclavo de sus pasiones, que "no dejan de abusar de los cuerpos de los hombres, así como de sus almas y casas, mientras ejercen su imperio sobre ellos" (*Econ.* I, 23; más ampliamente, II, 16-22), Critóbulo, a pesar de toda su riqueza, es más pobre que Sócrates, por falta de autosuficiencia en la administración de su *oikos* (*Econ.* II, 1-4). Propongo mostrar que, a esta aporía ética de la que el cuerpo de Critóbulo es objeto, y que consiste en saber qué cuerpo debe tener un buen *oikonomos*, el tratado *Económico* ofrece la siguiente respuesta: Iscómaco, su mujer, y sus esclavos representan las múltiples figuras económicas de un cuerpo socrático unitario, es decir, un cuerpo que tenga, en el registro de la administración doméstica, las cualidades del cuerpo de Sócrates, aunque este no tenga un *oikos*. Esta operación es posible porque, según Sócrates y Critóbulo, tanto el buen administrador de su propio *oikos* como aquel que, sin ser dueño de un *oikos*, sabría administrar el *oikos* de otra persona, comparten una misma competencia o ciencia (*Econ.* I, 1-4). En otras palabras, lo importante en la *oikonomía* no es tanto poseer un *oikos* como poseer el carácter virtuoso que permite no ser esclavo de sus pasiones (Murnaghan, 1988, p.11). Es, entonces, en el cuerpo de Sócrates en el que debemos fijarnos primero, para ver cómo el cuerpo de Iscómaco, el de su esposa y el de todos los demás miembros de su *oikos*, forman una constelación de cuerpos socráticos.

3.1. Sócrates y Critóbulo

Presente también en los *Recuerdos* y el *Banquete*, Critóbulo es uno de estos allegados a Sócrates que permanecen relativamente impermeables a sus enseñanzas, porque están presos de sus apetitos, especialmente del amor (Noël, 2015). En el *Económico*, también se le presenta bajo esta luz (*Econ.* II, 5). Su pobreza no se define como privación material, sino como incapacidad de mostrar *enkrateia*, autocontrol en el dominio de los placeres del cuerpo, lo que le lleva a gastos interminables impidiendo la *autarkeia* (*Econ.* II, 4). ¿Qué cuerpo, entonces, debe adoptar para conquistar este autodominio y convertirse en un buen *oikonomos* (*Econ.* I, 4; VI, 4)?

El cuerpo de Sócrates se presenta como un modelo, pero un modelo imposible de seguir directamente. Es un *modelo* en el sentido de que controla sus apetitos, como hemos visto, y en el sentido de que "lo que tiene es suficiente para proporcionarle lo que necesita" (*Econ.* II, 4). Su frugalidad económica y dietética –tal como la presenta Dorion (2016)– consiste en no ser despilfarrador, en limitar sus apetitos, en comer y beber no más allá de la saciedad y solo cuando surge la necesidad, y en saber satisfacerse con platos sencillos. Pero Sócrates es también un modelo *imposible de seguir directamente*, porque no tiene un *oikos* que administrar (*Econ.* II, 9-13). Por lo cual, no está sometido a los pesados gastos sociales y políticos inherentes a la *oikonomía* (*Econ.* II, 5-6) ni a la tentación de adquirir y gastar sin límites los ingresos que obtendría de ella para ampliar sus pasiones. ¿Cómo, entonces, resolver esta dificultad? Antes de poner en escena a Iscómaco y su cuerpo de *oikonomos* socrático, Sócrates excluye la práctica de los oficios artesanales como posible modelo, precisamente por sus efectos negativos sobre el cuerpo. Las artes "llamadas banausicas" son

> denostadas y tenidas en gran desprecio en las ciudades. [Pues] arruinan los cuerpos de quienes las practican y de quienes las dirigen (καταλυμαίνονται γὰρ τὰ σώματα τῶν τε ἐργαζομένων καὶ τῶν ἐπιμελομένων) al obligarles a llevar una vida sentada, en las sombras, y algunos de ellos pasan todo el día junto al fuego. Sus cuerpos se feminizan/ablandan así (τῶν δὲ σωμάτων θηλυνομένων), y sus almas se vuelven mucho más sueltas. (*Econ.* IV, 2)

De todos los socráticos que, como Platón, asocian el oficio artesanal con la degradación de los cuerpos y las almas (Migeotte, 2003, p.370; Platón, *Rep.* VI, 495d-e; IX, 590c; Ps. Aristóteles, *Económico* 1343b3-5), Jenofonte es el más preciso al describir las consecuencias directamente físicas que resultan de su ejercicio. Una posición sentada, a menudo sinónimo de cobardía y pereza, una vida en las sombras y la proximidad del fuego: estos tres aspectos sugieren por contraste cuáles deberían ser las cualidades físicas que se esperan de Critóbulo. El rápido elogio que Sócrates hace de la agricultura, basándose en el modelo de Ciro (*Econ.* IV, 4-8), está en consonancia con esto: la agricultura es el "medio de entrenar el propio cuerpo para hacer todo lo que un hombre libre debería ser capaz de hacer" (*Econ.* V, 1) y más exactamente, le hace adquirir resistencia, fuerza y vigor viril (καρτερεῖν [...] γυμνάζουσα ἰσχὺν [...] ἀνδρίζει, *Econ.* V, 4).

Ahora bien, es aquí donde reside todo el interés del tratado *Económico* en cuanto a la cuestión del cuerpo. Mientras que Aristóteles evoca el cuerpo del hombre libre principalmente por contraste con el cuerpo del esclavo, sobre todo en torno al criterio de la postura erguida y a las exigencias de la práctica bélica del hombre libre, Jenofonte elabora un esquema distinto, también en nombre de este ideal del cuerpo bélico del hombre libre. Más que con el cuerpo del esclavo, es con el cuerpo de la mujer con el que Jenofonte contrasta el cuerpo del hombre libre, o más exactamente con el cuerpo feminizado: la degradación física asociada al oficio artesanal se presenta como un cambio de género, de masculino a femenino (τῶν δὲ σωμάτων θηλυνομένων, *Econ.* IV, 2). Como señala Sarah Pomeroy, en este contexto, el carácter femenino de un cuerpo no es una cuestión de determinación biológica, ya que, como veremos, la esposa de Iscómaco será invitada a masculinizar o virilizar el suyo (Pomeroy, 1994, p.237). Lo mismo ocurrirá con las diversas esclavas mencionadas. Y como el *oikos* forma una comunidad (*Econ.* VII, 13), todos los cuerpos que lo componen deben someterse a esta virilización socrática, que supera las diferencias biológicas y estatutarias al someterlas a una ley única.

3.2. Los cuerpos del *oikos* de Iscómaco

Son tres las características fundamentales del cuerpo económico requerido según Iscómaco: el control de los apetitos (*enkrateia*), el rechazo del adorno y el movimiento o ejercicio regular, que es el medio de los dos rasgos anteriores. Más precisamente, la *oikonomia* se presenta como una práctica que requiere tales cuerpos y que, también, los produce. Es lo que podría llamarse una "disciplina de los cuerpos" que, por aplicarse a todos, mitiga la idea de una "inferioridad *radical*" de las mujeres y los esclavos que suele atribuirse a Iscómaco y Jenofonte (Schmitt Pantel, 1994, 300: énfasis mío). Esta desigualdad no es "radical", en efecto, porque Iscómaco no se exime del cuerpo que exige a todos los miembros del *oikos*. Según él, el *oikos*, en tanto comunidad, es ante todo un determinado cuerpo que todos tienen en común. Sin embargo, como veremos, esta igualdad sigue estando muy polarizada: el discurso es unívoco, desde Iscómaco hacia su anónima esposa, y desde el hombre libre hacia los esclavos.

Comencemos con la *enkrateia*. La naturaleza, según Iscómaco, ha

> hecho que ambos sexos sean igualmente capaces de ello, pero el dios ha concedido al mejor de los dos, ya sea el hombre o la mujer, recibir la mayor parte de este bien (καὶ τὸ ἐγκρατεῖς δὲ εἶναι ὧν δεῖ εἰς τὸ μέσον ἀμφοτέροις κατέθηκε, καὶ ἐξουσίαν ἐποίησεν ὁ θεὸς ὁπότερος ἂν ᾖ βελτίων, εἴθ' ὁ ἀνὴρ εἴθ' ἡ γυνή, τοῦτον πλέον φέρεσθαι τούτου τοῦ ἀγαθοῦ, *Econ* VII, 27).

Este pasaje del diálogo entre Iscómaco y su esposa señala, con bastante claridad, que la diferencia de los sexos o géneros, con las diversas tareas que la organización intencional o providencial del universo les ha encomendado (*Econ.* VII, 18-25; 31), es indiferente a esta virtud mayor que se ha de encarnar. El hombre y la mujer están aquí en pie de igualdad y –el hecho es lo suficientemente raro entre los autores de este período como para ser señalado– se reconoce explícitamente la posible superioridad de las mujeres. Esta virtud relacionada con el cuerpo (la *enkrateia*) es indiferente tanto al sexo o al género, como al estatuto. En efecto, entre los criterios que la administradora de condición servil debe cumplir para ser contratada se encuentra, en primer lugar, la *enkrateia* relativa a todos sus apetitos físicos: comer, beber, dormir, y las relaciones con los hombres (ἐγκρατεστάτη καὶ ὕπνου καὶ οἴνου καὶ ἀνδρῶν συνουσίας, *Econ.* IX, 11). Lo mismo sucede con el jefe (servil) de las cosechas: debe ser cuidadoso o atento, por lo que tampoco debe entregarse a la bebida, no ceder al deseo de dormir, a los placeres del amor (*Econ.* XII, 11-14), para lograr el autocontrol (ἐγκρατεῖς, XII, 16). Es decir, el proceso de equiparación de géneros se aplica independientemente de las condiciones legales (Murnaghan, 1988, p.15). Sin embargo, se percibe una fuerte polaridad, masculina y libre, que reconduce en el *oikos* una desigualdad ocultada bajo la ley del cuerpo único[89].

Pasemos a la apariencia de los cuerpos, que ocupa una parte importante de esta sección del libro. Mientras que es fácil juzgar el valor de un artesano por la calidad de los objetos que produce (*Econ.* VI, 13), en cambio es más difícil juzgar el valor de los verdaderos *kaloikagathoi*: sus bellas formas exteriores (τῶν καλῶν τὰς μορφὰς, *Econ.* VI, 16), su "bella apariencia" (τῆς καλῆς ὄψεως, *Econ.* VI, 16) pueden esconder "almas completamente perversas" (πάνυ μοχθηροὺς ὄντας τὰς ψυχάς, *Econ.* VI, 16). Sin embargo, al dirigirse a Iscómaco para averiguar qué es un *kaloskagathos*, Sócrates no renuncia del todo a confiar en las apariencias, sino que desplaza el criterio que se usa habitualmente: ya no se trata de confiar en la belleza formal, ligada al adorno y la cosmética, y que disimula la verdadera condición ética del cuerpo, sino de guiarse por "la disposición del cuerpo" (ἡ ἕξις τοῦ σώματος, *Econ.* VII, 2). Por esta expresión hay que entender un conjunto de rasgos físicos cuyo desciframiento, si no es totalmente inequívoco, indica, al menos, a grandes rasgos de qué cuidados el cuerpo es objeto, qué preocupación ética recibe y, por tanto, qué

[89] Cabe preguntarse si es también en nombre de la *enkrateia* que debe entenderse la separación de los apartamentos de los esclavos y de las esclavas, "por una puerta cerrada con llave para evitar que se lleven algo indebidamente y para evitar que las esclavas tengan hijos sin nuestro permiso" (*Econ.* IX, 5). El argumento que sigue es el de la docilidad y la eficacia de los esclavos: los buenos esclavos que tienen hijos son más devotos, los malos más negligentes. Si bien es cierto que este control de la sexualidad de los esclavos señala o recuerda que no son dueños de sus cuerpos (Pomeroy 1994, 297-298), esta medida, sin embargo, puede considerarse como una forma de inclusión de los esclavos bajo la ley de la *enkrateia*, que debe difundirse por todos los cuerpos del *oikos*.

cualidades del alma le corresponden. Al ver a Iscómaco, Sócrates juzga que no permanece encerrado todo el tiempo (οὐκ ἔνδον γε διατρίβεις, *Econ.* VII, 2) –sin duda se refiere a su aspecto, a su complexión. Esto es un primer indicio de que no descuida su cuerpo, y es sin duda un verdadero *kaloskagathos*.

En este sentido, podemos entender el pasaje dedicado al rechazo del maquillaje y de cualquier forma de adorno (*Econ.* X, 1-13). El uso del maquillaje da lugar a relatos contrastados en la antigua Grecia: es un elemento importante para la mujer casada y, al mismo tiempo, es considerado inapropiado para las mujeres honorables (Pomeroy, 1994, p.305). Iscómaco parece adoptar este último juicio, quizás bajo la influencia de las costumbres espartanas (Pomeroy, 1994, p.305). Pero las razones de este rechazo no son solo culturales, sino que se inscriben en el contexto socrático-platónico de la crítica a la cosmética como arte del embellecimiento engañoso, tal y como se formula en el *Gorgias* de Platón: "¡La cosmética (ἡ κομμωτική)", explica Sócrates,

> cosa deshonesta, engañosa, vulgar, servil y que hace una ilusión con tacones y postizos, colorete, ceras y ropa! La consecuencia de todo esto es que nos vestimos de una belleza prestada y ya no nos importa la verdadera belleza del cuerpo que da la gimnasia (*Gorgias* 465b).

También para Iscómaco, el colorete y los accesorios están al servicio del engaño (ἐξαπατᾶν, *Econ.* X, 3; ἐξαπατῶν, X, 5; αἱ δ' ἀπάται, ἐξαπατᾶν dos veces, X, 8; ἐξαπατώσας, X, 13), del fingimiento, como una pintura de Zeuxis, cuyo poder de ilusión hace que la mera apariencia parezca real (*Econ.* X, 1).

Este rechazo a los adornos invita a hacer dos comentarios. Al igual que con el autocontrol, la preocupación por la transparencia y la naturalidad se aplica por igual a ambos sexos o géneros: al igual que a su mujer no le gustaría ver a Iscómaco maquillado para darse una tez viva (*Econ.* X, 5-6), a Iscómaco no le gusta ver a su esposa maquillada y con "zapatos altos" (*Econ.* X, 2). ¿Acaso debemos concluir de esta condición de igualdad de los dos sexos que el cuerpo económico es un cuerpo sin género? Si es cierto que no carece de sexo, en tanto que determinaciones masculinas y femeninas se evocan en cuanto a la distribución providencial de las funciones y de los atributos físicos que les corresponden (*Econ.* VII, 24), por otra parte, su género se presta a dos lecturas. Podemos considerar que Jenofonte participa en uno de esos "juegos de género" identificados por Vincent Azoulay, quien propone ver allí un "retrato casi transgresor de la mujer sin nombre de Iscómaco", en el contexto de una "cierta circulación, al menos simbólica y discursiva, entre los papeles masculino y femenino" (Azoulay, 2007, p.278). Pero, en vez de un juego transgresor, los pasajes sobre el autocontrol y el adorno pueden leerse también como una negación de lo femenino, en el sentido de que es al orden simbólico y práctico de lo masculino y de su cuerpo al que debe asimilarse la esposa de Iscómaco, en la idea de que debe "hacerse moralmente indistinguible de un hombre" (Murnaghan, 1988, p.12). Si el "pensamiento" de su esposa es "viril", como comenta Sócrates a su interlocutor (νὴ τὴν Ἥραν, ἔφην, ὦ Ἰσχόμαχε, ἀνδρικήν γε ἐπιδεικνύεις τὴν διάνοιαν τῆς γυναικός; *Econ.* X, 1), entonces también lo es su cuerpo. No es cierto que la reciprocidad de las condiciones de los cuerpos económicos sea la garantía de la igualdad del hombre y la mujer.

Por otra parte, el cuerpo económico exigido al hombre y a la mujer debe hacer ver sus cualidades naturales y presentarse ya no como el cuerpo de individuos particulares, sino como un cuerpo específico, el cuerpo de la especie, en la idea de que, como sucede con los demás animales, "los hombres no encuentran nada más agradable que el cuerpo puro (σῶμα καθαρὸν) del hombre" (*Econ.* X, 7) : "es el que se hace digno de ser amado" (ἀξιοφίλητος, *Econ.* X, 3 y 5), al suscitar una forma de atracción (κινητικὸν, *Econ.* X, 12) distinta de la que conduce a los placeres del amor, en cuanto que está motivada por la intención de encantar (τὸ ἑκοῦσαν χαρίζεσθαι) y no por la compulsión que ejercen los artificios (τοῦ ἀναγκαζομένην ὑπηρετεῖν). Si bien se ha señalado varias veces que la mujer anónima de Iscómaco no tiene identidad propia desde el punto de vista moral (Murnaghan, 1988, p.13), es evidente que esto también ocurre con respecto a su cuerpo. Pero, de nuevo, esta ley común de indiferenciación no significa tanto la desindividualización conjunta de los cónyuges y la igualdad real de sus propios géneros, como la absorción de lo femenino en lo masculino, en "una única personalidad de la que Iscómaco y su esposa representan los dos lados", pero que, en última instancia, resulta en la "presentación al mundo de una persona completamente masculina" (Murnaghan, 1988, 13-14) e identificada con el cuerpo bajo control de Sócrates.

Por último, un análisis similar, entre la igualdad y la polarización, se aplica al ejercicio al que deben someterse estos cuerpos para alcanzar la plenitud económica, es decir, para ser "puros" (o sea, libres de artificios) y capaces de autocontrol. Al igual que Iscómaco ensalza los méritos de las comidas seguidas de ejercicio o de las comidas ligeras (*Econ.* XI, 12 y 18), así como de los paseos y las cabalgadas en el transcurso de las actividades económicas y políticas (*Econ.* XI, 13-20), insta a su esposa a hacer ejercicio en el ámbito doméstico interior que le corresponde: debe evitar "sentarse como una esclava", ocuparse de sus propios asuntos "mientras camina" (*Econ.* X, 11) y practicar "buenos ejercicios" como "sacudir y doblar la ropa y las mantas" (*Econ.* X, 10-11). El cuerpo de la esposa está sometido a la ley común del cuerpo económico promulgada por Iscómaco, lo que significa de nuevo tanto la igualación o indiferenciación de sus cuerpos, como su desigualdad, si sostenemos que el espacio mismo está polarizado y que el exterior, asociado a la visibilidad pública y política, es más valorado y apreciado que el espacio doméstico interior (Murnaghan, 1988, p.16-17).

4. Conclusión

No pretendo cerrar el debate entre quienes disciernen en las palabras de la esposa de Iscómaco finas observaciones que sugieren que Jenofonte le otorga un espacio de singularidad y autonomía moral e intelectual (Gini, 1993, p.483), y quienes que, o bien consideran que el tratado *Económico* es un "texto altamente normativo del que parece desterrarse la ambigüedad" respecto a la inferioridad de las mujeres (Schmitt Pantel, 1994, p.300), o bien, como yo y Murnaghan (1988), tienden a ver una igualdad polarizada aplicada a los géneros y las condiciones legales. En cualquier caso, el cuerpo económico se presenta en el texto de Jenofonte como un cuerpo socrático, cuyo modelo se aplica a todos los miembros del *oikos*. Quizás podemos ver en este objetivo unitario un intento de universalización dentro de un mundo que se niega a hacerlo; pero también podemos leer en ello un rechazo ideológico a tomar nota de la diversidad de las condiciones que se hacen a los cuerpos en el espacio social real.

Referencias bibliográficas

Azoulay V. (2007). "Panthée, Mania et quelques autres : les jeux du genre dans l'œuvre de Xénophon", en Violaine Sebillotte (éd.), *Problèmes du genre en Grèce ancienne*, Paris, Publications de la Sorbonne, 277-287.

Azoulay V. (2004). *Xénophon et les grâces du pouvoir: De la charis au charisme,* Paris, Éditions de la Sorbonne. 10.4000/books.psorbonne.13179

D'Ercole M.-C. (2018). "Retour au travail. Notes sur le travail libre dans les sociétés anciennes", *Quaderni di Storia* 87, 233-250.

Descat R. (2010). "Thucydide et l'économie, aux origines du *logos oikonomikos*", en V. Fromentin, S. Gotteland & P. Payen (éd.), *Ombres de Thucydide. La réception de l'historien depuis l'Antiquité jusqu'au début du XXe siècle*, Bordeaux, Ausonius, 403-409.

Descat R. (1988). "Aux origines de l'*oikonomia* grecque", *Quaderni Urbinati di Cultura Classica*, N. S. 28, 1, 103-119.

Dorion L.-A. (2016). "La frugalité du Socrate de Xénophon", *Gaia: revue interdisciplinaire sur la Grèce Archaïque*, 19, 307-318.

Finley M.I. (1974). *The Ancient Economy*, Berkeley, University of California Press.

Foucault M. (2005). *Historia de la sexualidad. Vol. 2: El uso de los placeres*, Siglo XXI.

Garrison D.H. (ed.) (2014). *A Cultural History of the Human Body in Antiquity*, New York, Berg.

Gherchanoc F. (2015). "L'histoire du corps dans l'Antiquité : bilan historiographique. Introduction", *Dialogues d'histoire ancienne*. Suppl. 14, 9-17.

Gherchanoc F., Huet V. (2015). "Le corps et ses parures dans l'Antiquité grecque et romaine : bilan historiographique", *Dialogues d'histoire ancienne*. Suppl. 14. L'histoire du corps dans l'Antiquité: bilan historiographique. Journée de printemps de la SOPHAU du 25 mai 2013, 127-149.

Gherchanoc F. (2011). "Maquillage et identité: du visage au masque, de la décence à l'outrage, de la parure à l'artifice", dans L. Bodiou, F. Gherchanoc, V. Huet and V. Mehl (eds.), P*arures et artifices : le corps exposé dans l'Antiquité*, Paris, L'Harmattan, 23-44.

Gini A. (1993). "The Manly Intellect of His Wife: Xenophon, '*Oeconomicus*' Ch. 7", *The Classical World*, 86, 6, 483-486.

Helmer É. (2021). *Oikonomia. Philosophie grecque de l'économie*, Paris, Garnier.

Helmer É. (2020). "Les deux corps de l'économie dans les *Politiques* d'Aristote", en E. Berardi, M.P. Castiglioni, M.-L. Desclos, P. Dolcetti (éds.), *Aristote citateur ou la réappropriation par la philosophie des discours de savoir antérieurs*, Alexandrie, Ed. dell'Orso, 463-473.

Helmer É. (2016). "Réévaluer la réflexion grecque sur l'économie: de la science économique à la philosophie de l'économie", *Mètis* N.S. 14, 187-205.

Jenofonte (1983). *Recuerdos de Sócrates. Económico. Banquete. Apología de Sócrates*. Trad. J. Zaragoza, Gredos, Madrid.

Leshem D. (2016). "What Did the Ancient Greeks Mean by Oikonomia ?", *Journal of Economic Perspectives* 30 (1), 225-231.

Leshem D. (2013). "Oikonomia Redefined", *Journal of the History of Economic Thought* 35 (1), 43-61.

Leshem D. (2012). "The ancient art of economics", *The European Journal of the History of Economic Thought*, Vol. 21, Issue 2, 201-229.

Marein M.-F. (1993). "L'*Économique* de Xénophon : Traité de morale ? Traité de propagande?", *Bulletin de l'Association Guillaume Budé* 3, 226-244.

Migeotte L. (2003). "Les philosophes grecs et le travail dans l'Antiquité", e, D. Mercure et J. Spurk (éd.), *Le travail dans l'histoire de la pensée occidentale*, Québec, 11-32.

Murnaghan S. (1988). "How a Woman Can Be More Like a Man: The Dialogue Between Ischomachus and his Wife in Xenophon's *Oeconomicus*", *Helios*, 15 (1), 9-22.

Narcy M. (2004). "La meilleure amie de Socrate: Xénophon, *Mémorables*, III 11", *Les Études philosophiques*, 2(2), 213-234. https://doi.org/10.3917/leph.042.0213

Noël M.-P. (2015). "Critobule dans les écrits socratiques de Xénophon : le portrait d'un mauvais élève", *Kentron* [En ligne] 31 | mis en ligne le 19 octobre 2016. http://journals.openedition.org/kentron/289 ; https://doi.org/10.4000/kentron.289

Pomeroy S. (1994). *Xenophon Oeconomicus. A Social and Historical Commentary*, Oxford, Clarendon Press.

Prost F., et Wilgaux J. (eds.) (2006). *Penser et représenter le corps dans l'Antiquité*, Rennes, Presses universitaires de Rennes.

Schmitt Pantel P. (1994). "Autour d'une anthropologie des sexes", *Mètis* 9-10, 299-305.

Waterfield R. (1990). *Xenophon. Conversations of Socrates*. Londres, Penguin Books.
Wilgaux J., & Dasen V. (eds.) (2008). *Langages et métaphores du corps dans le monde antique*. Presses universitaires de Rennes.

Una aproximación a la ética estoica en clave aristotélica[90]

Gabriel Darío Gómez Franco
Universidad Católica de Pereira
ggomez@utp.edu.co

1. Advertencias introductorias

Del estoicismo antiguo no heredamos ninguna obra completa. Sabemos de su pensamiento por los numerosos fragmentos que se conservan en obras de doxógrafos, críticos y unos cuantos defensores pertenecientes al periodo helenístico y romano[91]. En particular, acerca de su pensamiento ético, se conservan tres exposiciones extensas elaboradas por Cicerón, en el libro III del *De finibus bonorum et malorum*, por Diógenes Laercio, en el libro VII de sus *Vidas de filósofos ilustres* (VII 84-131), y por Juan Estobeo, en la segunda doxografía de sus *Églogas de física y ética* (II 57-116)[92]. Las tres exposiciones coinciden en presentar tesis fundamentales del pensamiento ético de la Stoa antigua, en lo relativo al bien, la virtud, los actos debidos y perfectos, el modo de vida del sabio y del insensato, entre otros; sin embargo,

[90] El presente texto surge como síntesis de un curso electivo en filosofía antigua para el Seminario Mayor de Pereira, por lo que se define como una propuesta didáctica sobre la temática.

[91] Es invaluable el esfuerzo de numerosos especialistas en el pensamiento estoico por reunir los fragmentos en algunos compendios. Cabe destacar el ya clásico *Stoicorum Veterum Fragmenta* de J. von Armin, el realizado por A. Long y D. Sedley en los ochentas, y el más actual, realizado por Boeri y Salles. En el presente texto, usaremos –en su mayoría– las traducciones de Boeri y Salles (2014), pero se indicará en paréntesis la referencia de la fuente original del fragmento estoico, seguida en corchetes por el número del fragmento en este compendio (BS) y su correspondencia –cuando la tenga– en el de von Arnim (SVF).

[92] Para una revisión de las fuentes de cada exposición, puede consultarse las introducciones a cada una de estas en la traducción de Boeri, Corso y Juliá (1998).

hay diferencias en el orden de la exposición que se hace de estas tesis. Sobre esto, vale la pena llamar la atención.

Primero, la exposición de Diógenes es la más sistemática y completa de las tres, en cuanto que es la fuente que ofrece más información sobre los temas éticos estoicos, y la exposición de Estobeo coincide con esta en el orden de algunos temas, aun cuando algunos no están comentados. Sin embargo, ambas exposiciones siguen un orden *doxográfico*, esto es, se tratan de compilaciones que dividen los temas éticos y los presentan, citando y parafraseando ideas estoicas, de un modo tan esquemático que, en ocasiones, se carece de un hilo conductor. Segundo, la exposición de Cicerón sigue un hilo conductor diferente de las otras dos. Aun cuando tiene un valor doxográfico, pues parece estar basado en manuales estoicos de su época (Boeri, Corso y Juliá, 1998), Cicerón está inserto en el debate que propone toda su obra, es decir, se compromete a ser una fuente acerca de la posición de diversas escuelas filosóficas sobre el sumo bien, algunas de las cuales asume críticamente frente a la defensa que hace de otras. Esto implica un orden de exposición dialéctico, que privilegia aquellas tesis y argumentos en que difieren las doctrinas que somete a consideración.

El estado de conservación de las obras de Aristóteles es, a todas luces, muy distinto al del estoicismo, siendo su *Ética a Nicómaco* –innegablemente– uno de los textos fundamentales del pensamiento ético en Occidente, por la sistematización de las ideas éticas, por los argumentos esgrimidos y por el orden mismo de su exposición. El propósito de la presente ponencia es tomar el libro I de la *Ética a Nicómaco* como hilo conductor para hacer una breve exposición de la ética estoica. Sobre este objetivo, es preciso hacer una advertencia, dado que comporta –al menos– dos aristas criticables: de un lado, toda exposición breve de un sistema filosófico privilegia ciertos conceptos a demérito de otros, lo que implica cierto sesgo interpretativo; de otro lado, esta tarea, en el caso estoico, es aún más compleja frente a una escuela en la que la filosofía se concibe menos como sistema teórico-discursivo y más como un modo de vivir, tal como han defendido las lecturas de Foucault (2002) o Hadot (1998; 2006). Se asumen ambas dificultades desde la estrategia comparativa con la ética aristotélica, lo que ya ofrece un criterio frente a los conceptos que se privilegian en la exposición y otorga cierto orden a su presentación, abordando tres temas puntuales que desarrolla Aristóteles en este libro, pero rastreándolos en las tres exposiciones éticas del estoicismo, además de otros fragmentos: primero, el tema del fin final de la vida humana y de la ciencia que se encarga de establecerlo; segundo, los modos de vida de los hombres en relación con el bien supremo; y, finalmente, la definición de la felicidad y aquello de lo que depende.

Este hilo conductor puede ofrecer una mirada sobre las tesis éticas estoicas que no sean las esquemáticas doxografías de Diógenes y de Estobeo, o los objetivos dialécticos de Cicerón, a la vez que se enmarca en las discusiones de los comentaristas sobre la comprensión que debe hacerse de las relaciones entre fin, bien, virtud y felicidad en el estoicismo, fundamentales dentro de su peculiar eudemonismo. En particular, se tendrán en cuenta los artículos clásicos de Irwin (1993) y Long (1996) sobre el tema, decantándose en esta disputa por la interpretación del segundo, quien defiende que el eudemonismo estoico no es comprensible sin aceptar sus tesis físicas y teológicas.

2. El *télos* de la acción y la ciencia que se encarga de su estudio

Los primeros tres capítulos del libro I de la *Ética a Nicómaco* funcionan como una introducción donde Aristóteles, primero, establece el principio explicativo de la naturaleza de las acciones humanas en relación con el bien y, segundo, define y clasifica la ciencia encargada de este objeto. Sobre lo primero, tal principio no es otro que el principio *teleológico*, el cual afirma que todo arte e investigación, acción o elección libre, como la flecha de un arquero, siempre apuntan hacia un fin, y "este fin será lo bueno y lo mejor" (Aristóteles, *Ética a Nicómaco I, 1094a 23*)[93]. Aristóteles formula aquí, de manera explícita, uno de los principios comunes a las éticas de la antigüedad que permite clasificarlas, aplicando el rótulo propuesto por Kant (citado en Cortina y Martínez, 1996), como *éticas materiales*, esto es, teorías éticas que establecen un contenido o principio "material" para la moral en la forma de un fin, bien o valor supremo hacia el cual apunta la vida humana[94].

La ética estoica comparte este mismo punto de partida, tal como puede leerse en varios de los fragmentos sobre el tema. Valga referenciar el siguiente, como uno de los más completos:

> Dicen [los estoicos] que ser feliz (*eudaimoneĩn*) es el fin en vista de lo cual todo se hace y que él mismo no se hace en vista de nada; y esto consiste en vivir según virtud, en vivir coherentemente, y de nuevo –lo que es lo mismo– en vivir de acuerdo con la naturaleza (Estobeo, *Eclogae physicae et ethicae II 77, 16-19* [BS 23.4; SVF III 16]).[95]

El pasaje no solo establece que existe un fin hacia el cual apunta todo lo que hacemos, coincidiendo con Aristóteles en el principio teleológico que explica las acciones humanas, sino que sintetiza otras tesis estoicas que tienen cierta correspondencia con lo presentado por el estagirita en el resto del libro I de su *Ética*. El paso metodológico siguiente consiste, entonces, en definir ese fin final, en cuanto *bien supremo* de la vida humana. Aquí, nuevamente, Aristóteles y los estoicos coinciden:

---

[93] En lo sucesivo, *EN*.

[94] La ética aristotélica y la estoica serían, de modo más específico, éticas materiales *de fines*, en cuanto establecen el fin del hombre –independiente del deseo particular del sujeto– no de manera empírica, sino metafísica (Cortina y Martínez, 1996).

[95] En lo sucesivo, *Ecl.*

se trata de la vida feliz. Comparemos el anterior pasaje de Estobeo con la siguiente cita del estagirita:

> volvamos de nuevo a plantearnos la cuestión de cuál es la meta de la política y cuál es el bien supremo entre todos los que pueden realizarse. Sobre su nombre, casi todo el mundo está de acuerdo, pues tanto el vulgo como los cultos dicen que es la felicidad, y piensan que vivir bien y obrar bien es lo mismo que ser feliz (*eudaimoneĩn*) (*ÉN I, 1095a 14-19*).

Pese a la coincidencia en el objeto, en aquello que constituye el bien supremo de la vida humana, este mismo pasaje permite exponer una primera diferencia en torno a la ciencia que se ocupa de este objeto, que es justo el segundo objetivo de Aristóteles en los primeros capítulos del libro I. El estagirita sostiene que la política, entendida como el arte prescriptivo sobre qué hacer y qué evitar (*ÉN I, 1094b 5*), será la ciencia arquitectónica encargada de determinar cuál es el bien supremo, siendo el mismo tanto para los individuos como para la ciudad, esto es, aquello que hace feliz la vida humana. En la consiguiente caracterización, argumenta Aristóteles que la ciencia política no es exacta ya que sus objetos, las cosas nobles y justas, "presentan tantas diferencias y desviaciones, que parece existir sólo por convención y no por naturaleza" (*ÉN I, 1094b 16-17*). En otras palabras, la materia de la política, si bien no es solo resultado de la convención, sino que se fundamenta en la naturaleza política del hombre, hace parte de lo que puede ser de otra manera, lo contingente. En consecuencia, el ser feliz, en cuanto fin final de la vida humana, será un asunto sujeto a la contingencia.

Por su parte, para los estoicos, el fin final de ser feliz no se alinea bajo el estudio de la política –o al menos, no solamente–, puesto que su marco de referencia deja de restringirse al hecho de ser ciudadano de tal o cual ciudad. Así, los estoicos, desde Zenón, hablan de una ciudadanía cosmopolita según la cual no es la *pólis* lo que une a los individuos, sino una ley común:

> que no habitemos en ciudades ni pueblos, definidos cada uno de ellos por sus propios [sistemas] jurídicos, sino que consideremos a todos los seres humanos como nuestros paisanos y conciudadanos, y que haya un solo modo de vida y un solo orden, como si se tratara de un rebaño que pace junto y en conjunto se alimenta de una ley común (Plutarco, *De Alexandri magni fortuna aut virtute 329a-b* [BS 30.7; SVF I 262]).

Esta ciudadanía cosmopolita no tiene un fundamento político, sino físico y teológico, puesto que tal ley común refiere a la ley de la Razón universal que todo lo gobierna (*Ecl. 1, 25*). Siendo así, la política deviene parte del conocimiento del orden del mundo y el asunto de la vida feliz debe pensarse no en términos políticos, sino en términos de la relación que el individuo tiene con la Naturaleza universal, tal como estaba formulado en la cita de Estobeo. Nótese, por ejemplo, la siguiente afirmación de Crisipo:

> "No hay otra manera –ni más apropiada– de acercarse a la doctrina de los bienes y los males ni a las virtudes ni a la felicidad, si no es partiendo de la Naturaleza Universal y del gobierno del mundo" (Plutarco, *De Stoicorum Repugnantiis 1035c* [SVF III 68]).

En síntesis, para los estoicos, la ética o la política no constituyen ciencias que sean diferentes de la física o la ontología en razón de la modalidad de *necesario* o de *contingente* de su objeto de estudio. De hecho, ni siquiera aplica a su doctrina esta clasificación, tal como sí lo hace Aristóteles. La física, la lógica y la ética, en cuanto secciones del discurso filosófico estoico, tienen el mismo objeto de estudio: el despliegue de la racionalidad universal, que se manifiesta en el orden del cosmos, en la sintaxis del juicio y en las acciones humanas (Boeri, Corso y Juliá, 1998; Long, 1984), implicando de este modo que la filosofía sea un sistema unitario y orgánico, donde cada sección se sostiene coherentemente en el entrecruzamiento con las otras. Así reporta Diógenes Laercio la analogía estoica sobre esta unidad:

> Comparan la filosofía con un animal, y a la lógica la asemejan a los huesos y los nervios, a la ética a las partes más carnosas, y a la física al alma. (...) O [la comparan] con un campo fértil: la lógica es la empalizada que lo rodea, la ética es el fruto y la física es la tierra y los árboles. (...) [Donde] ninguna parte es preferible a otra, sino que están mezcladas... (DL *VII 40* [BS 1.2; SVF II 38]).

Así, para el estoicismo, no es la política la encargada de definir y alcanzar el supremo bien de la *pólis* ni, tampoco, este bien está sujeto a contingencia alguna. Es la filosofía, en cuanto discurso teórico y práctica de un modo de vivir dirigido hacia los hombres como seres racionales, la que tiene por objeto este fin final. En otras palabras, en medio de este campo fértil que es la filosofía, la vida de cada individuo aparece como el objeto central de preocupación, es decir, aquello que la filosofía pretende modificar y dirigir de manera que sea una vida no sujeta a la contingencia, sino conforme a la racionalidad de la naturaleza, esto es, una vida feliz.

3. El bien supremo y los modos de vida

Establecido el principio teleológico y la ciencia que se encarga de determinar el fin final, la discusión se centra ahora en el bien supremo, que no es otra cosa que la vida feliz. Aristóteles, fiel a su método que toma como punto de partida las opiniones de los muchos, relaciona el asunto del bien con los modos de vida de los hombres, que se clasifican según lo que consideran que otorga la felicidad. Esta lista no es una simple descripción de los modos de vida, en cuanto que sigue un criterio definido por el mismo Aristóteles, a saber, que aquello con que los hombres identifican el bien debe ser una cosa tal que sea elegida por sí misma y no por lo que produce o por estar subordinada a otras. Este es, justamente, uno de los requisitos formales del bien supremo, como lo estipulará más adelante en el mismo libro. Sin embargo, en este punto, Aristóteles se centra simplemente en caracterizar tres modos de vida[96]: el *voluptuoso*, que identifica el bien con el placer; el *político*, que identifica el bien con los honores, y el *contemplativo*, que identifica el bien con la actividad teorética (*EN I, 1095b 15 – 1096a 11*).

La clasificación estoica de los modos de vida no se basa en la opinión de los muchos sobre lo que definen como su bien. Para los del pórtico, todos los hombres, sin importar sus roles dentro de la ciudad universal, comparten la misma naturaleza en cuanto que hombres racionales, puesto que "todos los hombres tienen inclinaciones hacia la virtud que proceden de la naturaleza" (*Ecl. 65, 7* [BS 26.11; SVF I 566]). Sin embargo, existen dos clases de hombres[97]:

---

[96] Aristóteles omite el modo de vida *económico* en esta clasificación, ya que su fin (la riqueza) se busca por otra cosa, no por sí mismo (*ÉN I, 1096a 6-11*).

[97] Estobeo informa de otra clasificación estoica de los modos de vida: "Hay tres formas de vida preferidas: la regia, la política y, en tercer lugar, la científica" (*Ecl. II, 109, 10* [BS 30.18; SVF III 686]). En ambas, se refiere simplemente a tres actividades que puede realizar el sabio o excelente para ganar dinero, según sea rey, participe en política o se dedique a la educación sofística. No son, entonces, tres modos de vida, sino tres actividades de un solo tipo de hombre, cualquiera de las cuales es recta o virtuosa. Por su parte, Diógenes reporta igualmente otra clasificación: "Puesto que hay tres estilos de vida, teórico, práctico y racional, sostienen que hay que elegir el tercero, pues la naturaleza ha producido adrede el animal racional para la teoría y la práctica" (DL *VII 130* [BS 30.20; *SVF III 687*]). Esta clasificación toma como criterio el tipo de saber, según sea teórico, práctico o filosófico, que coordina los otros dos.

> Por cierto que Zenón y los filósofos de su escuela convienen que hay dos clases de hombres: la de los excelentes (*spoudaîoi*) y la de los viles (*phaûloi*). La de los excelentes hace uso de las virtudes durante toda su vida, en tanto que la de los viles de los vicios" (*Ecl. II, 99, 3-5* [SVF I, 216]).

La diferencia radical entre las dos clases de hombres no es meramente un asunto de opinión sobre lo que buscan por sí mismo, sino que se trata de dos modos de vida contradictorios en lo que toca al cumplimiento de esas inclinaciones naturales: los unos son sabios, libres y hacen todo bien; los otros no solo son ignorantes, sino que además son locos, esclavos y siempre yerran (DL *VII 121-125*). Es tan radical la separación entre estos dos modos de vida que no hay puntos medios, pues el criterio estoico para clasificar estos dos modos de vida no es la formalidad del bien perfecto, sino la posesión de la virtud. Esto permite explicar por qué, para Aristóteles, el voluptuoso o el político no se equivocan[98], mientras que para los estoicos ambos llevan modos de vida viciosos.

De vuelta al texto aristotélico, tras examinar las opiniones de los muchos –y también la de su maestro–, el estagirita procede preguntándose qué es ese bien al que apuntan todas nuestras acciones, el cual debe cumplir con una serie de condiciones para ser supremo. La primera condición establece que es *perfecto* o completo (*téleion*), en cuanto que es lo único que se busca por sí mismo y no por otra cosa (*ÉN I, 1097a 30*). Este criterio es el mismo que el estagirita había aplicado previamente para clasificar los tres modos de vida de los hombres, pero el cual no se muestra suficiente, en particular con los objetos de los modos de vida del voluptuoso y del

---

[98] El voluptuoso aristotélico no se equivoca al buscar el placer, pues su objeto de búsqueda es perfecto (*téleion*) en cuanto que se busca por sí mismo. El placer no tiene los otros caracteres formales que sí posee el supremo bien (suficiencia [*ÉN I, 1097b 6*], ser una actividad [*ÉN I, 1097b 25*]), pero sigue siendo un bien. Lo mismo sucede con los honores buscados por el político.

político. Segunda condición: debe ser *autosuficiente* (*autárkēs*), en cuanto que es algo que, sin necesitar de nada más, hace que la vida sea deseable (*ÉN I, 1097b 13*). Por último, tercera condición, debe consistir en una *actividad* en relación con la función propia o, de tener varias, con la más elevada, siendo en el caso del hombre la excelente actividad racional, esto es, la virtud (*ÉN I, 1099a 10*). En síntesis, la felicidad es perfecta, autosuficiente y una actividad excelente, por lo que constituye el sumo bien del hombre.

Long (1996) argumenta que las primeras dos condiciones hacen parte de los criterios formales de la tradición eudemonista griega, en la que también se inscribe Aristóteles y los estoicos. En otras palabras, para los estoicos, el bien que otorga la felicidad también se busca por sí mismo y no por ninguna cosa, además, no necesita de nada más (DL *VII 127*). Sin embargo, las divergencias pueden emerger respecto del tercer requisito, que corresponde a una condición no formal. Aun así, debe indicarse que la diferencia no radica en que para los estoicos el sumo bien no sea una actividad generada por la virtud –tal como lo es para toda la tradición desde Sócrates, según Long (1996)–, sino en relación con el marco conceptual desde el que se explica esta actividad. En efecto, en la exposición aristotélica de este tercer criterio, el concepto clave es el de *función* u *obra* (*érgon*) de todas las cosas, que es central en la ontología aristotélica[99]. Aunque no hay tal marco conceptual en el estoicismo –al menos no en el mismo sentido–, también los estoicos consideran que el bien supremo es una actividad, en cuanto que responde al uso correcto de lo más elevado del ser humano, a saber, su racionalidad: "la razón [, que] les ha sido dada a los [animales] racionales como el gobernante más perfecto" (DL VII 86 [BS 22.1; SVF III 178]), no es otra cosa que, en palabras de Séneca, "una parte del espíritu divino

---

[99] La noción *érgon* es la raíz de *enérgeia*, ser-en-acto o ser-en-obra, vinculado al de potencia. Son nociones centrales del pensamiento aristotélico.

introducida en el cuerpo humano" (*Ad Lucilium Epistulae Morales 66, 12*). Siendo así, esta razón ha de ponerse en uso en todo momento, en la forma de una recta razón que orienta los actos de la vida. Es justamente esto lo que hace que un hombre lleve el modo de vida de los excelentes y no del insensato, siendo además verdaderamente feliz.

4. Felicidad e (in)dependencias

Tras argumentar que la felicidad cumple las condiciones del bien supremo, Aristóteles divide y jerarquiza los bienes en tres tipos, a saber: exteriores, del cuerpo y del alma, con el objetivo de identificar a cuál de estos corresponde la felicidad. Sin embargo, aunque luego define que la felicidad consiste no en cualquiera de estos bienes, sino en la posesión y práctica del más elevado –que es propio del alma–, esto es, en la actividad según la virtud perfecta (*ÉN I, 1102a 5*), El Filósofo termina por aceptar que la felicidad necesita de algunos de esos otros bienes exteriores y del cuerpo, incluso de aquellos que no se buscan por sí mismos. Para argumentar esta posición, varios capítulos del libro I de la *Ética a Nicómaco* se dedican a exponer la tesis según la cual solo puede ser llamado feliz aquel hombre "que actúa de acuerdo con la vida perfecta y [que] está suficientemente provisto *de bienes externos* no por algún periodo fortuito, sino durante toda la vida" (*ÉN I, 1101a 14-16*) (las cursivas son nuestras). Todo el esfuerzo por identificar el sumo bien y argumentar su definición de felicidad deja a Aristóteles atado al hecho de aceptar que hay otros bienes que incrementan el bien supremo.

La postura estoica frente a la definición de felicidad y al bien que la constituye implica una crítica a la ética aristotélica. Siguiendo el mismo orden del estagirita, comencemos por la clasificación de los bienes, que en los estoicos obedece a una tesis ontológica:

> Y entre las cosas existentes, unas son bienes (*agathá*), otras males (*kaká*) y otras

> indiferentes (*adiáphora*). Bienes son cosas de este tipo: prudencia, moderación, justicia, valentía y todo lo que es virtud o participa de ella. Males, en cambio, son cosas de este tipo: imprudencia, ausencia de moderación, injusticia, cobardía y todo lo que es vicio o participa de él. Indiferentes, por su parte, son cosas de esta índole: vida-muerte, *reputación*-falta de reputación, *placer*-dolor, *riqueza*-pobreza, *salud*-enfermedad y lo similar a eso (*Ecl. II 57, 18-58, 4* [BS 26.27; SVF I 190]) (las cursivas son nuestras).

Es evidente, a partir de lo resaltado en la cita de Estobeo, que los estoicos difieren de Aristóteles acerca de aquello a lo que puede aplicarse el término *bien*. Bienes son solamente las virtudes o, para ser más exactos, la virtud, pues los estoicos afirman que ésta forma una unidad inseparable (DL *VII 125*). Cosas como la salud, la riqueza, el placer y la reputación, que Aristóteles lista entre los bienes que completan la felicidad, son meramente indiferentes. Es preciso hacer un comentario acerca de este tercer grupo de cosas.

Reporta Estobeo que

> "el argumento relativo a estas cuestiones se hace a partir de las cosas primeras según naturaleza y contra naturaleza, ya que lo diferente y lo indiferente se encuentra entre lo que es dicho respecto de algo (*prós tì*)" (*Ecl. II 80* [*SVF III 140*]).

Eso respecto de los que se dicen indiferentes es la naturaleza humana, lo que permite a los estoicos no solo separar bien, mal e indiferentes, sino introducir un criterio de clasificación dentro de este último grupo de cosas. Es así como, de un lado, se ubican los indiferentes que son conformes a la naturaleza (*katà phýsin*), por ejemplo, lo que suple las necesidades naturales (alimento, bebida), lo que potencia al cuerpo (salud, vigor físico, belleza), lo que enaltece al alma (artes, conocimientos) e, incluso, lo que garantiza la sociabilidad humana (procreación, amor a la especie, participación política). De otro lado, se ubican los indiferentes contrarios a la naturaleza (*parà phýsin*): la falta de alimento, la enfermedad, la ignorancia, la muerte. En terminología estoica, los objetos conformes a la naturaleza son indiferentes preferidos (*proegména*) y los objetos contrarios a la naturaleza son indiferentes dispreferidos (*aproegména*) (DL *VII 106*; *Ecl. II 79-81*).

Aquí se observa que los estoicos no niegan la utilidad que tienen ciertos objetos para la vida, en la medida que le son conformes a la naturaleza humana. Entonces, ¿por qué llamarlos con tal título y no, simple y llanamente, *"bienes"*, tal como hace Aristóteles? El argumento estoico más referido a propósito de este asunto es el siguiente: toda cosa que pueda ser usada correcta o incorrectamente no puede ser reconocida como un bien o un mal (DL *VII 103*; Plutarco, *De Stoicorum Repugnantiis 1048C*). Sin embargo, la razón fundamental está en la naturaleza misma de las cosas indiferentes, a saber, que en sentido absoluto son cosas *ajenas* (*allótrion*) al hombre, esto es, que no dependen de él. En este principio moral de separar lo propio y lo ajeno, lo que depende del individuo y lo que no depende de él –que los estoicos romanos no se cansan de repetir–, se concreta la clasificación que los estoicos antiguos hacían de las cosas existentes.

Es posible aplicar este razonamiento sobre aquellas cosas reconocidas por los estoicos como indiferentes preferibles a casos contemporáneos. La riqueza es ajena en cuanto no depende de cada quién; un millonario puede quedar en la quiebra con un revés de los indicadores económicos. La salud es ajena en cuanto no depende de cada quién; las vacunas que pueden evitar a alguien el contagiarse del Covid-19, pueden causarle la muerte a otro. Y los honores políticos, igualmente, son ajenos, en cuanto dependen siempre de la opinión de los muchos, resumidas hoy en datos de encuestas y tendencias en redes sociales. Si el bien es lo que completa la felicidad, y esta implica completitud, suficiencia y estabilidad, entonces ¿cómo puede depender de cosas que son ajenas? Si los bienes son solamente las virtudes y estas caben dentro del rango de lo que depende del hombre, entonces solo estos serán suficientes para la vida feliz.

De vuelta a Aristóteles, El Filósofo reconoce que, incluso si no están en nuestras manos, estos otros bienes son determinantes del ser feliz, de allí que modifique su definición de felicidad de *una actividad según la virtud* (*ÉN I, 1098b 30*) a *una actividad según la virtud suficientemente provista de bienes exteriores* (*ÉN I, 1101a15*). Pero arguyen los estoicos –con algo de razón– que, al aceptar que hay otros bienes que aumentan la felicidad, el bien supremo termina por perder la categoría de dignidad y primacía que le es propia, deviniendo insuficiente. Por su parte, los estoicos, al mantenerse en la postura de excluir estas otras cosas que la opinión de los muchos valora como bienes, proponen una definición distinta de felicidad. Vale citar el siguiente pasaje de Diógenes:

> Eso mismo [sc. vivir en acuerdo con la naturaleza] es la virtud del hombre feliz, el correcto fluir de la vida (*eúroia bíou*), cuando *hace todo* de acuerdo con la armonía de la divinidad en cada uno de nosotros y el deseo del administrador del universo. (DL *VII 88* [BS 23.1; SVF III 4]) (las cursivas son nuestras).

La definición de la felicidad como un *correcto fluir de la vida* evoca un estado tal que, según Long (1996), cumple con las condiciones formales de la felicidad, en cuanto es completa, autosuficiente y una actividad propia del alma. Nótese que un correcto fluir de la vida no es un simple dejar pasar las cosas, sino que exige lograr activamente ese acuerdo con el orden universal. Esto solo es posible por la actividad racional del hombre, tal como lo hacen los hombres excelentes, quienes viven según su recta razón, lo que no es distinto a vivir según el único bien que es la virtud, permitiéndoles fluir en sintonía con el cosmos. Tal es el fin final, completo y deseable por sí mismo.

Pero esta definición no solo cumple con tales condiciones formales del bien supremo, sino que es coherente con la postura estoica acerca de que el único bien debe ser tal que dependa completamente de nosotros. Esta vida en correcto flujo es la actividad de la recta razón que gobierna la vida toda y, en tanto que la razón es algo que es propio de cada individuo, entonces, esta actividad virtuosa es algo que cae dentro de las cosas que dependen de nosotros. ¿En qué consiste esta actividad de la razón de los hombres excelentes? Una buena respuesta se encuentra en la explicación que Epicteto hace de esta definición de felicidad, en la que cita al mismo Crisipo. Allí dice el estoico esclavo, refiriéndose al caso de un mal legislador:

> No sabe (*i.e.* el legislador) que quiere las cosas que no le han sido dadas, y que no quiere las que le son necesarias, es decir que *no conoce ni las que le son propias ni las que le son ajenas*. Pero si las conociera, nunca sería obstaculizado ni impedido, y no estaría ansioso (Epicteto, *Disertaciones I, 4, 28K* [BS 23.2]) (las cursivas son nuestras).

Según la explicación de Epicteto, el saber que poseen los hombres excelentes, aquellos que son los únicos que pueden ser felices, no es otra cosa que el principio según el cual unas cosas son propias y otras son ajenas. Pero lo que es un principio básico en el pensamiento de Epicteto no es más que un corolario de la tesis ontológica fundamental del estoicismo antiguo que comentamos previamente. En otras palabras, la clasificación ontológica entre los tres tipos de cosas existentes es el fundamento tanto de la distinción entre lo que depende y no depende del hombre, como de la separación radical entre el modo de vida de los insensatos y el modo de vida de los sabios. Queda con esto explicado que la felicidad, definida como un correcto fluir de la vida, constituye el bien supremo, y que solo la actividad virtuosa, esto es, la actividad según la recta razón –que en el caso consiste en el saber y la práctica del principio de lo propio y lo ajeno, de juzgar que la virtud cabe dentro de lo que depende del hombre– es suficiente para esa vida feliz, sin depender de ninguna otra cosa: ni de la fortuna, ni de la familia, ni de las riquezas, ni de la salud, ni de los honores.

5. Reflexiones finales

Hemos expuesto algunas ideas centrales de la ética estoica: el principio teleológico, los modos de vida, las condiciones del sumo bien, la felicidad. Usando el libro I de la *Ética a Nicómaco* como hilo conductor, fue posible enfatizar las diferencias fundamentales entre los estoicos y Aristóteles en estos puntos. En el primero, si bien el ser feliz es el *télos*, Aristóteles y los estoicos discrepan acerca de la ciencia que debe estudiarlo. En el segundo, logramos esclarecer los diversos criterios desde los cuales clasifican los modos de vida, si bien comparten las condiciones formales del sumo bien que, como argumenta Long (1996), son comunes al eudemonismo griego en general. Finalmente, vimos que Aristóteles y los estoicos se comportan de manera diferente frente a aquellas cosas que no son la virtud: mientras el estagirita los llama bienes y llega incluso a aceptar que son necesarios para la plena felicidad, los estoicos afirman que el único bien, suficiente para la felicidad, es la virtud[100].

Es de notar que, siguiendo la interpretación de Long (1996), no puede comprenderse la propuesta eudemonista estoica sin relacionarla con las otras secciones del

---

[100] Cortamos esta exposición sin hacer mención del último capítulo del libro I de la *Ética a Nicómaco*. En este, Aristóteles introduce elementos de su psicología que son fundamentales para la tematización de la naturaleza de la virtud que hará en el libro II. También para los estoicos la psicología será un presupuesto para su definición de virtud. Sin embargo, avanzar sobre este punto habría superado los límites de una conferencia virtual soportable.

discurso filosófico, particularmente la física. La definición de la felicidad, que fue justo con lo que finalizamos la exposición, se corresponde punto por punto con lo que es la Naturaleza, aquella con la que el hombre excelente logra estar en acuerdo, tal como lo establece el *télos* estoico. Más que asumir una postura sobre el sumo bien con afanes polémicos respecto de la opinión de los muchos –entre los que ahora debemos incluir a Aristóteles y, probablemente, nosotros también nos incluiríamos–, los estoicos asumen una postura que se preocupa por ser coherente con todo su sistema filosófico que, como se mencionó, constituye una unidad mezclada donde los límites de los discursos teóricos y la práctica se disipan. Es desde esa coherencia que la ética estoica debe ser comprendida, juzgada y, por lo mismo, rechazada. Esto último en cuanto que nuestra comprensión del mundo y sus relaciones –o mejor, sus no-relaciones– con la ética son bastante distintas de la propuesta estoica. Y, sin embargo, aunque sea para unos pocos, sus ideas siguen siendo interesantes. Ya es una razón suficiente para escudriñar sus fragmentos.

Referencias bibliográficas

Aristóteles (2007). *Ética nicomaquea*. Introducción de T. Martínez Manzano, traducción y notas de J. Pallí Bonet de la edición de la Biblioteca Clásica Gredos. RBA Libros.

Boeri, M.D.; Corso, L. y Juliá, V. (1998). *Las exposiciones antiguas de la ética estoica*. Eudeba.

Boeri, M.D. y Salles, R. (2014). *Los filósofos estoicos: ontología, lógica, física y ética*. Academia Verlag.

Foucault, M. (2002). *La hermenéutica del sujeto. Curso en el College de France 1981-1982*. Fondo de Cultura Económica.

Hadot, P. (1998). *¿Qué es la filosofía antigua?* Fondo de Cultura Económica.

Hadot, P. (2006). *Ejercicios espirituales y filosofía antigua*. Siruela.

Irwin, T.H. (1993). "La concepción estoica y la concepción aristotélica de la felicidad". En M. Schofield y G. Striker (comp.). *Las normas de la naturaleza: Estudios de ética helenística* (pp. 211-250). Manantial.

Long, A.A. (1996). "Stoic eudaimonism". En *Stoic Studies* (pp. 179-201). Cambridge University Press.

Séneca (1986). *Epístolas morales a Lucilio I (Libros I-IX, Epístolas 1-80)*. Biblioteca Clásica Gredos.

Del goce y la adulación a la búsqueda de la verdad. El diálogo platónico como nuevo modelo de poesía y retórica[101]

Javier Aguirre Santos y Jonathan Lavilla de Lera
Universidad del País Vasco (UPV-EHU)
jonathan.lavilla@ehu.eus
javier.aguirre@ehu.eus

1. Introducción. Los diálogos como crítica a los viejos y nuevos maestros

Es de sobra conocido que los diálogos de Platón constituyen, en buena medida, una crítica a los agentes culturales más presentes y activos de su época. A través de los diálogos, el filósofo trata de transformar los valores de su tiempo, tanto los tradicionales como los más novedosos, para lo cual dirige sus ataques, antes de nada, a los educadores, esto es, a los portavoces y transmisores más insignes de la cultura. En este sentido, es significativa la hostilidad que muestra en numerosos diálogos contra los poetas, cuya obra es criticada en ocasiones sin compasión. La poesía épica –considerada desde antiguo la educadora de los griegos– es objeto de un duro y sistemático ataque en el *Ion*; también la poesía trágica y la cómica son objeto de los dardos platónicos; algunos de los más ocurrentes los encontramos en el *Banquete* –para lo cual se sirve de las figuras de Agatón y de Aristófanes– y en la *República*. Y no menos áspera resulta también la lucha entablada contra los rétores –los nuevos educadores de Grecia– y contra los políticos de su tiempo. Así, en el *Protágoras* y en el *Gorgias* se aprecia

[101] Este trabajo ha sido financiado por el proyecto de investigación "Los usos del humor en Platón. Ironía, humor y filosofía en los diálogos platónicos" del Programa Logos Fundación BBVA de Ayudas a la Investigación en el Área de Estudios Clásicos. Asimismo, este trabajo ha sido parcialmente elaborado dentro de *AKTIBA-IT: Grupo de Investigación en Prácticas, Aprendizaje y Valores* (IT1762-22), reconocido y financiado por el Gobierno Vasco.

de qué modo no solo se critica a los denominados *sofistas*, sino también a los que se han educado bajo su influjo, como el vehemente Calicles; paralelamente, en el *Menéxeno* vemos que la política democrática ateniense es criticada con dureza por estar cimentada sobre una retórica de la adulación.

En fin, resulta relevante advertir que, si bien los embates platónicos apuntan, por un lado, a la educadora tradicional de los griegos representada por los viejos poetas y, por otro, a la nueva educación griega representada fundamentalmente por la sofística, en el fondo, la crítica se centra en un elemento común compartido por ambas, a saber, el trasfondo retórico, si bien entendiendo "retórico" como la capacidad de persuadir e influir en el auditorio gracias al uso de recursos argumentativos y estilísticos no necesariamente vinculados a la verdad. En el *Gorgias*, Sócrates señala con claridad que la retórica no tiene como objetivo mejorar el alma de quien padece su influjo, sino solo complacerla. En este sentido, la retórica y la política que de ella hace uso serían un tipo de actividad que no busca el bien, sino el placer. Sócrates emplea una analogía para ilustrar la cuestión: del mismo modo que el cocinero no se preocupa de que sus platos confieran salud al cuerpo, sino de que lo complazcan, la retórica no pretende mejorar a la persona que escucha, sino simplemente complacerla –por ejemplo, halagándola mediante el discurso o procurándole lo que ella desea escuchar (*Gorgias*, 462b-466a). Si bien este principio se predica explícitamente de la práctica de los sofistas y de los políticos demócratas, en los textos platónicos se aprecia que la misma crítica es lanzada también contra la poesía; en este sentido, tanto la poesía épica como la tragedia y la comedia consiguen ganarse al público y erigirse en centro de la cultura, no por sus beneficios intrínsecos o por su conocimiento para mejorar a quien las sigue, sino por resultar placenteras para el poeta y el espectador. En los siguientes epígrafes analizaremos, primeramente, algunos pasos fundamentales en la crítica platónica al carácter complaciente de los modelos educativos que de mayor prestigio gozan en su tiempo; en segundo lugar, explicaremos en qué sentido podemos entender que los diálogos platónicos representan un nuevo modelo de poesía y de retórica que no solamente se preocupa por agradar al espectador, sino también por educarlo conforme a la verdad.

2.1. El poder magnético de la poesía

Uno de los recursos más célebres mediante los que Platón critica la poesía épica –y también la poesía lírica– es la imagen de la cadena de anillos imantados descrita por Sócrates en el *Ion*[102]. La analogía expuesta por Sócrates dice así:

> Ion, voy a mostrarte lo que a mí me parece que es esto: en efecto, esto, hablar bien de Homero, no es un arte a tu alcance, como decía ahora mismo, sino una fuerza divina que te mueve, como en la piedra que Eurípides llamó magnética y la mayoría heráclea, pues también esta piedra no solo atrae los anillos de hierro, sino que infunde también una fuerza en su interior, de modo que ellos pueden ejercer eso mismo que la piedra, atraer otros anillos, de modo que, en algunas ocasiones, se forma una larga cadena de anillos de hierro que penden los unos de los otros; pero a todos ellos les viene de aquella piedra la fuerza que los sustenta. Del mismo modo, también la Musa, ella misma, crea inspirados, y por medio de estos inspirados se forma una cadena de otros que son presa de la inspiración (*Ion* 533d-533e. Trad. Aguirre, 2013).

Y unos párrafos más adelante:

---

[102] Sobre la metáfora de los anillos imantados, cf. Aguirre (2013: 153-168; 2021).

> ¿Sabes, entonces, que éste, el espectador, es el último de los anillos de los que yo afirmaba que bajo la piedra heráclea adquieren la fuerza los unos de los otros? El del medio eres tú, el rapsoda y actor, y el primero es el poeta mismo. Y la divinidad, a través de todos ellos, atrae el alma de los hombres allí donde desea, haciendo depender la fuerza los unos de los otros. Y de igual modo que de aquella piedra, una cadena muy larga de coreutas, instructores y ayudantes de instructores están suspendidos de los anillos que cuelgan de las Musas (*Ion* 535e-536a. trad. Aguirre, 2013).

Según Platón, el imán tiene la capacidad no solo de atraer hacia sí los anillos de hierro, sino también de transmitir su capacidad magnética a otros anillos, haciendo con ello posible la formación de una larga cadena imantada. Mediante esta original imagen Platón pretende describir los efectos que la poesía causa en la ciudad. Si atendemos al relato, la poesía constituiría un tipo de potencia similar al poder magnético del imán, de modo que los rapsodas y los poetas desarrollarían su actividad sometidos a la inspiración de las musas y, por consiguiente, en un estado de pérdida del juicio similar al de las bacantes o los coribantes cuando se encuentran en trance. Análogamente, ambos serían capaces de *imantar* al auditorio que escucha sus cantos provocándole de ese modo la pérdida del juicio. Tratando de esclarecer ese peculiar fenómeno, Platón señala el metro y el ritmo como dos de las principales causas del poder magnético de la música[103] (cf. *Ion* 534a). El metro y el ritmo propios de la poesía suscitan un placer y un goce tal en los oyentes que propician su sumisión a ellos. Este dejarse llevar es una de las formas de la retórica entendida en

---

[103] Véase, por ejemplo, *Ion* 534a, *República*, III, 397b-c, 401d; *Banquete*, 187c-d; *Leyes*, II, 655a.

sentido general como práctica que consiste en la conducción de las almas (ψυχαγωγία τις). La poesía, como medio de educación de los griegos, consigue hacer de individuos dispersos una sociedad al unificarlos mediante el magnetismo poético, que consiste en su capacidad de hacer disfrutar a quienes recitan, memorizan y se conmueven con sus relatos. A este respecto, lo que Sócrates intenta demostrar a lo largo del diálogo no es solamente que la actividad poética desplegada por Homero y por los rapsodas no constituye un verdadero conocimiento, sino también que el vínculo de naturaleza poética al que alude la imagen de los anillos imantados corresponde a un tipo de unidad precaria. En efecto, si leemos con atención la metáfora, vemos que la unidad de los anillos imantados se identifica con un tipo de unidad de naturaleza irracional, alienada, homogeneizadora y meramente litúrgica, es decir: una unidad basada en la conexión provocada por las emociones, objeto de la parte más baja del alma, y no por la razón, que en un Estado bien establecido ha de ser rectora y guía de todas sus partes; una unidad que no deriva de la voluntad del hombre consciente y autónomo, sino del hombre que se encuentra fuera de sí, poseído por una fuerza externa y falto de una identidad estable; una unidad que no toma en consideración las diferencias entre los individuos y entre las clases sociales, sino que entiende la ciudad como una masa informe; una unidad, en fin, que solo acontece en el momento del espectáculo, desapareciendo una vez que el mismo ha finalizado.

Una postura similar encontramos en un pasaje del *Gorgias*, donde Sócrates identifica el goce y la adulación del espectador como objetivos comunes compartidos por la tragedia ática y por la retórica. El paso dice así:

> SÓC. — ¿Y a qué aspira esa poesía grave y admirable, la tragedia? ¿Es sólo su propósito y su empeño, como tú crees, agradar a los espectadores o también esforzarse en callar lo placentero y agradable cuando sea malo y en decir y cantar lo útil, aunque sea molesto,

> agrade o no a los oyentes? ¿A cuál de estas dos tendencias responde, en tu opinión, la tragedia? CAL. — Es evidente, Sócrates, que se dirige más al placer y a dar gusto a los espectadores. SÓC. —¿Y no decíamos ahora, Calicles, que esto es adulación? CAL. — Ciertamente. SÓC. — Continuemos; si se quita de toda clase de poesía la melodía, el ritmo y la medida, ¿no quedan solamente palabras? CAL. — Forzosamente. SÓC. —¿Y no se pronuncian estas palabras ante una gran multitud, ante el pueblo? CAL. — Sí. SÓC. — Luego la actividad poética es, en cierto modo, una forma de oratoria popular. CAL. —Así parece. SÓC. — Por consiguiente, será oratoria popular de tipo retórico, ¿o no crees qué se comportan como oradores los poetas en el teatro? CAL. — Sí, lo creo. SÓC. — Pues ahora hemos encontrado una forma de retórica que se dirige a una multitud compuesta de niños, de mujeres, de hombres libres y de esclavos, retórica que no nos agrada mucho porque decimos que es adulación. CAL. —Sin duda. (*Gorgias* 502b-d. Trad. Calonge, 1983).

Sócrates describe esta última como una actividad que consigue ganarse al público, precisamente, por valerse de la adulación a los espectadores. Según el texto aludido, la clave de la tragedia no sería mejorar la forma de vida de quienes acuden al teatro, sino complacerlos, esto es, suscitar en ellos cierto goce, de tal forma que el público, en contrapartida, confiriera honor y buen nombre a los dramaturgos. Platón vincula aquí nuevamente la poesía hegemónica con una persuasión lograda por el placer procurado, pero no por la bondad intrínseca que dicha actividad causa sobre el auditorio. La poesía imanta, unifica y condiciona el pensamiento y la acción social, pero no mediante un conocimiento adecuado del bien de la ciudad, sino a través de la mera adulación y del goce.

Críticas similares encontramos también a lo largo de los libros II, III y X de la *República*. Es bien sabido que las acusaciones dirigidas contra los poetas en esos tres libros son numerosas y de gran calado, y que se encuentran expuestas en el contexto de la educación de los guardianes del Estado. Así, en el libro II (376e-383c), Sócrates admite que la educación de los guardianes debe llevarse a cabo tanto mediante discursos verdaderos como por medio de los relatos mitológicos, que a su juicio deben ser enseñados a los niños a temprana edad, con el fin de moldear al joven cuando es posible, pues "las impresiones que a esa edad reciben suelen ser las más difíciles de borrar y las que menos pueden ser cambiadas" (378e Trad. Eggers Lan, 1986). Siguiendo criterios estrictamente educativos, muy al contrario de lo que acontece con los mitos tradicionales, los dioses deben ser presentados como la causa de todo lo bueno, de modo que debe ser rechazado todo lo malo atribuido por los mitos tradicionales, como las injusticias, las disputas o el infortunio, y debe prevalecer siempre que el dios no es la causa de todas las cosas, sino solo de las buenas (cf. 380c). También debe enseñarse que dios no es como un hechicero, capaz de mostrarse con aspectos distintos, sino

> absolutamente simple y veraz tanto en sus hechos como en sus palabras, y él mismo no se transforma ni engaña a los demás por medio de una aparición o del discurso o del envío de signos, sea en vigilia o durante el sueño (382e. Trad. Eggers Lan, 1986).

Las acusaciones del libro III (386a-398b) se dirigen, en primer lugar, al modo en que los poetas describen el Hades, contexto en el que Sócrates deja claramente establecido que el criterio con que debe ser abordada la valoración de la poesía en modo alguno es un criterio estético o vinculado al goce, pues el rechazo de los mitos sobre el más allá se debe

> no porque estimemos que no sean poéticos o que no agraden a la mayoría, sino, por el contrario, porque cuanto más poéticos, tanto menos conviene que los escuchen niños y hombres que tienen que ser libres y temer más a la esclavitud que a la muerte (387b. Trad. Eggers Lan, 1986).

Sócrates somete, por consiguiente, la actividad del poeta a la utilidad de la ciudad y no al placer o al gusto de la mayoría, idea clave que aparece de modo recurrente en la *República*[104]. Sócrates aborda también, de manera muy audaz, la cuestión de la forma o estilo de lo narrado. En su exposición ante Adimanto, Sócrates se muestra extremadamente crítico con la narración imitativa del estilo directo, fundamentalmente porque la imitación del poeta, entendida como personificación, conlleva la identificación con los personajes representados[105], y una identificación que no solo atañe al poeta, sino también al oyente, de modo que este puede llegar a asimilar la naturaleza misma del personaje personificado[106]. Por todo

---

[104] Esta misma idea resulta igualmente recurrente a lo largo del *Gorgias*, en el que Sócrates señala que hasta la fecha no ha habido políticos buenos (503b), pues no han gobernado en favor del bien de la ciudad, sino únicamente en pos del placer —esto es, del bien aparente—, ya sea para procurárselos a sí mismos o a los ciudadanos (503a-d). Frente a esta política de corte retórico, Sócrates reclama una política filosófica, cuyo objetivo no es agradar a los ciudadanos como lo hacen los rétores o los sofistas, sino mejorar las almas de sus ciudadanos, de la misma manera que los maestros de gimnasia y los médicos mejoran sus cuerpos.

[105] Comentando el diálogo, Murray (1995, p. 4) ha subrayado que cuando uno habla en voz de otra persona no sólo se imita la voz, sino también la personalidad de dicha persona, hasta el punto de adoptar su apariencia, sus gestos e incluso sus pensamientos, convirtiéndose prácticamente en dicha persona. Murray ha visto con acierto que Platón está mostrando los profundos efectos de la *mimesis* poética.

[106] Tanto en su uso habitual como en su uso platónico, el término *mímesis* posee una gran complejidad, por significar tanto la *personificación de un personaje* como la *creación de una copia*, significados que, a su vez, atañen a diferentes ámbitos de la realidad,

ello, aunque la poesía imitativa –la comedia y la tragedia– sea de hecho la que resulta "más agradable para los niños, así como para sus maestros y para la mayoría de la muchedumbre" (397d. Trad. Eggers Lan, 1986), Sócrates reivindica la poesía de estilo simple y con poca presencia de imitación como aquella que se adapta mejor a la organización del Estado[107]. Por esta razón, en su exposición final, Sócrates rechaza la presencia en el Estado de este tipo de poetas, a la par que reivindica un poeta y un narrador más austero y menos placentero, pero

> más provechoso, que imite el modo de hablar del hombre de bien y que cuente sus relatos ajustándose a aquellas pautas que hemos prescrito desde el comienzo, cuando nos dispusimos a educar a los guerreros (398a-b. Trad. Eggers Lan, 1986).

En el libro X (595a-608b), finalmente, Platón vuelve sobre la poesía imitativa, para rechazarla por considerarla perniciosa para el justo ordenamiento del alma humana. Conviene llamar la atención sobre el hecho de que el rechazo de la poesía imitativa se debe a que se trata de una representación de falsas apariencias que resulta perjudicial para el justo ordenamiento del alma[108]. Según

---

como pueden ser el acto de composición de una obra poética, la representación del actor en el escenario, el acto de estudio por parte del niño en su instrucción mediante mitos, o el acto de expansión del ciudadano adulto en las manifestaciones poéticas públicas o privadas. Distintos análisis del término pueden verse en Else (1986), Halliwell (2002, p. 15) y Havelock (2002, pp. 35-39).

[107] Como ha visto audazmente Bottin (1975, pp. 60-62), Platón no se limita a tratar teóricamente la cuestión, sino que ofrece también un ejemplo práctico del paso de una narración mimética a una narración simple al transformar los versos homéricos A 12-42 de la *Ilíada* en la paráfrasis de los mismos en 392c-394c del libro III de la *República*.

[108] El rechazo de la poesía imitativa por parte de Platón no se debe a que ella constituya una copia y, en consecuencia, una realidad degradada con respecto al original, sino al hecho de que constituye una representación de meras apariencias y no de la realidad. En este sentido, Belfiore (1983, p. 40) ha distinguido un sentido ontológico (*ontological sense*) y un sentido veritativo (*veridical sense*) de la

la descripción socrática, en tanto que imitador, al poeta le corresponde la producción de una apariencia que, por un lado, se aleja tres veces de la verdad y, por otro, se forma a partir de un pseudoconocimiento carente de contenido (cf. 598d-599a). En este sentido, Sócrates niega que Homero o los poetas trágicos posean conocimiento alguno en lo tocante "a los asuntos más bellos e importantes (...), lo relativo a la guerra y al oficio de general, al gobierno de los Estados, y a la educación del hombre" (599c. Trad. Eggers Lan, 1986), es decir, en todo aquello que tradicionalmente se relaciona con la virtud o excelencia humana. Por el contrario, "el poeta colorea cada una de las técnicas con palabras y frases, aunque él mismo sólo está versado en el imitar, de modo que a los que juzgan sólo basándose en palabras les parezca que se expresa muy bien" (601a. Trad. Eggers Lan, 1986), valiéndose para ello del "metro, ritmo y armonía" adecuados.

Sócrates no solo acusa, por consiguiente, al poeta imitativo de carecer de conocimiento sobre lo que constituye la excelencia humana, sino también de poseer la capacidad de engaño que le permite esa apariencia de saber. Este engaño se produce gracias al goce que produce en el auditorio y en la propia ignorancia del mismo[109]. El arte mimético se asocia, en efecto, con la

---

falsedad, atribuyendo a *República* X el segundo y no el primero. Tal como apunta Nehamas (1982) "ni una sola vez en *República* X es el término *mímesis* utilizado como referencia a la relación entre objetos sensibles y Formas" (p. 60. Trad. de los autores). En esta misma línea interpretativa se sitúa, a nuestro modo de ver correctamente, el trabajo de Moss (2007).

[109] Recordemos que la primera definición del *Sofista* describe al sofista como un cazador mercenario de jóvenes ricos (νέων καὶ πλουσίω νὲμμισθος θηρευτής, *Sof.* 231d3). Es así, en parte, porque los sofistas son especialmente hábiles para hacer creer a los jóvenes que son los hombres más sabios en cada materia (véase *Sof.* 233b1-7). Como Narcy (2013: 61, n. 10) señala, "es a los jóvenes a quienes los sofistas dirigen su enseñanza: παρὰ τῶν νέων πολλὰ χρήματα λαμβάνων (281b7), συνὼν τοῖς νέοις χρήματα πολλὰ ἠργάσατο (282b8), τοῖς νέοις συνὼν χρήματα ἔλαβεν θαυμαστὰ ὅσα (282c5-6)" (trad. de los autores). Otro ejemplo se encuentra en el *Prt.* 318a6-9, donde el sofista Protágoras ofrece sus servicios al joven (νεανίσκος)

parte inferior del alma, aquella parte alejada de la sabiduría, de modo que "el arte mimético es algo inferior que, conviviendo con algo inferior, engendra algo inferior" (603b. Trad. Eggers Lan, 1986). En efecto, la poesía imitativa no invita a comportarse de un modo racional y moderado ante los infortunios, sino a dar rienda suelta a las quejas y lamentaciones, que pertenecen a la parte inferior del alma. La poesía imitativa no se dirige, por consiguiente, al hombre racional, sabio y moderado, de carácter simple y, por ello, difícil de imitar, sino a la multitud, de carácter colorido, fácil de imitar y de agradar (cf. 605a). Y, por si no fuera suficiente con lo dicho hasta el momento, Sócrates le achaca a la poesía trágica su poder para llevar incluso al hombre de bien a regocijarse con los lamentos de los héroes sumidos en la aflicción y a seguir con simpatía y elogios al poeta que logra ponerle en esa situación (cf. 605c ss.). Es precisamente esa parte inferior del alma, hambrienta de lágrimas y lamentos, la que los poetas satisfacen y deleitan, la que provoca el goce del auditorio, de modo que aquel que no ha sido suficientemente educado, afloja la vigilancia de la parte quejumbrosa del alma. Por ello, reitera Sócrates, aun aceptando que

---

Hipócrates, prometiendo hacer de él un hombre mejor. Los sofistas dirigen sus enseñanzas a los jóvenes porque los niños (inexpertos y descerebrados) son más fácilmente persuadidos y engañados por sus imágenes que los adultos (véase *Sof.* 234b5-e2). En este sentido, el sofista sería como un malabarista (θαυματοποιός, véase *Sof.* 235b5), que tiene el poder de asombrar a los niños con su apariencia, aunque no es tan eficaz con los adultos. Así entendida, la puerilidad o juventud sería una debilidad epistémica. En efecto, el sofista sólo produce apariencias, y los niños no son capaces de distinguir entre ellas y la realidad; la actividad del sofista es un mero juego (παιδιά, véase *Sof.* 235a5-7), del mismo modo que la actuación del malabarista es un mero juego. Es un hechicero (γόης, *Sof.* 235a8) y un imitador (μιμητής, *Sof.* 235a8), y los adultos no se toman a esa gente demasiado en serio. Se trata de una cuestión relevante, pues también en el *Gorgias* se incide en la idea de que los sofistas y rétores tienen mayores probabilidades de triunfar cuanto más ignorante sea su auditorio.

> Homero es el más grande poeta y el primero de los trágicos, (...) hay que saber también que, en cuanto a poesía, sólo deben admitirse en nuestro Estado los himnos a los dioses y las alabanzas a los hombres buenos. (607a. Trad. Eggers Lan, 1986)

2.2. El poder de persuasión de los sofistas y oradores

Los ejemplos del *Ion,* del *Gorgias* y de la *República* indican que para Platón la poesía y la retórica se ocupan fundamentalmente de la adulación; tampoco se ocupan de la verdad sino de la apariencia, y no le procuran el bien al ciudadano, sino halago y placer. Frente a sus interlocutores, Sócrates sostiene que, así como la auténtica política, la medicina y la gimnasia se ocupan de la salud, la retórica[110], la culinaria y la cosmética se ocupan de procurar placer:

> Digo que, puesto que son dos los objetos, hay dos artes, que corresponden una al cuerpo y otra al alma; llamo política a la que se refiere al alma, pero no puedo definir con un solo nombre la que se refiere al cuerpo, y aunque el cuidado del cuerpo es uno, lo divido en dos partes: la gimnasia y la medicina; en la política, corresponden la legislación a la gimnasia, y la justicia a la medicina. Tienen puntos en común entre sí, puesto que su objeto es el mismo, la medicina con la gimnasia y la justicia con la

---

[110] En el *Gorgias* Sócrates distingue la sofística de la retórica, señalando que la primera es una adulación de tipo legislativo, mientras que la retórica sería el tipo de adulación circunscrita al ámbito judicial. No obstante, se trata de una distinción que sólo tiene lugar en este diálogo y que, en definitiva, no resulta crucial, pues ambas resultarían ser lo mismo, adulación, aunque aplicada a áreas distintas. Nosotros nos referiremos indistintamente a la retórica y a la sofística como una sola práctica.

> legislación; sin embargo, hay entre ellas alguna diferencia. Siendo estas cuatro artes las que procuran siempre el mejor estado, del cuerpo las unas y del alma las otras, la adulación, percibiéndolo así, sin conocimiento razonado, sino por conjetura, se divide a sí misma en cuatro partes e introduce cada una de estas partes en el arte correspondiente, fingiendo ser el arte en el que se introduce; no se ocupa del bien, sino que, captándose a la insensatez por medio de lo más agradable en cada ocasión, produce engaño, hasta el punto de parecer digna de gran valor. Así pues, la culinaria se introduce en la medicina y finge conocer los alimentos más convenientes para el cuerpo, de manera que si, ante niños u hombres tan insensatos como niños, un cocinero y un médico tuvieran que poner en juicio quién de los dos conoce mejor los alimentos beneficiosos y nocivos, el médico moriría de hambre. A esto lo llamo adulación y afirmo que es feo, Polo, pues es a ti a quien me dirijo, porque pone su punto de mira en el placer sin el bien; digo que no es arte, sino práctica. porque no tiene ningún fundamento por el que ofrecer las cosas que ella ofrece ni sabe cuál es la naturaleza de ellas, de mudo que no puede decir la causa de cada una. Yo no llamo arte a lo que es irracional (464b-46a4. Trad. Calonge, 1983).

Sócrates sugiere que la retórica sería una especie de cosmética que no se preocupa por la cosa en sí, sino por su apariencia. Precisamente allí reside su fuerza. Su carácter servil hace que la gente se interese y entusiasme con ella. No obstante, Platón advierte del precio de ello: descuidar el cuidado del alma y la búsqueda de la verdad. Sócrates sugiere que el problema no solo afecta a los que padecen la influencia de la retórica, sino también a quienes la practican; en efecto, el político que se vale de la retórica es servil con su auditorio, pues se mueve por la reputación y el dinero. La retórica ata, por consiguiente, a la sociedad de igual manera que lo hace la poesía. No es por ello extraño que, tal como Gorgias señala en su *Encomio de Helena* y Platón recoge en el *Gorgias* (502c5-d3), la retórica no sea sino una poesía sin metro. La nueva educación griega se ha despojado del metro y la rima, dos elementos que procuraban el goce del auditorio, pero ha encontrado nuevos mecanismos para complacer a su público y hacer que se comporte como si no se encontrara en su sano juicio.

Esta crítica se manifiesta igualmente en el *Menéxeno* (234c1-235c6), donde Platón denuncia que las oraciones fúnebres, un tipo de discurso epidíctico potenciado por el régimen democrático, no se preocupan por la verdad ni por el bien de la ciudad, sino que buscan deleitar a los ciudadanos y unir a la ciudad mediante valores tales como la fama y el buen nombre[111]. Platón denuncia aquí que la política democrática no se desarrolla a través del conocimiento, sino mediante la retórica y el servilismo. De la misma manera que en el *Ion* se critica la unidad precaria creada por el poeta, en diálogos como en el *Menéxeno* o en el *Gorgias* se critica el tipo de unidad inestable causada por la política de corte retórico. Fussi (2006, p. 66) ha expresado esto mismo al comentar el siguiente pasaje del *Menéxeno*:

> el poder de encantamiento de la adulación retórica se despliega como una función unificante. Son honrados los muertos, pero del honor que aparentemente solo se les confiere a ellos se revisten también todos los demás: los ciudadanos, sus antepasados, el propio orador. El sentimiento de estar unidos aflora, les hace sentirse fuertes, establece

[111] Véase, por ejemplo, *Menéxeno* 234c, donde Sócrates comenta con notable sorna que a menudo resulta bello morir en la guerra por el hecho de obtener una grandiosa sepultura y los elogios de gente sabia.

> similitudes, crea un mundo homogéneo allí donde en realidad existen múltiples diferencias (234c1-235c1. Trad. Acosta, 1983).

En definitiva, Platón da a entender que el magnetismo provocado por la poesía y por la retórica al uso son en realidad uno y el mismo.

3.1. Los diálogos de Platón: una nueva poesía y una nueva retórica

La obra de Platón, como hemos visto, contiene una dura crítica a los educadores hegemónicos de Grecia, particularmente a los poetas y sofistas. No obstante, cabe advertir que la pretensión platónica no es meramente destructiva; el ateniense elabora y trabaja activamente en crear una nueva forma de poesía y una nueva retórica dotada de arte, es decir, un nuevo tipo de enseñanza que se preocupe por la verdad y que sea capaz de mejorar la ciudad y las almas de quienes la practican. Es más, a nadie le pasa inadvertida la belleza y esmero con el que están confeccionados sus diálogos, los cuales, sin duda, buscan causar un impacto en el lector, no meramente a nivel argumentativo, sino también en lo que a las emociones atañe. El diálogo platónico debe ser entendido como una nueva forma de poesía y de retórica que polemiza con las anteriores y trata de superarlas; con vistas a ello, Platón se apropia de múltiples recursos y tópicos de la poesía y de la retórica, pero siempre para transformar radicalmente su sentido y ponerlas a su servicio[112]. Expresado de otro modo: Platón lleva a su terreno el modo en que deben ser entendidas la poesía y la retórica. Su propuesta no es ajena al interés estético ni al interés por provocar emociones en el lector, pero, según se puede inferir de sus críticas, su objetivo no es

[112] Para profundizar en la cuestión de la transformación platónica de los distintos géneros anteriores, recomendamos la lectura de Nightingale (1995).

principalmente procurar placer, sino mejorar a quienes padecen su influjo.

Este aspecto resulta crucial en lo que atañe a la interpretación de la obra platónica. Conviene tener en cuenta que, pese a su estilo atractivo y la presencia de narraciones y mitos memorables, el objetivo de estos textos no se limita a entretener ni a ganarse al público mediante el placer o la fascinación. Los diálogos platónicos son de gran belleza, pero bellas son también las obras de los poetas trágicos y cómicos, así como las oraciones de los rétores; Platón no lo discute; es más, señala que es precisamente su hermosa apariencia la causa del gran peligro que suponen. Por ello, el filósofo sabe que para competir con ellos debe revestir su obra de un bello ornato, aunque su objetivo sea la mejora del ciudadano y de la ciudad. Pero ello supone que la emoción que despierta su *corpus* no siempre es el agrado: para educar, a veces se requiere del empleo de remedios amargos, tal como hace el médico[113].

Si tenemos en cuenta todo lo anterior, resulta más fácil comprender por qué buena parte de los diálogos platónicos tienen una apariencia aporética. Alguien podría pensar que los diálogos *aporéticos* responden a un estadio de juventud de Platón, en el que este todavía se encuentra muy próximo a su maestro y aún no ha desarrollado plenamente la doctrina de las Ideas. No obstante, esta hipótesis parece no tener mucho recorrido si consideramos que diálogos de madurez como el *Crátilo*, el *Teeteto* y el *Parménides* resultan en buena medida igual de aporéticos que los dos *Hipias*, el *Laques* o el *Cármides*[114]. Pensamos que estos y otros diálogos no son aporéticos por ser más o menos socráticos, sino, más bien, porque a menudo los diálogos tienen como uno de

---

[113] A Fussi (2000, pp. 53-54) no le ha pasado desapercibido este hecho: señala que, al parangonarla con la medicina, Platón asocia la retórica noble o filosofía a prácticas dolorosas como cortar, quemar o proveer medicamentos amargos.

[114] Sobre la supuesta ausencia de enseñanzas positivas en el *Cármides* y en el *Laques* recomendamos el valioso texto de Gonzalez (1995, pp. 19-62; y especialmente pp. 60-61).

sus objetivos didácticos frustrar al lector, dejarlo insatisfecho. Los diálogos resultan frustrantes por diversos motivos: algunos lo son por no ofrecer una solución al problema planteado; otros, en cambio, por no estar claros la intención y el mensaje de Platón. Además, el conjunto de los diálogos puede resultar frustrante, pues encontramos aparentes contradicciones entre lo que parece sostenerse en unos lugares y en otros. Los diálogos, pese a su belleza, no buscan complacer ni adular, y ello es así porque, a ojos de Platón, la mera complacencia no estimula la mejora ni la reflexión. El ateniense quiere transformar la cultura de su tiempo y entiende que para ello la poesía debe jugar un rol distinto y también más importante, vinculado, en parte, con la tarea de incomodar al lector. Los diálogos problematizan lo obvio, hacen saltar los fundamentos de nuestro pensamiento y acción ordinaria y obligan al lector a reflexionar, esto es, a practicar, precisamente, la filosofía.

Expresado diversamente, podríamos decir que Platón no renuncia a la poesía ni a la retórica, sino que se apodera de ellas, poniéndolas al servicio de su empresa filosófica y asignándoles un nuevo lugar. Los diálogos son textos que en nada desmerecen a otros textos poéticos y sofísticos, pero que están pensados para suscitar emociones y actitudes muy distintas. Platón es un poeta y un rétor, pero cuyo objetivo es radicalmente nuevo: estando al servicio de la salud y la harmonía de la ciudad y del alma, entiende que los diálogos han de suscitar la práctica dialéctica, que es la única manera de hablar y pensar con arte, y también la única manera de practicar la política con arte.

Hay que añadir, por otro lado, que Platón presenta sus propios diálogos como modelo de esa nueva forma de entender la poesía. En alguna ocasión Platón ha dado pistas al respecto, como cuando en el libro II de la *República* le hace afirmar a Sócrates:

> Querido Adimanto, *por lo menos hasta el día de hoy, ni tú ni yo somos poetas, sino fundadores de un estado*; y el que funda un

> estado no está obligado él mismo a idear relatos mitológicos, sino a tener claramente en su mente las líneas directrices de los mismos, ateniéndose a las cuales los poetas deberán construir los mitos (378e-9a. Trad. Eggers Lan, 1986. El subrayado es nuestro).

Como si esta irónica declaración no fuera suficiente, Platón lo afirma expresamente en el libro VII de las *Leyes*, en un contexto en el que el debate gira en torno a los textos recomendables en la educación de los jóvenes. En el curso del diálogo, el Ateniense, una vez que ha analizado junto a Clinias la actividad de los más reconocidos poetas, afirma lo siguiente:

> cada uno de estos poetas han dicho algunas cosas buenas y otras de valor opuesto. Por tanto, (…) es mi opinión precisa que constituye un gran riesgo proponer a los jóvenes de manera indiscriminada un estudio de estos autores (811b-c. Trad. Lisi, 1999).

Seguidamente, haciendo referencia a los discursos por ellos mismos elaborados a lo largo del propio diálogo platónico, añade:

> Los mismos *parecen tener un desarrollo para nada diferente a una composición poética*, (…) y entre todos los que había aprendido u oído recitar en prosa o en poesía, me han parecido, sin parangón, los más equilibrados y los más adaptados a los jóvenes oyentes. Por tanto, no sabiendo qué otro modelo proponer al Custodio de las Leyes o al pedagogo, me veré obligado a recomendar a todo docente transmitir a sus discípulos estos mismos discursos (…). En tal caso, en absoluto hay que dejarlos pasar,

> sino fijarlos mediante la escritura (810c-e. Trad. Lisi, 1999. El subrayado es nuestro).

De este modo, el Ateniense propone las propias *Leyes* y, por extensión, los diálogos, como modelo de texto dirigido a la formación de la juventud, una formación que ya no se sustenta en la identificación del discípulo con el héroe representado, sino en la búsqueda consciente y en común de la verdad.

Esta afirmación es corroborada cuando describe la *República* como la obra poética más lograda de cuantas hasta el momento se hayan realizado:

> Huéspedes nobilísimos, nosotros mismos somos autores de una tragedia y, posiblemente, de la más bella y elevada, no por otra cosa, sino porque nuestra constitución (*politeía*) ha sido fijada a imitación de la vida más bella y más noble. Justamente por este motivo podemos decir que nuestra obra es una tragedia verdadera y auténtica en grado sumo (817b. Trad. Eggers Lan, 1986).

Como agudamente ha observado Gaiser (1984, pp. 110-111), en este fragmento

> Platón indica que el ordenamiento de la polis (πολιτεία), opuesto a la tragedia tradicional como poesía trágica más verdadera, se presenta de una manera doble: por una parte, se puede entender con esa palabra la vida política en el estado bien gobernado; por la otra, también la representación literaria de ese ordenamiento es una πολιτεία, una obra de legislación política. Del segundo significado se sigue que el drama más bello no es otro que la presente obra literaria de Platón, en la cual

se describe el ordenamiento fundado filosóficamente (trad. de los autores).

El diálogo filosófico de Platón, síntesis y superación de la vieja tragedia y la vieja comedia, se presenta a sí mismo como el relato más bello, atravesado por la filosofía y al servicio de la búsqueda en común de la verdad. Pero, sobre todo, el diálogo es *propedéutico*, en el sentido de que se trata de una representación de la filosofía que intenta suscitar la práctica filosófica en el lector.

3.2. El ejemplo del *Fedro*

A este respecto, el diálogo *Fedro* ofrece muchas claves interesantes para la interpretación de los textos platónicos. En esta obra en la que se analizan las cuestiones de la escritura[115] y del buen discurso[116], Sócrates distingue entre la retórica tradicional y el auténtico arte retórico[117]. El auténtico arte retórico es descrito como el arte de hablar o escribir correctamente, pero también como el arte de guiar las almas (ψυχαγωγία)[118] con arte, esto es, con conocimiento del bien. Hablar o escribir bien implica para Platón confeccionar un discurso que guíe al ciudadano –o a la ciudad– hacia la mejora de sí mismo mediante la exposición de la verdad. Mientras la retórica tradicional únicamente se preocupa por *persuadir a las almas*, a la auténtica retórica le preocupa hacerlo a través de la verdad, esto es, en función de lo que es bueno para ellas.

---

[115] Concretamente, la pregunta por la manera de escribir un buen discurso aparece explícitamente en *Fedro* 258d7. Entre 274b y 279b el diálogo aborda de manera directa el tema de la escritura.

[116] La pregunta por la manera de componer un buen discurso en general, ya sea oral o escrito, se plantea explícitamente en *Fedro*, 259e1. Precisamente, todo el pasaje que va de 259d a 279b trata de ofrecer una respuesta a dicha pregunta.

[117] Puede verse una distinción análoga, aunque menos explícita, en *Gorgias* 503a7-9.

[118] Sobre la cuestión de la ψυχαγωγία o conducción anímica en el *Fedro*, véase el magnífico texto de Moss (2012).

Si para Platón la filosofía y el conocimiento implican un diálogo del alma consigo misma[119], filosofar y conocer requieren pensar por uno mismo, poner a prueba las opiniones que uno tiene por válidas –independientemente de cuál sea su fuente– hasta hallar la tesis que mejor resiste las distintas pruebas a las que la podamos someter. Así, defendemos que los diálogos están confeccionados con este propósito propedéutico; su objetivo no es meramente persuadir o agradar, sino, sobre todo, enseñar. Esta lectura, por lo demás, casa con las dos especies de persuasión mencionadas en el *Gorgias* (454c-455a y 458e6-459a1): por un lado, tendríamos la persuasión que crea mera creencia –la πειθὼ πιστευτική– y, por otro, la filosófica, la persuasión que instruye –la πειθὼ διδασκαλική– (cf. Taglia, 2014, pp. xvii-xviii. Véase también Calvo, 1986, pp. 144-145)[120].

Si tenemos esto en cuenta y examinamos con atención el *Fedro*, comprobaremos que más allá de la belleza de algunos de sus mitos, el diálogo debería suscitar frustración en varios aspectos. Esto es así porque el diálogo plantea toda una serie de problemas para los que no hay una solución evidente, obligando así al lector a pensar y hallarla por su cuenta[121]. Afirmamos, además,

---

[119] Para una justificación de esta tesis véanse Delcomminette (2014, pp. 63-66) y Trabattoni (2016, pp. 1-12).

[120] A este respecto, conviene tener presente que la auténtica retórica es la filosofía y que, por consiguiente, también ésta constituye un tipo de persuasión, aunque, a diferencia de la persuasión poética o retórica, se funde en la verdad. Bonazzi (2011) lo ha expresado del siguiente modo: "filosofía y retórica no son diferentes, porque la retórica, entendida en sentido estricto, no es otra cosa que la filosofía, en el sentido de que sólo la filosofía es capaz de persuadir verdaderamente. Para comprender esta tesis hace falta entender que persuadir significa precisamente enseñar (διδάσκειν), ayudar a entender (μανθάνειν); [...] y a esta meta únicamente puede conducir la dialéctica (cf. 265d4). Es esta capacidad la que hace del discurso un buen discurso" (p. 159, n. 204. Trad. de los autores).

[121] Con ello en modo alguno sugerimos que Platón se limite a potenciar en el lector el pensamiento sin tratar de dirigirlo hacia algunas hipótesis concretas. Sin duda, existen algunas tesis hacia las que empujan los distintos diálogos, como la ontología de las formas o la tesis epistemológica de la reminiscencia. Cuando decimos que el

que la estrategia didáctica que Platón emplea con el lector también es utilizada por Sócrates con Fedro. De hecho, como bien ha apuntado Werner (2012, p. 17), una lectura atenta permite distinguir dos planos discursivos en el diálogo: por un lado, tendríamos la conversación entre Sócrates y Fedro; por otro, la de Platón y el lector[122]. En el primer plano, vemos que Sócrates evita decirle a Fedro de manera clara y directa cómo son las cosas; por el contrario, le plantea distintos retos discursivos para que sea él mismo quien los resuelva, si es que acierta a poner en marcha la dialéctica (definida en el diálogo como *auténtico arte retórico*). Así, por ejemplo, al principio de la obra Sócrates juega a imitar la personalidad de Fedro[123], sin que este se percate (cf. Griswold, 1986, p. 29; Sala, 2007, pp. 51-52); asimismo, en otros pasajes juega a privilegiar todo lo antiguo (235b7; 237a7-b1; 243a4; 244b6-244d5; 274c1-2; 275b7-c1; 279b-c), como los misterios de Eleusis, los antiguos mitos, la inspiración poética o las plegarias, precisamente, para aguijonear a un interlocutor que fue condenado por parodiar los misterios y que, como ha señalado Szlezàk (1989, p. 74), muestra gran fervor por las vanguardias intelectuales de la época (cf. Lavilla de Lera, 2021); tampoco le dice abiertamente a Fedro que la única retórica con arte es la que se funda en la dialéctica; ni le dice que los dos discursos que ofrece sobre el amor

---

diálogo ofrece pocas soluciones queremos subrayar que Platón escoge no decir las cosas a las claras, para que sea el lector quien, poniendo en marcha la dialéctica, llegue a dichas tesis por su cuenta. Por ello, suscribimos las palabras de Bonazzi (2011): "no se debe inferir de ello una imagen excesivamente "abierta" de Platón, como si su enseñanza invitase más a buscar que a encontrar: ¡todo lo contrario!" (pp. XXXV-XXXVI. Trad. de los autores).

[122] Para una explicación más extensa y justificada del doble plano discursivo del *Fedro* y la estrategia didáctica, véase Lavilla de Lera (2021).

[123] Concretamente, Sócrates se describe a sí mismo en distintas ocasiones como un amante de los discursos (cf. 228b6-7, 228c1-2, 236e5), que es el principal rasgo de Fedro en los tres diálogos en los que aparece, a saber, el *Protágoras*, el *Banquete* y el diálogo epónimo. Moss (2012, p. 10) añade que lo que atrae a Fedro es el placer, aunque no tanto el del cuerpo cuanto el de los discursos.

no son contradictorios, sino complementarios[124] (cf. Babut, 2007; Mouze, 2007). En cualquier caso, todas estas *trampas* tienen un objetivo didáctico, beneficioso para Fedro, que es procurar que se percate de ellas e intentar solucionarlas por él mismo. No obstante, Fedro no se percata de casi nada y se limita a complacerse con la belleza de la palinodia (cf. 257b-c), de un modo similar a como previamente se contentó con el discurso de Lisias (cf. 234c). Es decir, por más que Sócrates, *de facto*, complazca a Fedro, en realidad, ha hablado de tal forma que buscaba incomodarlo; Sócrates *ha puesto a prueba* a Fedro (cf. Gaiser, 1990, p. 71; Stavru, 2011, p. 271) y este último no la ha superado, es decir, no ha abandonado su posición inicial y tampoco ha empezado a filosofar[125].

Pues bien, en un segundo plano podríamos pensar que Platón hace lo mismo con el lector y que lo pone a prueba. De entrada, cabe señalar que cuanto hemos afirmado en el párrafo anterior es nuestra hipótesis de lectura, inferida de un análisis atento del texto, pero que, en modo alguno, es expresada por Platón o Sócrates de forma explícita. Así, el lector tiene que darse cuenta a partir del contexto y de la conversación que, a menudo, Sócrates no piensa cuanto afirma, sino que está siendo irónico con Fedro y que lo está poniendo a prueba. No puede descuidarse tampoco que, cuando Sócrates decide no resolver abiertamente las cuestiones planteadas a fin de que sea el propio Fedro quien las resuelva, también el lector es expuesto ante una situación análoga: debe entender cuándo se juega con Fedro (ya sea imitándolo o defendiendo tesis que solo buscan incomodarlo), o que la auténtica retórica no es sino la dialéctica, o que los dos

---

[124] Babut (2007) y Mouze (2007) son algunos de los comentaristas que han señalado que los dos discursos socráticos deben entenderse como un único discurso sobre los distintos tipos de amor.

[125] Suscribimos las certeras palabras de Poratti (2010): "Fedro no ha entendido nada del mensaje filosófico del discurso y no se ha movido un ápice del lugar en que lo encontramos al principio del diálogo. Está admirado de la belleza formal del nuevo discurso (*scilicet* de la palinodia). Encantado con la perspectiva de prolongar la competencia, ya lo compara mentalmente con el futuro producto de Lisias" (p. 408).

discursos socráticos no son contradictorios, sino complementarios. Además, más allá de los problemas comunes que deben abordar tanto Fedro como el lector, este último debe resolver una serie de cuestiones que no son evidentes y que resultan capitales para entender correctamente el diálogo. No en vano, la historia de los comentarios al *Fedro* es tan extensa como variada en lo que se refiere a algunas cuestiones centrales que todavía hoy siguen siendo objeto de grandes debates. Por ejemplo, en un diálogo en el que se expone el imperativo logográfico según el cual todo escrito debe estar compuesto con una manifiesta unidad –con la unidad orgánica propia de un ser vivo (cf. 264c) –, tanto su unidad temática como estructural han sido y siguen siendo materias muy discutidas[126]. Según indica Mouze (2007, p. 56, n. 1), determinar el asunto del que trata este diálogo ha sido objeto de discusión desde antiguo, ya que para algunos –p.ej. para Trasilo– el tema principal sería el amor (cf. Diógenes Laercio, III, 56 ss.) –, mientras que, para otros, lo bello, a tenor del subtítulo informativo con el que nos han llegado los manuscritos medievales conservados. Por si esta controversia no fuese suficiente, el debate debió de ser mucho mayor, pues Hermias (8.15-9.10) recoge otros cinco subtítulos informativos atribuidos al diálogo y que vendrían a recoger el tema capital del mismo: el amor; la retórica; el alma; el bien; el bien primero o bien más general. Un debate no cerrado, como se comprueba al echar un vistazo a las ediciones y comentarios del diálogo en las últimas décadas[127]. Incluso la propia unidad estructural del diálogo se ha puesto en tela de juicio, en la medida en que está dividido en dos partes marcadamente distintas, 227a-257b y 257b-279c, cuya ligazón profunda no resulta para nada evidente: la primera parte está compuesta por una introducción y tres discursos acerca del amor; la segunda, en cambio,

---

[126] El artículo de Moss (2012, p. 1) se inicia, precisamente, constatando este paradójico hecho.

[127] Para un compendio de textos recientes sobre la unidad del *Fedro*, véase la lista que ofrece Moss (2012, p. 1, n. 2).

constituye una investigación dialogada acerca del arte retórico.

Según se indicó, la aparente falta de unidad temática y estructural resulta especialmente paradójica en cuanto la buena disposición que han de tener los textos escritos es uno de los temas sobre los que Sócrates incide a lo largo de la conversación. Conviene tener presente que, mediante el *Fedro,* Platón rivaliza con los principales oradores y sofistas de su tiempo en la tarea de establecer los criterios que deben comandar la composición de todo texto, y que concluye con el establecimiento de una nueva retórica –pero también una nueva poesía y una nueva mitología– sometida a la autoridad de la filosofía. Platón sitúa a Lisias como uno de los principales objetos de crítica de su Sócrates, probablemente, por ser "el más hábil de los que ahora escriben" (228a. Trad. Lledó, 1986). No obstante, hay que tener presente que más que con Lisias, en realidad, Platón discute mediante este diálogo con dos contemporáneos, a saber, Isócrates y Alcidamante[128], tal como veremos a continuación.

En efecto, al comienzo del diálogo, Fedro, único interlocutor directo de Sócrates en el diálogo, expone un discurso sobre Eros recientemente elaborado por Lisias. Tras escucharlo, Sócrates señala que su tesis resulta necesaria, pero que formalmente resulta muy pobre (cf. 234c-237a), por lo que ofrece un primer discurso en el que sostiene la misma tesis, pero cuya disposición es muy superior. Seguidamente, Sócrates pronuncia un segundo discurso, a tenor de que de pronto se percata de que el discurso anterior suscribió una tesis falsa e impía. Es decir, el segundo discurso nace motivado no ya por los defectos formales del anterior discurso, sino por un error de contenido (cf. 241d-243e). Tras analizar los tres discursos, la conclusión a la que llega Sócrates es que el

---

[128] A tenor de sus múltiples alusiones y referencias cruzadas, parece fuera de duda que el *Fedro* dialoga con el *Sobre los que componen discursos escritos o Sobre los sofistas* de Alcidamante y *Contra los sofistas* de Isócrates. Lo que no está claro, en cualquier caso, es la fecha relativa de los tres textos, de forma que no es posible conocer con certeza cómo se interpelan entre sí.

arte de la escritura solo puede pertenecer al filósofo, esto es, a aquel que haga uso de la dialéctica[129]. El punto de partida de la elaborada argumentación lo constituye la afirmación socrática de que "es cosa evidente que nada tiene de vergonzoso el poner por escrito las palabras (…) pero (...) sí (...) el no hablar ni escribir bien, sino mal y con torpeza" (258d. Trad. Lledó, 1986). Y hablar bien es hablar con arreglo a la verdad. Vemos, por consiguiente, que la cuestión formal queda en un segundo plano. Resulta acertado afirmar que la forma de un discurso redunda en su calidad, pues repercute en su capacidad persuasiva, pero si un buen discurso es el que persuade con arreglo a la verdad, lo determinante será que cuanto se afirme tenga un contenido veraz, esto es, acorde con una investigación dialéctica. Platón pretende distanciarse tanto de los que recelan acríticamente y sin matices de todos los que se dedican a la elaboración de discursos escritos –despectivamente llamados "logógrafos" (cf. 257b-d)–, como de los principales escritores del momento, ocupados profesionalmente en la elaboración de textos que, posteriormente, son leídos públicamente en las instituciones atenienses. En ese sentido, hay que ser cautos a la hora de medir el valor del primer juicio socrático del texto de Lisias. Dicho texto es, a ojos de Fedro, genial, "sobre todo por las palabras que emplea" (234c. Trad. Lledó, 1986), esto es, por su aspecto estilístico o formal. Sócrates, más que ofrecer su juicio sincero, ataca a Lisias, pero principalmente a Fedro, al señalar que el discurso "no arranca desde el principio, sino desde el final, y atraviesa el discurso como un nadador que nada de espaldas y hacia atrás" (264a. Trad. Lledó, 1986), queriendo ilustrar con ello que las premisas, las conclusiones y las distintas partes del discurso han sido unidas desordenadamente y sin un criterio lógico, del mismo modo que en el famoso epigrama atribuido a Cleóbulo (cf. 264d3-6).

---

[129] Para una exposición justificada de esta tesis véase Lavilla de Lera (2021).

Donde Fedro halla un espléndido discurso en lo que al léxico se refiere, Sócrates ve un batiburrillo desordenado de ideas. Y, mucho más adelante, sanciona que

> todo discurso debe estar compuesto como un organismo vivo, de forma que no sea acéfalo, ni le falten los pies, sino que tenga medio y extremos, y que al escribirlo, se combinen las partes entre sí y con el todo (264c. Trad. Lledó, 1986).[130]

El primer discurso socrático trata de ejemplificar esta necesidad, resultando impecable formalmente. Hasta este momento, Sócrates ha fingido prestarle atención únicamente al aspecto formal (235a1-2), denunciando las deficiencias del texto de Lisias y dando por válida, de forma acrítica, la tesis defendida. Tras la declamación de su primer discurso, sin embargo, Sócrates ve la necesidad de elaborar un segundo discurso, una "palinodia", destinada a corregir los dos discursos anteriores, cuya tesis es tachada de falsa e impía (cf. 243b-d). El extenso discurso no tiene por objetivo superar al anterior en la forma, aunque, en realidad, está fuera de toda duda que su componente retórico es mucho más elaborado. En efecto, además de secciones más argumentativas, la palinodia está elaborada en un lenguaje poético repleto de imágenes, metáforas y relatos míticos que, más allá de transmitir algunos contenidos platónicos, resultan literariamente exquisitos. En un auténtico despliegue creativo, Sócrates expone el celebérrimo relato mítico del carro alado tirado por dos caballos y guiado por el auriga, del que se sirve para ilustrar la naturaleza del alma; también expone la metáfora del espacio supraceleste, reducto de la verdad y solo accesible al entendimiento, con el que pretende ilustrar el mundo de las Formas; seguidamente, se sirve de la metáfora de la llanura de la Verdad y del precepto de Adrastea a fin de ilustrar el

---

[130] La misma idea es expuesta en *Político* 277b, *Filebo* 64b y 66d, *Timeo* 69b, *Leyes* 752a.

destino escatológico de las almas separadas del cuerpo; y la famosa doctrina de la reminiscencia de las almas que habitaron el mundo de las Formas, con la que Platón ilustra el proceso del conocimiento; y la metáfora del alma alada que se eleva desde la belleza de los cuerpos hasta la Belleza misma, con la que ilustra el poder de Eros en el proceso del conocimiento de los objetos más elevados. Durante su exposición, el propio Sócrates reconoce en varias ocasiones la necesidad de utilizar los recursos de la poesía con el fin de poder transmitir los más grandes contenidos filosóficos a que el ser humano pueda acceder (cf. *Fedro* 246a, 247c, 253c, 257a, 265b-c). En este sentido, son significativas las palabras con las que Sócrates da por finalizada su palinodia:

> Sea ésta, querido Eros, la más bella y mejor palinodia que estaba en nuestro poder ofrecerte, como dádiva y recompensa, y que no podía por menos de decirse poéticamente y en términos poéticos (...). Obteniendo tu perdón por las primeras palabras y tu gracia por éstas, benevolente y propicio como eres no me prives del amoroso arte que me has dado, ni en tu cólera me lo embotes, y dame todavía, más que ahora, la estima de los bellos. Y si en lo que, tanto Fedro como yo, dijimos antes, hay algo duro para ti, echa la culpa a Lisias, padre de las palabras, hazle enmudecer de tales discursos y volver (...) a la filosofía, para que ese amante suyo no divague como ahora, sino que simplemente lleve la vida hacia Eros con discursos filosóficos (275a-b. Trad. de Lledó, 1986).

La palinodia, que es sin duda el discurso cuyo componente retórico o estilístico es el más cuidado de todo el diálogo, pretende ser superior a cuanto dijo Lisias, fundamentalmente, debido a su contenido. El discurso de Sócrates finaliza instando a Lisias a que abandone el tipo de composiciones que acostumbra a elaborar y a que se acerque a la filosofía. A continuación, cuando Sócrates busque junto a Fedro el *quid* de la buena retórica, el resultado es que la clave reside en la dialéctica, esto es, en que cuanto se afirme sea un discurso verdadero. El componente formal no será desdeñado[131], como la palinodia y el conjunto de obras platónicas muestran, pero quedará relegado a un segundo plano, a saber, *a las condiciones necesarias previas al arte*. Hay que tener en cuenta aquí que los maestros de retórica de la época incidían fundamentalmente en cuestiones estilísticas o formales, pero no tanto en la necesidad de fundar el discurso en un conocimiento de tipo dialéctico. Siendo así, podemos concluir que Platón no está en conflicto con la poesía en tanto que poesía, sino con el tipo de poesía elaborada por los poetas de la tradición y por sus propios contemporáneos, que fijan sus principales criterios de corrección en la capacidad retórica de sus productos, muy vinculados al placer que suscitan en el auditorio. Frente a todos ellos, Platón trata de crear una nueva poesía, no solo agradable, sino también útil y alejada, por consiguiente, de los criterios dominantes.

La nueva poesía platónica es una poesía comprometida con la búsqueda de la verdad y destinada a la transmisión persuasiva de la misma, objetivo que el filósofo logra poniendo en marcha toda la maquinaria del lenguaje al servicio de un nuevo tipo discurso eficazmente atractivo[132]. En tanto que vinculada a la

---

[131] Hay que tener esto muy en cuenta, ya que resulta evidente que una de las características más destacable de los diálogos es su hermoso valor literario. Según ha indicado Boeri (2006) "Platón es un filósofo de una extraordinaria potencia teórica y un fantástico artista literario. Sus diálogos, por tanto, no sólo son obras filosóficas, sino también obras de arte literarias" (p. 7). Los diálogos son un instrumento de *conducción anímica*, de persuasión filosófica, y como Moss (2012, pp. 15-19) indica, Platón no condena en el *Fedro* de modo tajante los procedimientos de la retórica tradicional encaminados a persuadir, sino que los somete al servicio de la dialéctica; son procedimientos previos al arte.

[132] Sobre la nueva poesía creada por Platón, véanse Gaiser (1984), Reale (2001, capítulos IV y VI) y Stavru (2021).

búsqueda de la verdad, la nueva persuasión a la que sirve el nuevo lenguaje poético de Platón constituye un antimodelo de la persuasión imperante en su tiempo. En efecto, tal como afirma Sócrates en las últimas páginas del *Fedro*:

> quien pretende ser orador, no necesita aprender qué es, de verdad, justo, sino lo que opine la gente que es la que va a juzgar; ni lo que es verdaderamente bueno o hermoso, sino sólo lo que lo parece. Pues es de las opiniones de donde viene la persuasión, y no de la verdad (259e-260a. Trad. Lledó, 1986).

La consecuencia de todo ello es que

> cuando un maestro de retórica, que no sabe lo que es el bien ni el mal, y en una ciudad a la que le pasa lo mismo, la persuade (...) sobre lo malo como si fuera bueno, y habiendo estudiado las opiniones de la gente, la lleva a hacer el mal en lugar del bien (260c. Trad. Lledó, 1986).

Entonces, los frutos cosechados por la ciudad no son buenos. En este punto, Platón no se limita a realizar un agudo diagnóstico del tipo de discurso dominante en su tiempo, sino que nombra a sus más reputados representantes e, incluso, señala sus más reconocidas aportaciones. Además de Lisias, en el diálogo son nombrados Gorgias, Trasímaco, Palamedes, Protágoras, Pródico e Hipias, en una larga lista que concluye con una referencia sin duda irónica[133] a "las dotes naturales" de Isócrates (cf. 278 ss.). Frente al tipo de persuasión promovida por todos estos autores, fundada en el fácil halago del auditorio, Platón propone una persuasión basada en *el conocimiento de la verdad*, *el conocimiento*

---

[133] Sobre esta alusión a Isócrates, véase Brancacci (2011, pp. 37-38).

del alma humana y *el conocimiento del tipo de discurso que conviene a cada tipo de alma*. El motivo es claro:

> antes de que alguien vea la verdad de aquello sobre lo que habla o escribe, y llegue a ser capaz de definir cada cosa en sí y, definiéndola, sepa también dividirla en sus especies hasta lo indivisible, y por este procedimiento se haya llegado a conocer a fondo la naturaleza del alma, descubriendo la clase de palabras adecuadas a la naturaleza de cada una, y establezca y adorne el discurso de manera que dé al alma compleja discursos complejos y multísonos, y simples a la simple, no será posible que se llegue a manejar con arte el género de los discursos, en la medida en que su naturaleza lo permita, ni para enseñarlos ni para persuadir (277b-c. Trad. Lledó, 1986).[134]

O lo que, más brevemente, cabe afirmar: la verdadera escritura persuasiva solo resulta posible bajo la guía y dictado de la filosofía, y el verdadero orador solo puede ser el filósofo. Así, al establecer los criterios para la correcta elaboración de los escritos, Platón establece también los criterios que deben regir una nueva poesía que resulte útil para el alma y el Estado.

Más allá de la polémica explícita respecto a rétores y sofistas anteriores como Lisias, un análisis exhaustivo del texto permite constatar que Platón polemiza de forma no menos ardua con autores contemporáneos como Alcidamante y el mentado Isócrates[135]. En el caso de Isócrates, este no solo rivaliza con Platón, sino que llama a su práctica "filosofía". En *Contra los sofistas* (16),

---

[134] Una exposición más extensa se encuentra en 272b.

[135] Hay que tener en cuenta que estas críticas implícitas no son evidentes para nosotros, lectores modernos, pero que la terminología y el reducido círculo que probablemente trabajaría con los diálogos haría que para los coetáneos de Platón no fuesen especialmente difíciles de percibir.

Isócrates juzga de gran importancia la forma o disposición (τάξις) de un discurso; concretamente, juzga fundamental que el conjunto forme un todo bien estructurado; también considera crucial el momento oportuno (καιρός) y que sus palabras resulten rítmicas y musicales. Pues bien, pensamos que cuando Platón está subrayando en distintos pasajes del *Fedro* la importancia que tiene la unidad orgánica del texto, en realidad, podría estar denunciando la concepción retórica de Isócrates y de otros rétores y sofistas, quienes, según el fundador de la Academia, le ofrecerían excesiva atención a la forma y, en cambio, insuficiente atención a la verdad. Según Isócrates, a la hora de componer un buen discurso, las cuestiones teóricas son relativamente sencillas[136] y lo difícil radica en saber aplicarlas a las circunstancias, para lo cual hace falta experiencia. El momento oportuno (καιρός), concepto central de la retórica, se vincula a esta cuestión. A diferencia de Isócrates, Platón reclama un tipo de retórica basada en la ciencia, en la verdad, en el que lo cambiante y las circunstancias concomitantes cobrarían una importancia menor[137]. Esto no implica que para Platón la improvisación carezca de sentido o que las circunstancias no sean relevantes, sino que las supedita al conocimiento de la verdad. Quien no conozca la verdad podrá disponer un texto de una forma máximamente bella y ordenada o escoger el momento idóneo para declamarlo

---

[136] Adviértase que Platón contrapone a lo largo de su obra la ardua tarea teórica de la filosofía (οὐ σμικρόν ... ἔργον, 272b5-6) a la tarea liviana o sencilla (οὐδὲν ἔργον, 269c3) de la retórica tradicional. En el ejemplo del *Fedro*, al personaje epónimo le basta una mañana para aprender de memoria el texto de Lisias e Isócrates proclama que no es difícil el aprendizaje teórico necesario para ser un buen orador. Según ha señalado Helmer (2019, p. 97), por el contrario, resulta un leitmotiv de la obra platónica el gran grado de dificultad con el que se vincula la investigación filosófica (*Político*, 297d; *República*, 450c, 484a; *Menón*, 82a-b; *Fedro*, 250a). En definitiva, Platón proclama a lo largo de sus diálogos que la tarea filosófica es la más difícil de todas, aunque sea también la única que vale la pena (cf. Moss 2012, p. 5).

[137] En ese sentido, Tordesillas (1992) sostiene que Platón trata de convertir el *kairos* en *kaironomia*.

y, no obstante, en ausencia de la verdad en modo alguno podrá decirse que se trate de un buen discurso.

En definitiva, para Sócrates el buen discurso viene determinado por la dialéctica y la verdad, siendo todo lo restante, a lo sumo, factores previos al arte:

> algunos por no saber (μὴ ἐπιστάμενοι) emplear el método dialéctico quedaron incapacitados para definir qué es la retórica, y a consecuencia de este percance creyeron, al estar en posesión de los necesarios conocimientos previos a este arte, que la habían descubierto. De ahí que cuando enseñan dichos conocimientos a los demás, estimen que han quedado perfectamente instruidos por ellos en la retórica, y supongan que el emplear cada uno de dichos recursos de un modo convincente, y el que se estructure el todo de la obra congruentemente —¡casi nada (οὐδὲν ἔργον[138])!— es algo que deben sus discípulos procurarse por sus propios medios en sus discursos (269b5-c5. Trad. Gil, 2009).

Sócrates afirma en 269d que

> el poder llegar a ser un maestro consumado en esta arte, Fedro, es verosímil —y tal vez también necesario— que sea como todo lo demás. Si en tus condiciones naturales está el ser *elocuente*, serás un orador insigne, si a aquéllas añades la *ciencia* (ἐπιστήμη) y la *práctica* (trad. de Gil, 2009. El subrayado es nuestro).

[138] Posible alusión irónica a la fácil tarea (οὐδὲν ἔργον) de aprender que por un módico precio prometen los rétores y sofistas.

Pues bien, para Isócrates (*cf. Contra los sofistas*) y Alcidamante (*cf. Sobre los que componen discursos escritos o sobre los sofistas*) la *naturaleza*, la *práctica* y la *educación* también constituyen los tres ingredientes fundamentales para dominar la técnica retórica. Y, no obstante, para dichos autores, la *educación* en modo alguno se puede parangonar con la ciencia (ἐπιστήμη) tal y como la entiende Platón, esto es, con la práctica dialéctica. Por ello, pensamos que, en el *Fedro,* Platón trata de, entre otras cuestiones, determinar con precisión que la auténtica educación (παιδεία) únicamente puede estar ligada a la verdad, la cual, a diferencia de lo que prometen Isócrates y Lisias, en modo alguno se alcanza fácilmente. Dicho de otro modo, en la medida que los rétores y sofistas no se preocupan por la difícil tarea de conocer bien el objeto sobre el que hablan, necesariamente conocen cuanto es previo al arte, pero no el arte retórico mismo, cuyo *quid* reside en la verdad.

Podríamos poner fin a este capítulo señalando que la estrecha relación ya establecida en el *Fedro* entre la filosofía, la retórica y la poesía se pone también de manifiesto en el *Banquete*, diálogo en el que el filósofo vuelve a mostrar su conocimiento de los más reputados escritores contemporáneos y su habilidad como poeta y mitólogo. En esta ocasión, Platón reúne en la casa del poeta trágico Agatón al diletante Fedro, al sofista Pausanias, al médico Erixímaco, al poeta cómico Aristófanes, y al propio Agatón, en cuyo honor se organiza un banquete a fin de celebrar la victoria de su primera tragedia en un concurso poético. Tal como acontece en el *Fedro*, cada uno de los participantes compone un discurso dedicado a Eros. El diálogo culmina cuando, una vez que los participantes han abandonado la reunión o se han quedado dormidos, Sócrates obliga a Aristófanes y a Agatón a reconocer que "es cosa del mismo hombre saber componer comedia y tragedia, y que quien con arte es autor de tragedias lo es también de comedias" (223d. Trad. Martínez Hernández, 1986), queriendo afirmar con ello, tal como certeramente señala Reale (2001), que

> el verdadero poeta es el filósofo, y el verdadero arte es aquel que está ligado a la búsqueda de la verdad que, en cuanto tal, engloba tanto la realidad del cómico cuanto la del trágico, y la expresa de manera adecuada (p. 168).

Como ya había ocurrido en el *Fedro*, Platón concluye que la condición de verdadero poeta –y también de retórico– corresponde al filósofo. Desde esta perspectiva, se entiende la antológica escena en la que Alcibíades, muy ebrio, hace su ruidosa aparición en la casa del poeta dispuesto a "coronar la cabeza del hombre más sabio y bello" (212e. Trad. Martínez Hernández ,1986), en referencia a Agatón, pero que, ante la repentina visión de Sócrates, no duda en pedirle al propio poeta coronado

> algunas cintas para coronar también ésta su admirable cabeza y que no me reproche que te coroné a ti y que, en cambio, a él, que vence a todo el mundo en discursos, no solo anteayer, como tú, sino siempre, no lo coroné (213e. Trad. Martínez Hernández, 1986).

Platón, travestido para esta ocasión en el joven, hermoso y ebrio Alcibíades, corona la cabeza de Sócrates, sileno de la palabra, como representante supremo de una nueva poesía y una nueva retórica sometidas a la filosofía.

Referencias bibliográficas

Acosta, E. (Trad.). (1983). *Menéxeno*. En Platón. *Diálogos II* (pp. 161-190). Gredos.

Aguirre, J. (2013). *Platón y la poesía:* Ion. Plaza y Valdés.

Aguirre, J. (2021). La metáfora de los anillos imantados y la interpretación platónica de la unidad del Estado.

*Pensamiento. Revista de investigación e información filosófica,*77(283).

Babut (2007). Sur quelques énigmes du *Phèdre*. En L. Mouze (Ed.). Platon. *Phèdre* (pp. 9-54). Le livre de Poche.

Belfiore, E. (1983). Plato's Greatest Accusation against Poetry. *Canadian Journal of Philosophy*, Supplementary Volume, 9, 39-62. https://doi.org/10.1080/00455091.1983.10715862

Boeri, M. (Ed.). (2006). Platón. *Teeteto*. Losada.

Bonazzi, M. (Ed.). (2011). Platone. *Fedro*. Einaudi.

Bottin, L. (1975). Platone censore di Omero. *Bollettino dell'Istituto di Filologia greca dell'Università di Padova*, 2, 60-79.

Brancacci, A. (2011), L'elogio di Socrate nel *Fedro*, la chiusa dell'*Eutidemo*, e la polemica isocrateo-antistenico-platonica. En G. Casertano, G. (Ed.). *Il Fedro di Platone: struttura e problematiche* (pp. 7-38). Loffredo.

Calonge, J. (Trad.). (1983). *Gorgias*. En Platón. *Diálogos II* (pp. 23-145). Gredos.

Calvo, T. (1986). *De los sofistas a Platón: política y pensamiento*. Cincel.

Clay, D. (1975). The Tragic and Comic Poet of the *Symposium*. *Arion: A Journal of Humanities and the Classics*, 2(2), 238-261.

Delcomminette, S. (2014). Qu'est-ce que l'intelligence selon Platon. *Revue des études grecques*, 127(1), 55-73. https://www.jstor.org/stable/44262222

Eggers Lan, C. (Trad.). (1986). Platón. *Diálogos IV*. Gredos.

Else, G. F. (1986). *Plato and Aristotle on Poetry*. The University of North Caroline Press.

Fussi, A (2000). Why Is the *Gorgias* so Bitter?. *Philosophy and Rhetoric*, 33(1), 39-58. https://doi.org/10.1353/par.2000.0005

Fussi, A. (2006). *Retorica e potere: una lettura del* Gorgia *di Platone*. Edizioni ETS.

Gaiser, K. (1984). Platone sulla altrui e la propria poesia: *Ione*, *Repubblica*, *Leggi*. En K. Gaiser. *Platone come scrittore filosofico* (pp. 101-123). Bibliopolis.

Gaiser, K. (1990). *L'oro della sapienza. Sula preghiera del filosofo a conclusione del* Fedro *di Platone* (Trad. G. Reale). Vita e Pensiero.

Gil, L. (Ed.). (2009). Platón. *Fedro* (1ª ed. Instituto de Estudios Políticos, 1957). Dykinson.

Gonzalez, F. J. (1998). *Dialectic and dialogue: Plato's practice of philosophical inquiry*. Northwestern University Press.

Griswold, C. L. (1986). *Self-Knowledge in Plato's* Phaedrus. Yale University Press.

Halliwell, S. (2002). *The Aesthetics of Mimesis: Ancient Texts and Modern Problems*. Princeton University Press.

Havelock, E. (2002). *Prefacio a Platón* (Trad. R. Buenaventura). A. Machado Libros.

Helmer, É. (Ed.). (2019). Platon. *Ménexène*. Vrin.

Lavilla de Lera, J. (2021). Ironía platónica en el *Fedro* de Platón. En J Lavilla de Lera y J. Aguirre Santos (Eds.). *Humor y filosofía en los diálogos de Platón* (pp. 291-300). Anthropos-UAM Iztapalapa.

Lisi, F. (Trad.). (1999). Platón. *Diálogos IX*. Gredos.

Lledó, L. (Trad.). (1986). *Fedro*. En Platón. *Diálogos III* (pp. 309-413). Gredos.

Martínez Hernández (Trad.). (1986). *Banquete*. En Platón. *Diálogos III* (pp. 185-297). Gredos.

Moss, J. (2007). What is imitative poetry and why is bad?. En G.R.F. Ferrari (Ed.). *Cambridge Companion to Plato's* Republic (pp. 415-444). Cambridge University Press.

Moss, J. (2012). Soul-leading: The unity of the *Phaedrus*, again. *Oxford Studies in Ancient Philosophy,* 43, 1-23.

Mouze, L. (Ed.). (2007). Platon. *Phèdre*. Le livre de Poche.

Murray, P. (1995). *Plato on Poetry:* Ion*;* Republic *376e - 398b9;* Republic *595-608b10*. Cambridge University Press.

Narcy, M. (2013), Remarks on the First Five Definitions of the *Sophist* (*Soph*. 221c–235a). En B. Bossi, B. y T. Robinson (Eds.). *Plato's* Sophist *Revisited* (pp. 57-70). De Gruyter. https://doi.org/10.1515/9783110287134.57

Nehamas, A. (1982). Plato on imitation and poetry in *Republic* 10. En J. Moravcsik y P. Temko (Eds.). *Plato on Beauty, Wisdom, and the Arts* (pp. 47-78). Rowman and Littlefield.

Nightingale, A. W. (1995). *Genres in dialogue: Plato and the construct of philosophy.* Cambridge University Press.

Poratti, A. (Ed.). (2010). Platón. *Fedro*. Ediciones Akal.

Reale, G. (2001). *Platón. En busca de la sabiduría secreta* (Trad. R. Heraldo). Herder.

Sala, E. (2007). *Il* Fedro *di Platone: Commento* (Tesis doctoral). Università Degli Studi di Padova. http://paduaresearch.cab.unipd.it/891/1/tesi_SALA_EVA.pdf.

Stavru, A. (2011). Interiorità ed esteriorità nella preghiera conclusiva del *Fedro* (279b-c). En G. Casertano (Ed.). *Il* Fedro *di Platone: struttura e problematiche* (pp. 269-284). Loffredo.

Stavru, A. (2021). Platón entre *spoudé*, *paidia* y *geloion*. En J. Lavilla de Lera, y J. Aguirre Santos (Eds.). *Humor y filosofía en los diálogos de Platón* (pp. 22-36). Anthropos-UAM Iztapalapa.

Szlezàk, T. A. (1989). *Platone e la scrittura della filosofia* (Trad. G. Reale). Vita e pensiero.

Taglia, A. (Ed.). (2014). Platone. *Fedro*. Einaudi.

Tordesillas, A. (1992). *Kairos* dialectique, *kairos* rhétorique : le projet platonicien d'une rhétorique philosophique perpétuelle. En L. Rossetti (Ed.). *Understanding the* Phaedrus. *Proceedings of the II Symposium Platonicum* (pp. 77-92). Academia Verlag.

Trabattoni, F. (2016). *Essays on Plato's Epistemology.* Leuven University Press.

Werner, D. (2012). *Myth and Philosophy in Plato's* Phaedrus. Cambridge University Press. https://doi.org/10.1017/CBO9781139108737

La construcción literaria de la figura de Crátilo

Daniel Salgueiro
Universidad de Barcelona
danielsalgueiro@ub.edu

El carácter tópico y literario de las novelescas biografías de filósofos antiguos ha sido ampliamente estudiado en lo que atañe, sobre todo, a las *Vidas* de Diógenes Laercio[139], que constituyen el paradigma por antonomasia del género de la biografía filosófica. Son algo más oscuros, sin embargo, el abasto y el origen de estos mecanismos de composición literaria, tan claros como prolijos durante el helenismo y la antigüedad tardía, pero algo más desconocidos y recónditos en el período clásico.

La intención de esta ponencia no es la de aclarar entuertos entorno a los orígenes confusos de la biografía filosófica como tal, sino una mucho más humilde: detectar, por un lado, los elementos literarios de la caracterización platónica de Crátilo y, por otro, contemplar la seria posibilidad de que las breves alusiones aristotélicas a la vida y el pensamiento de Crátilo beban de fuentes externas. Dicho de otro modo, cabe sospechar que algunos de los rasgos con los que Aristóteles caracteriza a Crátilo podrían tener su origen en el texto de un tercero —e incluso en el diálogo platónico homónimo— y, por tanto, tener una idiosincrasia claramente autoesquediástica.

La posible conexión entre el retrato platónico de Crátilo y la caracterización que hace Aristóteles no ha sido mucho más que insinuada después de que Kirk (1951) postulara que Crátilo no defiende un verdadero heraclitismo en el diálogo, sino que es simplemente Sócrates quien sutilmente lo fuerza a aceptar etimologías que contienen doctrina efesia para desarmar su teoría

139 Véase Grau, S. (2009).

naturalista. Así pues, según su tesis, Aristóteles habría tomado a Crátilo por un heracliteo basándose únicamente en lo que en el personaje del diálogo parece defender siempre a expensas de Sócrates. La mayoría de autores, sin embargo, resaltan las diferencias de un retrato y otro y tiende a explicar la disonancia entre ambos textos a través de un proceso histórico de conversión al heraclitismo. De esta manera, Platón habría retratado un momento de juventud de Crátilo en el que todavía no era un heraclitiano radical, mientras que Aristóteles habría captado un momento posterior de su vida en el que ya habría renunciado a sus teorías naturalistas[140].

Es cierto, de hecho, que los retratos parecen a simple vista presentar dos Crátilos casi contradictorios (o al menos dos épocas distintas del mismo pensador), pero en esencia no difieren tanto el uno del otro. Como Aronadio ha señalado (1996: VIII-XIX) la divergencia entre los testimonios de ambos autores es fruto, en buena medida, de las libertades que ambos se toman al hablar de sus predecesores y, en el fondo, algunos de estos contrastes llegan a parecer superficiales si se contemplan de cerca[141]. Más allá de las afinidades doctrinales que pueda haber entre un testimonio y otro, esta ponencia se propone abordar la cuestión desde una perspectiva algo distinta y analizar hasta qué punto el personaje platónico de Crátilo y los rasgos literarios con que es caracterizado inspiran, tal vez junto a otras fuentes, la información que Aristóteles nos transmite. Antes, pues, de pasar a analizar las posibles conexiones entre ambas representaciones del personaje, nos proponemos analizar los mecanismos literarios de qué Platón se sirve para caracterizar a su personaje.

1. El Crátilo platónico

Platón no es en ningún caso un historiador de la filosofía y es sabido que, a menudo, con intenciones

---

[140] La visión historicista, aunque con matices distintos, es defendida por Ademollo (2011: 15-18), Sedley (2002: 18-20).

[141] Aronadio (1996: XIX-XX).

filosófico-literarias, altera el pensamiento de los distintos personajes que pueblan sus diálogos. Se hace difícil, sin embargo, investigar sobre la veracidad histórica de algunos de ellos, como Crátilo, de quien no tenemos texto y apenas sabemos nada. Por eso debo dejar claro, antes de nada, que hay una cierta carga especulativa en mi aportación a este congreso. Aun así, dada la pincelada literaria que Platón da a todos sus personajes, no parece descabellado sospechar, a partir del texto y la comparación con otros diálogos, que al menos algunos de estos rasgos tienen más de novelesco que de histórico.

La misma falta de rigor historicista que Platón muestra hacia el pensamiento de Gorgias o Parménides se da, y quizá todavía en mayor grado, al respecto de la doctrina de Heráclito (aunque este personaje no aparezca en ningún diálogo), que tanto en el *Teeteto* como en el *Crátilo* no parece sino hermana de la de Protágoras. Por otro lado, cabe decir que el retrato que Platón hace de Crátilo parece en algunos puntos no solo irónico, sino casi paródico. Taciturno, arrogante y críptico, Crátilo se mantiene en silencio las tres cuartas partes del diálogo y sólo Sócrates logra sacarlo del silencio a copia de preguntas. El propio Hermógenes tilda en dos ocasiones su forma de expresarse de oscura y misteriosa (383b-384b, 427d) y utiliza la metáfora del oráculo para describir su estilo. Además, el discípulo de Heráclito no sólo parece cumplir con algunos de los tópicos que la tradición posterior ha atribuido a su supuesto maestro, sino que también encaja bastante bien con el retrato que se hace de los efesios en el *Teeteto* (179d):

> Teodoro: Porque, además, Sócrates, si pretendiéramos dialogar con esa gente de Éfeso que pretende conocer esta doctrina de los heraclíteos y de los homéricos, como tú dices, o de otros aún más antiguos, no nos resultaría más fácil que si se tratara de maniáticos. (…) Si le haces una pregunta a uno, te dispara un aforismo enigmático, como si fuera una flecha que hubiera

> extraído de su carcaj, y, si quieres que te dé una explicación de lo que ha dicho, te alcanzará con una nueva expresión en la que habrá invertido totalmente el sentido de las palabras (Traducción de Álvaro Vallejo Campos).

En el mismo diálogo, no mucho después, encontramos incluso el argumento del Crátilo en estado embrionario, según el cual los nombres jamás podrán corresponderse con la naturaleza de las cosas y apresarlas en toda su esencia si éstas están en constante movimiento:

> Teod.: Tienes razón. Sóc.: Sí, Teodoro, excepto en haber dicho «así» y «no así». Ni siquiera este «así» puede emplearse, pues lo que es «así» no podría ya estar en movimiento y lo mismo podría decirse en el caso del «no así», dado que esto no es movimiento. Ahora bien, los que sostienen esta doctrina deberían establecer alguna otra forma de hablar, teniendo en cuenta que ahora, al menos, no disponen de expresiones adecuadas a sus propias hipótesis, a no ser que la expresión «de ninguna manera» se ajuste mejor a ellos por su sentido indefinido (Traducción de Álvaro Vallejo Campos).

Como ya hemos dicho, Kirk (1951) niega que en el diálogo Crátilo sea un heraclitiano convencido y cree que es más bien Sócrates quien, en el conjunto de las etimologías, entremezcla doctrina efesia para hacer entrar su tesis lingüística en contradicción. Sin embargo, la presencia de esta misma posición paradójica en los pasajes del *Teeteto* pone en duda las especulaciones de Kirk y parece mostrarnos en el *Crátilo* el retrato irónico de un corriente filosófico que ha pasado por el filtro de la interpretación platónica. Las alusiones de Hermógenes a la oscuridad oracular de las palabras de su adversario, que se repiten en varios puntos del diálogo (384a,

427d-e), apuntan en la misma dirección y tomadas junto al carácter esquivo de Crátilo contribuyen a reforzar la naturaleza paródica de su caracterización.

2. El Crátilo aristotélico

Como es sabido, Crátilo aparece también en los libros gamma de la *Metafísica* (1010a7–13) y la *Retórica* (1417b1–2) de Aristóteles. La primera de las menciones consiste en la descripción y clasificación de su doctrina, a la que se añaden curiosamente unos vagos rasgos biográficos, algo del todo inusual en la tarea taxonómica de la filosofía que lleva a cabo Aristóteles. Crátilo es presentado aquí como un filósofo de tendencia heraclítea radical que sostiene la imposibilidad de decir nada sobre este mundo en movimiento que percibimos. Parece de lo más curioso la repercusión de su doctrina en la vida cotidiana, que le lleva a renunciar a la palabra y limitarse a señalar con el dedo:

> (...) Además, viendo que toda esta naturaleza sensible se mueve y que nada se dice con verdad de lo que cambia, creyeron que, al menos acerca de lo que cambia siempre totalmente, no es posible decir verdad. De esta concepción surgió, en efecto, la opinión más extrema entre las mencionadas, la de los que afirman que heraclitizan, y tal como la tenía Crátilo, el cual, al final, creía que no se debía decir nada, limitándose a mover el dedo, y censuraba a Heráclito por haber dicho que no es posible entrar dos veces en el mismo río, pues él creía que ni una (*Metafísica* 1010a7–13, traducción de Valentín García Yebra).

La anécdota sobre el mutismo voluntario de Crátilo, vívida e impresionante, rezuma un deje de comicidad difícil de obviar que recuerda sátiras filosóficas como la de las *Nubes* u otras anécdotas burlescas, mucho más tardías, presentes en las biografías tópicas de Diógenes Laercio. Así pues, quizá la hipótesis de Kirk (1951), que sospecha que este texto aristotélico podría depender del diálogo platónico, deba ampliarse mucho más y tomar en consideración la posibilidad de que el retrato aristotélico no beba (o no únicamente) del *Crátilo*, sino de alguna anécdota en boga sobre este misterioso personaje ateniense. En este sentido, el otro testimonio Aristotélico, aunque breve, nos puede dar alguna pista: "(...) como Esquines dice sobre Crátilo, que silba y mueve las manos" (*Retórica* 1417b1–2).

Este texto puede revelar que Aristóteles conociera un diálogo perdido de Esquines en el que apareciera un Crátilo más acorde con el que nosotros descubrimos en la *Metafísica*. Dada su rivalidad con Platón, ¿podría ser incluso que hubiera tomado uno de sus personajes y lo hubiera llevado a extremos todavía más irónicos? No podemos confirmarlo de ninguna manera, pero la escena de la gesticulación demuestra una más que posible conexión entre el diálogo perdido y el texto de Aristóteles[142]. Así pues, aunque las dudas sobre lo que pueda haber de autoesquediástico en el retrato de Crátilo de la *Metafísica* aristotélica sigan siempre abiertas, a nuestro modo de ver, son varios los elementos que textuales que parecen derivar de mecanismos de composición literaria propios de la caracterización cómica del filósofo

3. Conclusiones

Con todo ello, no podemos afirmar rotundamente que en tiempos de Platón ya corriera una leyenda sobre Heráclito de rasgos plenamente novelescos al estilo de la que transmite Diógenes Laercio, pero no parece nada desatinado sospechar que encontramos en Platón el primer testimonio de una representación tópica y cómica

---

[142] Donato (2021) llega a conclusiones similares y parece sospechar también que pueda haber otras representaciones cómicas de Crátilo perdidas para nosotros

de la escuela filosófica de Efeso. A través del retrato caricaturesco de Crátilo, Platón está probablemente parodiando el estilo inextricable de los efesios, como el *Teeteto* parece corroborar, junto con el de un cierto grupo de figuras intelectuales que tienden a la especulación de tipo etimológico sin estar necesariamente vinculadas con la doctrina de flujo.

Sobre las representaciones de Crátilo que podrían existir en época de Platón y Aristóteles no sabemos lo suficiente, pero el testimonio de Esquines que despunta brevemente en la *Retórica* de Aristóteles nos hace sospechar, sin poder demostrarlo en firme, que podría tratarse de un personaje popular y bastante conocido. En cualquier caso, Crátilo habría sido representado —a nuestro modo de ver, de manera más bien cómica y paródica— en el diálogo perdido de Esquines que sirve a Aristóteles de testimonio para escribir su escueta nota sobre Crátilo

Referencias bibliográficas

Ademollo, F. (2011). *The Cratylus of Plato: A commentary*. Cambridge: Cambridge University Press.

Aronadio, F. (1996). *Cratilo*. Milano: Bompiani.

Donato, M. (2021): "Crátilo, el otro maestro de Platón" (ponencia inédita para la UNAM)

Grau, S. (2009), La imatge del filòsof i de l'activitat filosòfica a la Grècia antiga. Anàlisi dels tòpics biogràfics presents en les Vides i doctrines dels filòsofs més illustres de Diògenes Laerci, Barcelona: Promocions i Publicacions Universitàries.

Kirk, G. S. (1951), "The problem of Cratylus", *American Journal of Philology* 72: 225-53.

Sedley, D. (2002). *Plato*'s Cratylus, Cambridge University Press: Cambridge.

La enseñanza de la ética animal o la inclusión de la consideración moral hacia los animales

Ysis Vélez
Universidad del Quindío
yvelez@unquindio.edu.co

La filosofía moral o la ética[143], como uno de los saberes humanísticos que tiene una larga tradición en los currículos de educación básica y media en Colombia, se asume desde los lineamientos del Ministerio de Educación como parte de la formación personal y ciudadana, de este modo, puede aparecer como educación en ética y valores humanos (Ministerio de Educación (MEN), *Serie Lineamientos Curriculares*, 1998, p.16-17). Los niños se forman en las instituciones educativas conociendo un panorama de la ética y en las preocupaciones que los mismos docentes trabajan al interior de estos espacios académicos. En algunas instituciones educativas estatales, por razones de tradición, la ética se vincula con la religión y, de esta manera, priman los contenidos de la moral cristiana, los cuales se reflejan en los manuales de convivencia como formas de regulación ética al interior de las escuelas, es de aclarar que estas posiciones se encuentran presentes en

[143] De acuerdo con José Luis Aranguren, en el capítulo I de su libro *Ética y Política:* "La ética, considerada en sí misma, es primariamente personal. Es *cada* hombre quien, desde dentro de la situación en que, en cada momento de su vida, se encuentre, ha de proyectar y decidir lo que va hacer. Entre las diversas posibilidades que sea capaz de concebir, para salir de esa situación, él es quien ha de elegir. Entre los diversos proyectos de vida que forje como hacederos, es él también quien ha de preferir. El que hacer de cada acto y el quehacer de la vida en su totalidad unitaria es a cada hombre, al <<interesado>> como suele decirse, a quien incumbe. No solo eso. Las <<normas>> o <<modelos>> de comportamiento y de existencia, conforme a los cuales decidimos <<hacer>> nuestra vida, han de ser libremente aceptadas por cada uno de nosotros para que el acto y la vida sean morales" (p.11).

algunas Instituciones Educativas con base en el desconocimientos de los lineamientos del MEN, dado que desde este organismo gubernamental, hay una visión que reconoce las tradiciones éticas como una forma de contextualización histórica, la cual asume una visión moderna de la ética y de la moral (MEN, 1988).

En educación básica y media, la ética es un área de conocimiento y en la enseñanza superior, es una asignatura obligatoria de ley, en las universidades, está incluida en los currículos para el desarrollo de competencias ciudadanas y para que este saber incida en sus prácticas profesionales. No obstante, la filosofía moral entre el conjunto de las materias propias de las humanidades y de las ciencias sociales, asiste a una crisis actual en el ámbito de la enseñanza, y el tiempo dedicado a estos espacios, los contenidos y la relevancia de los mismos a nivel institucional y social sufren la ausencia de reconocimiento a nivel mundial, según Nussbaum, quien, en su libro *Sin Fines de Lucro,* señala:

> Estamos en medio de una crisis de proporciones gigantescas y de enorme gravedad a nivel mundial. No, no me refiero a la crisis económica global que comenzó a principios del año 2008. Al menos en ese momento, todo el mundo sabía lo que se avecinaba y varios líderes mundiales reaccionaron de inmediato, desesperados por hallar soluciones (…) no, en realidad me refiero a una crisis que pasa prácticamente inadvertida, como un cáncer. Me refiero a una crisis que, con el tiempo, puede llegar a ser más perjudicial para el futuro de la democracia: la crisis mundial en materia de educación. (…) sedientos de dinero, los estados nacionales y sus sistemas de educación están descartando sin advertirlo ciertas aptitudes que son necesarias para mantener viva a la democracia (Nussbaum, 2010, p.19-20).

Esto se evidencia a nivel local con la importancia que se le da a prácticas o ejercicios relacionados con el saber moral. Al parecer, este espacio académico no goza de popularidad en las escuelas, pese a los esfuerzos de algunos maestros que proponen proyectos para poner sobre la mesa discusiones relacionadas con el buen vivir, la ciudadanía, la paz, la democracia, la relación entre la ética y la ciencia, la moral y la política, la moral y la cultura, el saber ambiental y ecológico, etc. No obstante, pueden considerarse propuestas que no gozan de una alta popularidad ni en las instituciones educativas ni en el mundo de la vida social. Esto significa que las mismas directrices de la educación estatal, retomando la idea de Nussbaum, ya implican una idea de educación para la renta y no para la democracia como lo desarrolla en su discusión sobre la crisis de las humanidades (p.33-38) en el libro citado. De ahí que no haya una auténtica preocupación por el saber moral, por una educación que pretenda poner en cuestión la conducta del hombre y mucho menos su relación con la naturaleza.

Con relación a lo anterior, el campo de la ética, especialmente de la ética aplicada y del saber bioético[144], ha incluido nuevas perspectivas en los currículos de educación básica, media y superior; ello en virtud de reflexiones contemporáneas tales como el ecofeminismo, el medio ambiente, el multiculturalismo, el problema de los derechos, el aborto, los límites morales del a ciencia y el arte, así como la temática de los animales; aspecto que interesa a la presente indagación. El asunto de la oferta

[144] "La bioética, bios, vida y ethos, ética, "nace como una actuación multidisciplinaria cuando los científicos además de dominar y transformar la naturaleza logran un dominio y una capacidad de transformación del mismo ser humano". Es claro que hoy la bioética va hoy más allá de su etimología y se preocupa de las nuevas realidades de la ciencia y la tecnología, en la medida en que estas afectan la vida de seres humanos, animales y plantas. Nelson Molina Ramírez en su artículo *La bioética: sus principios y propósitos, para un mundo tecnocientífco, multicultural y diverso* en *Revista Colombiana de Bioética*, 2013, p.20.

curricular en las instituciones educativas es que algunos de estos temas siguen abordándose de manera tradicional y la escogencia de los mismos obedece por un lado, a las decisiones de grupos profesorales del área de ética de las instituciones educativas y, por otro lado, al énfasis que los lineamientos curriculares del Ministerio Educación para la orientación de este espacio académico[145]. De esta manera, se genera una especie de jerarquía de las temáticas que se expresan en una tradición que privilegia la historia de los valores, de la religión y, con ello, tópicos en donde están al orden del día las autoridades de la filosofía moral, desde Sócrates, Platón, Aristóteles, Descartes o Kant, bajo ciertas lecturas que se traducen en el espacio académico ética; esta bibliografía se encarga de mantener el prestigio de la tradición filosófica y relieva ciertas maneras de leer filosofía, de interpretar, de hacer en el contexto de la discusión europea. Esta manera o hábito de entender y enseñar la ética está fuertemente relacionada con una visión antropocéntrica y especista. Frente a esta idea, es notable que hace aproximadamente tres décadas algunos teóricos se han pronunciado, viendo en el especismo antropocéntrico, una forma de discriminación de la especie humana hacia otras, de tal forma que los animales no humanos estarían excluidos de cualquier tipo de obligación moral (Horta, 2009, p.36) y solo los humanos serían objeto de estas obligaciones, si se requiriera un cambio de conducta. Para Oscar Horta,

---

[145] "La educación ética y moral la pensamos como aquella que se ocupa justamente de formar y preparar a la persona como sujeto moral para que pueda construir y ejercer su condición humana en el mundo. En esto, justamente, estriba la importancia trascendental de toda educación específicamente ética y moral. Pero en ello radica también la excesiva demanda de resultados que se le hace a ella misma. Si la educación ética y moral prepara para la vida, es necesario reconocer que el arte de la vida escapa a cualquier ingenua pretensión de ser enseñado como por ejemplo, se enseña a hablar, a caminar, a sumar o restar". (Ministerio de Educación (MEN), *Serie Lineamientos Curriculares*: 1998, p.6).

existen distintos enfoques éticos que permiten cuestionar al especismo[146]:

El utilitarismo implica considerar la máxima satisfacción a partir de la suma de intereses de los individuos, donde los animales humanos y no humanos deben recibir un trato igualitario. En suma, desde la perspectiva clásica, el utilitarismo considera el hecho de que los individuos posean experiencias positivas y no negativas y el utilitarismo de las preferencias, el cual presta atención a la satisfacción de las mismas. En cualquier caso, habrá prejuicios antropocéntricos y desacuerdos entre los teóricos, pero en esencia se pide el cumplimiento de esta máxima. Entre los filósofos que interesa citar se halla Peter Singer (1995) y Gaverick Matheny (2006) (Horta, 2009, p.36).

La ética de los derechos no considera la maximización del valor sino el criterio de respeto por la satisfacción de los intereses de los individuos. Este enfoque se basa en la deontología kantiana y asume que los individuos que tienen un valor inherente, una vida mediante la cual pueden tener experiencias, disfrutar y sentir dolor, no deben ser dañados, así tanto humanos como animales requieren ser protegidos mediante derechos, como vocero de estas ideas se encuentra Tom Regam al lado de Richard Rider y Mishael Allan Fox. Para Horta, Julián Franklin y Christine Korsgaard, haciendo una interpretación de Kant, expresan que el criterio de universalidad del imperativo categórico debería incluir humanos y animales en la medida en que los no humanos pueden ser perjudicados por nuestras decisiones. A su vez, Evely Pluhar y Allan Gewirth en su condición de neokantianos derivan el respeto de principios puramente racionales como el imperativo categórico y no conformes con la referencia a los seres humanos, los teóricos ven la necesidad de extender el marco de consideración moral a

---

146 Richard D. Ryder, Victims of Science: The Use of Animals in Research, Davis-Poynter, London, 1975; Animal Revolution: Changing Attitudes towards Speciesism, Basil Blackwell, Oxford, 2000.

los animales en la medida en que pueden experimentar sufrimiento y placer y con ello, ser dañados (Horta, 2009, p.37).

El contractualismo es un enfoque muy similar a la ética de los derechos y consiste en reconocer únicamente como agentes morales a los seres racionales, lo cual suscita un debate importante en la medida en que diluye la diferenciación entre humanos y animales, es decir, los niños y las personas con discapacidad mental o cognitiva no entrarían en el círculo de los racionales. Según Oscar Horta, Peter Carruthers afirma que esta posición restringe a la moral y es una alternativa muy poco atrayente hoy en día. Mark Rowlands se basa en la propuesta de Rawls quien pone el acento en los principios normativos que podríamos justificar. Rowlands se basa en la idea de un velo de ignorancia como hipótesis original de la sociedad, así dicho, velo implicaría la necesidad de ocultar la pertenencia a la especie y las capacidades intelectuales, las cuales dejan sin base al antropocentrismo.

Los enfoques aristotélicos plantean cuestiones acerca de a quienes hay que considerar moralmente. En este sentido, se trabaja desde una ética de las virtudes, bajo la idea de que todo ser vivo busca su propio florecimiento, la autorrealización en conformidad con su propia naturaleza. Desde esta perspectiva, cabría la posibilidad de ampliar el rango de consideración moral hacia los animales no humanos. Vinculados en este parecer se encuentran Stephen Clark, Daniel Dombrowski, Martha Nussbaum entre otros.

La ética del cuidado, por su parte, es defendida por teóricas feministas quienes acogen la consideración moral hacia los animales, resaltando la importancia de los sentimientos morales y criticando posturas de los racionalistas tradicionales. Oscar Horta ha llamado la atención acerca de las limitaciones que ofrece este enfoque en la práctica, pues se presenta la imposibilidad de universalizar la consideración y solo limitarla a quienes tienen un trato con nosotros. Esta postura intenta ser superada por Josephine Donovan en contra del especismo antropocéntrico (Horta, 2009, p.39).

El igualitarismo es una de las perspectivas en las que se ha explorado más recientemente el tema de la consideración moral hacia los animales. En este campo, encontramos a Ingmar Persson quien defiende una posición más equitativa en lo concerniente a experiencias positivas, por ello, será bastante cuestionable la situación en la que se hallan humanos y animales, donde los últimos están en franca desventaja. Sumada a esta concepción se encuentra la de Peter Vallentyne. No obstante, otros filósofos que difieren del igualitarismo como Nils Holtug siguen la postura prioritarista, según la cual es preeminente mejorar la situación de quien está peor. Así, Roger Crips ha adoptado la postura anterior desde el suficientismo, según el cual cada uno de nosotros debería tener lo suficiente para vivir y llevar una vida buena y, con ello, se compromete con la crítica de usar los animales como recurso, puesto que implica la muerte y el sufrimiento de aquellos (Horta, 2009, p.39).

Frente a estos enfoques, al menos en la educación superior, se vienen abriendo espacios de debate para cuestionar el antropocentrismo especista y, en Colombia, ya existen electivas en etología, la discusión sobre los animales y, por supuesto, en el panorama del espacio académico ética se exponen los argumentos por los cuales es decoroso realizar una defensa en torno a la consideración moral hacia los animales. La otra perspectiva es la que nos presenta Horta en el artículo citado y es la defensa de algunos teóricos del antropocentrismo y el especismo, en la medida en que en los departamentos y Facultades de Filosofía siguen sosteniendo que la ética es un campo propio de los humanos, basándose en argumentos de orden clásico, como la racionalidad o cualquier otra potencia que no exhiban los animales.

La enseñanza de la ética animal, a nivel de educación básica o media, se comprende bajo proyectos transversales, especialmente en la Cátedra de la Paz –por el contexto de la firma de los acuerdos de paz entre el gobierno y las Farc-EP el 26 de septiembre de 2016– . No se trata de una materia independiente, sino de ciertos contenidos que empiezan a ganar terreno en este espacio académico, que orienta hacia un trato considerado hacia los animales (Salazar, 2019). A nivel de educación superior en Colombia, se halla implicada en las discusiones sobre bioética, en la cátedra de ética obligatoria de ley, en algunas electivas u opcionales dirigidas a un público estudiantil más amplio. En la universidad del Quindío, algunas investigaciones sobre ética animal en Aristóteles, Descartes o Kant y al estudio contemporáneo de algunos Filósofos como Nussbaum, Francioni, De Wall, etc. han permitido proponer cursos como ecología y sociedad del riesgo o los derechos de los animales no humanos, como un vínculo entre investigación y docencia (Sánchez, Ocampo y Restrepo, 2017); no obstante, es muy difícil librarse, en estos ámbitos, de una visión antropocéntrica como la que se sostiene en la investigación citada, lo interesante es que estos libros se constituyen en textos para la enseñanza de la ética en los estudiantes de la Universidad del Quindío. Así, en el libro *La cuestión de los derechos de los animales*, el profesor Rubiel Ramírez afirma:

> Es un deber del hombre proponerse la perfección como un fin, es un deber proponerse en el cultivo de sus facultades, "entre las cuales el entendimiento, como la facultad de los conceptos, por tanto, también de aquellos que conciernen al deber, es la facultad suprema (…) Es para el hombre un deber progresar cada vez más desde la incultura de su naturaleza, de su animalidad (…) hacia la humanidad que es la única por la que es capaz proponerse fines".

No obstante, pareciera en algún momento que el filósofo se muestra benigno con lo que hay de animal en nosotros: si se trata del cultivo de las facultades corporales, como la gimnasia (podría decirse que todo ejercicio físico que realice el hombre), aparece como una actividad deseable y justificable, pues se trata de cuidar "el instrumento (la materia) sin el que los fines del hombre se quedarían sin realizar; por tanto, fomentar de un modo intencionado y permanente la dimensión animal en el hombre es un deber del hombre hacia sí mismo. Ahora si miramos con atención la cita, ese cultivo de lo animal en el hombre es en función del perfeccionamiento y la realización de los fines del hombre, y no es para nada una reivindicación de lo animal. (Sánchez, Ocampo y Restrepo, 2017, p.102-103)

Esta visión de la ética animal, inicialmente, no emerge del ámbito educativo en Colombia, pues el enfoque de la enseñanza ética está pensado desde algunas discusiones que parten del presupuesto de que el círculo de consideración moral tiene como referencia únicamente a los humanos en virtud de categorías racionales. Así, las razones se fundamentan en capacidades que exhiben los humanos y los animales no. Sobre todo la noción *logocéntrica* que ha primado en occidente, tal como lo apreciamos con Kant y su cultivo de las facultades humanas. Lo interesante es que esta visión tradicional de la filosofía y de la ética, en donde el campo de los animales irrumpe como un nuevo desafío para las comunidades académicas, implica una fuerte conexión con grupos y movimientos animalistas de la sociedad que requieren con urgencia reflexiones sobre el estatuto moral de los animales, el tema de los derechos, las leyes sobre protección animal, inclusive, las investigaciones sobre animales que deben ser divulgadas con suficiente empeño.

Como se dijo, el problema de la enseñanza de la ética animal se nutre de las exigencias del movimiento de liberación animal, el cual toma como referencia el libro de Peter Singer que lleva el mismo título *Animal Liberation, A New Ethics for Our Treatment of Animals (1975).* Estos trabajos han dado un viraje a la manera como consideramos a los animales. Una de esas visiones que realiza una denuncia, se encuentra en María Victoria Parrilla Rubio en su escrito *Tan otro que ni otredad posee: eso que llaman el animal:* el animal (provisoriamente así, en singular; ya veremos más adelante qué encierra ese empeño en el singular) es el radicalmente otro. Llevamos decenios entregándonos, no sé si voluptuosamente, al juego múltiple de la otredad, al Otro con mayúscula y al otro en minúscula, al otro a asimilar, o al otro a respetar y reforzar en su irreductible diferencia. Sin embargo, el otro-animal, el animal en cuanto no-humano, está desalojado hasta de la otredad. Por eso es el absolutamente otro, tan carente que ni otredad posee. No es capaz de responder (Descartes), no cuestiona el ser del ente (Heidegger), ni siquiera tiene rostro (Lévinas). Acaso la filosofía sea eso, el olvido (y todo olvido es activo, exige continuados y tenaces esfuerzos) de que el animal está ahí, da ist es, el dasein en indicativo. Y me mira, aunque no tenga rostro. Mayoritariamente, los discursos filosóficos descartan al animal. Sí, he dicho bien, descartan. Descartes, por supuesto. Y como -nos guste o no- seguimos siendo cartesianos, seguimos descartando; no exactamente a su manera, pero sí a su luz, en el espacio de visibilidad abierto por él. Como mucho, hacemos filigranas (algunas de gran mérito) para no caer en ninguno de los dos abismos que se abren a nuestro lado: el cartesiano (animal-máquina, pura extensión, sin ni siquiera una reducida y ridícula alma de segundo o tercer orden; en consecuencia, trazo decidido de la frontera animal/hombre) y el antropomorfismo, esto es, la proyección de lo humano en lo no humano, la invasión simbólica, la apropiación indebida. Al final uno de los dos abismos ejerce su profesión de abismo y acaba siempre tragándonos. Pero como siempre hay dos abismos, dos opciones, una posición significada por una barra muda, es conveniente preguntarse si hay tal,si en definitiva tanto el animal-máquina como el animal humanizado, antropomorfizado, simple resultado de un proceso de proyección, no son uno y lo mismo: el síntoma, el retorno de lo reprimido, lo des-conocido, lo denegado. Ahora bien, la denegación – abrupta, lapidaria, inapelable- de lo otro-de-lo-humano no es una denegación más, sino la denegación fundadora, constituyente, la que funda lo propio del hombre (¿no estamos en un congreso de Antropología filosófica?), la que instituye la auto-referencia de una humanidad enfrascada en lo que le es propio, celosa de su(s) propiedad(es). Ciertamente, ha habido y hay otros discursos sobre "el animal" (y ruego no olviden nunca las también mudas comillas), pero fueron palabras de poetas, de profetas, de mujeres, de primitivos. Es decir, palabras a recibir con una media sonrisa indulgente, esto es, despectiva. Por supuesto, en el desprecio benevolente también hay grados. A los poetas se les permiten muchas cosas, siempre que no se salgan de su parque. Con los "primitivos" y las mujeres hay que andarse con cuidado para no ser denunciado ante alguno de los numerosos tribunales de Decencia Pública. Pero ante los/las (aquí sí es pertinente jugar al os/as) "amantes de los animales" sí podemos permitirnos la sonrisa entera, la benevolencia indulgente, el grado máximo de desprecio, ante la vieja dama británica, la abuelita de los gatos, la enfermera de los perros. En definitiva, discursos secundarios, emocionantes (peor, emocionales), indignos de ser tomados en serio y, sobre todo, sin "representante estatutario", sin representante cualificado en la Teoría, en la Cámara de los (lugares) Comunes filosóficos. (Parrilla, 2007, p.71-72). Frente a estas consideraciones que plantea María Victoria Parrilla, la concepción ontológica y política del animal es una barrera para considerar moralmente a los animales e incluirlos en una comunidad más amplia donde sean considerados y tengan derechos; no obstante, estas reflexiones sacan a los animales de la sombra antropocéntrica y se constituyen en una crítica a la tradición filosófica con respecto a la anulación del problema de los animales desde una óptica institucional de la Filosofía.

Es conveniente realizar la conexión con lo que está ocurriendo en los currículos en Colombia, y esta será una investigación que quede pendiente después del presente ejercicio. En todo caso, podemos apreciar la importante labor que realizan las fundaciones y grupos de protectores que velan por un cambio positivo para los animales, así, el rechazo de la tauromaquia, el coleo, las peleas de gallos, la experimentación con animales, la ganadería, la industria avícola y la elaboración de productos de origen animal son temáticas que revelan un rechazo profundo por parte de una conciencia que reconoce a los animales como seres sintientes, portadores de un valor en sí mismo, como personas y no como cosas. Como sujetos de derecho.

Frente a esta perspectiva puede considerarse un campo importante para la enseñanza de la ética, dado que al menos en las instituciones educativas, a través de proyectos transversales, se inician investigaciones y debates sobre el lugar de los animales en el mundo y sobre la relación que nosotros los humanos hemos sostenido a nivel histórico. Se trata, entonces, de la exigencia de un cambio que repercute en una nueva sensibilidad hacia otros seres de la naturaleza. Desde esta perspectiva, puede apreciarse un gran interés de los jóvenes en el campo de la ética animal. Igualmente, en educación superior, el campo de la enseñanza de la ética produce, a nivel de investigaciones, artículos, nueva bibliografía y debates en diversos contextos, desde los cuales se genera un diálogo entre activismo y filosofía. En suma, puede afirmarse que el ámbito de la enseñanza de la ética no se genera solo desde el currículo, sino desde otros espacios de enseñanza de la ética animal, tales como foros, congresos, seminarios, programas radiales, etc. Estos espacios están alimentando los currículos y exigen una importante conexión entre la educación básica, media y la superior en relación con la cultura animalista, la producción filosófica que difunde la ética animal; y, sobre todo, con una comunidad mundial que exige la ampliación de la comunidad moral para incluir a los animales como sujetos dignos de consideración y sujetos de derechos. En esta perspectiva, la enseñanza de la ética animal está relacionada con una posición ético-política, en la que no se busca únicamente el reconocimiento del otro, como el ser humano, sino que aparece ante nuestra conciencia y sensibilidad otro, que también es el animal no humano, ese quién que exige una nueva responsabilidad ciudadana y que nos abre nuevas perspectivas y preguntas acercas de su ser, del lugar que ocupa en el mundo, nos permite replantear preguntas acerca de nuestra relación con la naturaleza, inclusive, pone en crisis la visión antropológica tradicional en donde el animal humano se sitúa en un centro desde el punto de vista de sus capacidades y del rango de consideración moral que excluye a otras especies.

A pesar de los grandes esfuerzos que se generan hoy en términos de contenidos, de actividades, del desarrollo de planes y proyectos relacionados con la ética animal, la formación que se imparte en las instituciones educativas a nivel de educación básica, media y superior es insuficiente a la hora de plantear una formación que incluya el problema de los animales, esto es, un trato moral hacia ellos y la posibilidad de una lucha por sus derechos. Lo importante es que a nivel social y político se generan nuevas formas que pueden alimentar el aprendizaje y enseñanza de la ética animal; se trata de cambios en las legislaciones, en Colombia, la Ley 1774 de enero de 2016 hizo una avance con respecto al paso de considerar el animal como propiedad, cosa, semoviente hacia el animal como portador de sensibilidad y planteó ciertos derechos de la mano con el código de policía. En el contexto de estas leyes, no se consideran los animales cultivados para la producción, la tauramaquia ni las peleas de gallos para poner algunos ejemplos que están al orden del debate en nuestro país. De igual modo, hay una inscripción del orden económico para la regulación de la producción animal, desde la perspectiva del bienestarismo, lo cual solo atenúa la violencia y la esclavitud a la que se ven abocados los animales. Otro de los cambios que se propone es la participación en política de los grupos de protección animal, quienes buscan representar los intereses y los derechos de los animales, hay que destacar las comunidades que llamaré altruistas, iniciativas ciudadanas como los *comedog* en Colombia, y otras actividades como las esterilizaciones, rescates, hogares de paso, gestión de recursos y de refugios para perros, gatos, aves, etc, distintas a la lógica estatal de los centros de zoonosis. Es notable que la academia empieza a tener presencia e incidencia en este campo de la existencia humana y animal. Una vez mostrada esta panorámica, parece tan poco lo que se hace frente a la infinidad de problemas relacionados con la violencia, la tortura y la esclavitud hacia los animales. Esto se evidencia en el currículo, pues la gestión de una nueva forma de concebir la ética en la cual se incluya el problema de los animales genera resistencia a nivel de las instituciones, por considerarse un tema marginal, en distancia con el activismo, carente de popularidad, carente de estatus epistemológico, como la afirma Maria Victoria Parrilla Rubio. De este modo, la dedicación profesoral a la ética animal se percibe como activismo, en suma no será filosofía. Esto significa que prima una visión antropocéntrica y especista, porque el ser humano debe ser el centro del debate y no los animales, lo cual reproduce una cultura que también se halla en crisis y que tiene un importante sustento en la tradición filosófica.

Puede afirmarse, con todo, que la visión de la escuela, de la elección de vida de un maestro puede tener en cuenta una visión de esperanza frente a la ética animal, dado que la enseñanza de la misma empieza a derrumbar los supuestos de superioridad epistemológica y moral del hombre. La nueva bibliografía, la lectura y reconsideración de propuestas clásicas, que ya implicaban la crítica al *antropocentrismo,* al *especismo* o *logocentrismo*, propone cambios sociales, políticos y culturales, desde la perspectiva de la animalidad, de la relación con la naturaleza o con el otro. En esta medida, se puede ver la carencia de una enseñanza compartimentada y quizá haya una retroalimentación con otras asignaturas de los planes de estudio en Filosofía. En todo caso, una visión de interdisiciplinaria y transdiciplinaria puede ser fructífera para quienes promueven la consideración moral hacia los animales, esto es, un diálogo con la ciencia (etología, filosofía de la mente, biología), con la política, con la cultura, con la economía. La enseñanza de la ética animal puede entenderse como una oportunidad para comprender otros problemas que, como el feminismo, la ecología, el medio ambiente, defienden los derechos de la tierra y de las comunidades marginadas. Tal vez este discurso revele su pobreza si no se sitúa en conexión con otros saberes y problemas y esta exploración pueda transformar la enseñanza de la ética animal en nuestras instituciones educativas, igualmente, un estudio desde la perspectivas clásicas pueda enriquecer nuestra cultura alrededor de la animalidad y del problema de la inclusión de los animales en una comunidad moral, de esta manera, la literatura podría ser una bella aproximación para la educación moral, como se expresa en una de las narraciones de Aulo Gelio:

VIII. Increíble relato sobre el amor de un delfín hacia un muchacho. 1 No sólo los relatos antiguos, sino también los recientes ponen de manifiesto que los delfines son amantes y cariñosos. 2 Como escribió Apión, durante el reinado de César Augusto, en el mar de Pozzuoli y algunos siglos antes en Naupacto, según cuenta Teofrasto, fueron conocidos y divulgados amores muy ardientes de delfines. 3 Y aquellos delfines no amaron a seres de su propia especie, sino a muchachos de gran belleza, vistos por ellos por casualidad en una barquita o en los bajíos de la costa, y los amaron con ardor admirable, al estilo humano. 4 He transcrito las palabras de Apión, erudito varón, tomadas del libro V de sus Egipciacas, donde narra las prácticas, juegos y carreras a lomos de un delfín enamorado de un muchacho que aceptaba su amor, y donde afirma que él y otra mucha gente fueron testigos personales de todo ello: 5 "Yo mismo he visto cerca de Dicearquía a un delfín abrasado de pasión por un muchachito, llamado Jacinto. Cuando éste lo llamaba, acudía agitando la cola como un perro; dábale alas la pasión; y plegaba sus aletas para no herir la piel de su amado. Se dejaba embridar como un caballo y transportaba al muchacho hasta distancias de doscientos estadios. Roma e Italia entera acudía en masa a contemplar aquel pez guiado por las riendas de Afrodita". Y añade un hecho no menos admirable: "El niño, auriga del delfín, cayó enfermo y murió. 7 El delfín enamorado se acercó en múltiples ocasiones nadando hasta la costa habitual, pero el muchachito, que solía aguardar su llegada en la orilla misma, nunca se presentó. Entonces comenzó a languidecer de añoranza y murió: fue encontrado varado en la playa, y quienes lo habían conocido lo sepultaron en la misma tumba que su amado muchacho. (Casquero y García, 2006, p. 263-264)

Referencias bibliográficas

Arangueren, J. (1985), *Ética y Política.* Madrid: Ed. Orbis.

Casquero M, García A. (2006). *Aulo Gelio, Noches Áticas.* Salamanca: Universidad de León.

Congreso de Colombia. (2016, 6 de enero). Ley 1774. Código Civil de Colombia. https://dapre.presidencia.gov.co/normativa/normativa/LEY%201774%20DEL%206%20DE%20ENERO%20DE%202016.pdf.

Horta, O. (2009). Ética Animal. El Cuestionamiento del Antropocentrismo. Distintos Enfoques Normativos. *Revista de Bioética y Derecho*, 16, xxx-xxx, pp. 36-39

Ministerio de Educación (MEN). (1998). *Serie Lineamientos Curriculares. Educación Ética y Valores Humanos.* Colombia. https://www.mineducacion.gov.co/1759/w3-article-89869.html?_noredirect=1.

Molina, N. (2013). La bioética: sus principios y propósitos, para un mundo tecnocientífco, multicultural y diverso. *Revista Colombiana de Bioética.* Vol. 8 pp. 18-37

Nussbaum, M. (2010). *Sin Fines de Lucro. Por qué la Democracia necesita de las Humanidades.* Madrid: Katz editores.

Parrilla, M. (2007). Tan otro que ni otredad posee: eso que llaman el animal. *Thémata. Revista de Filosofía*, 39, xxx-xxxx pp. 71-78

Salazar, R. (Ed.). (2019). *Educar para la paz: Fundamentos para la implementación de la Cátedra de la Paz.* Bogotá: Pontificia Universidad Javeriana.

Sánchez J., Ocampo, S. G, Restrepo, R, R. (2017). *La Cuestión de los Derechos de los Animales. El Debate acerca de los Derechos Humanos y a los Derechos de los Animales.* Colombia: Universidad del Quindío.

Las implicaciones pedagógicas del relativismo en Protágoras[147]

Juan Manuel López
Universidad Tecnológica de Pereira
jlmr@utp.edu.co

1. Introducción

La imagen de los sofistas ha sido reevaluada partir de la obra de Edward Zeller (1883)[148] y, siguiendo la misma línea, desde el testimonio del águila angustiada[149]. La postura de ambos autores sobre el papel de los sofistas llega hasta nuestros días en la cotejada obra de Guthrie (1971) en donde se constituyen como educadores por excelencia. De igual manera, y más cercana a nuestro tiempom aparece esta concepción en la obra en Jackeline de Romilly (1997), quien los presenta como fundadores de la democracia. No obstante, cabe la duda de qué tipo de educador hablamos cuando se trata de los sofistas ¿cuál es el ideal que persigue con su manera de educar? Y, por ende, ¿qué se entiende en ellos por democracia? Las líneas que se proponen a continuación develan ese

---

[147] Una versión de este texto ha sido publicada por la Universidad Tecnológica de Pereira bajo el nombre *Pedagogical implications of relativism in Protagoras* (2022) en el trabajo denominado *Graphic art, Philosophy and Bilingualism as a result of research at the Faculty of Fine Arts and Humanities.*

[148] La edición española de su trabajo *Die Philosphie der Griechen* tiene una traducción de Alfredo Llanos publicada por Siglo Veinte. La visión de Engler R.M (2019, p. 32 -33) remonta a Hegel tal visión del pensamiento de los sofistas como portadores de la ilustración griega.

[149] Nietzsche es un fiel defensor de esta postura en la cual los sofistas constituyen esos primeros educadores de la Grecia antigua. Esta defensa es palpable en textos como *El crepúsculo de los ídolos* (2002, p. 139) y los *Fragmentos póstumos* (14 [116] *T.IV*). La concepción de Nietzsche, aunque será retomada aquí, no posee el mismo sentido que le da el conservador escritor del *Origen de la Tragedia*. Nietzsche considera a los sofistas como defensores de la realidad y, en ese mismo sentido, como defensores de una realidad, se sostiene en este texto, que su práctica educativa es la de perpetuar esa realidad a través de la enseñanza oral de realidades.

ideal que persigue la enseñanza de Protágoras, asumiendo el ejercicio de la educación como unidad sistemática que no admite incoherencias[150]. Para ello se toma como base la referencia de Platón en el diálogo que lleva su nombre, *Protágoras*, precisamente en los apartados 314 e 3 - 315 b 8[151] donde se muestra una parte inicial de la puesta en escena del sofista. Además, se toma el fragmento 80 A 14 (D. K[152].) y, finalmente, se contrastan ambos testimonios con los *Dissoi logoi* (D.K. 90.1.1), con el fin de mostrar una visión coherente del constitucionalista de Turios. De esta forma, se evidencia que Protágoras estaba en lo cierto en la educación en la apariencia y para la apariencia como ejes de la naciente democracia. Esta educación es propia del político que timonea las apariencias a despecho de las realidades, tales como comienzan a concebirse a partir de Platón[153].

El título de este texto puede pecar de general, inexacto. Hablar de «implicaciones», «pedagogía» e, incluso, de «relativismo» amerita, aparte de la referencia plural, un ajuste más que necesario. En relación con el primero de los términos, «implicaciones», es necesario indicar que al abordar el problema de la educación que se teje en Protágoras, si bien se aborda uno de ellos, la educación en y para la apariencia que se promueve con el pensamiento del abderita, la implicación desprende

---

[150] Esta concepción de la educación como una unidad, de las cuales dependen tanto las prácticas educativas como los horizontes reflexivos que las unen, se puede evidenciar con claridad en la obra de Alejandro Cerletti (2008).

[151] Se sigue la edición canónica de Burnet (1900) con el respaldo en la traducción de García Gual (1985) modificada.

[152] Esta abreviatura se utiliza para referenciar la obra *Die Fragmente der Vorsokratiker* de Herman Diels y Walther Kranz en su edición de 1959.

[153] Esta parte es decisivamente ostensible, sobre todo en lo que se entiende por sensación. En este sentido, el artículo de Lorena Rojas Parma (2015), "Protágoras y el significado de *aisthesis*", ayuda a comprender el porqué de las diferencias entre Platón y Protágoras en cuanto a la percepción sensible, uno asumiéndola como real, Protágoras, y el otro como un detonante de lo intelectual, Platón. De esta forma, lo que Protágoras entiende como realidades para el académico no serán más que apariencias.

varios matices. Los matices arrojados se dan en las prácticas constitutivas del ejercicio que llevan a cabo los sofistas, las cuales hunden sus bases en una vieja polémica: qué enseñar y cómo. En el qué y en el cómo hay un correcta unidad, un ejercicio coherente entre lo uno y lo otro.

En cuanto a la cuestión del término «pedagogía», es bien sabido que, aunque el término encuentre su base en dos palabras griegas, el sustantivo «niño» (*παῖς*) y el verbo «conducir» (*ἄγω*) como metáfora de aquel que cuenta con el asombro como disposición inicial para el camino, no es, por tanto, un término que se acuñe en los textos aquí mencionados. En ese sentido, la pedagogía que se muestra es reducida a una suerte de prácticas en la enseñanza, presentes en el apartado indicado líneas arriba y no hace énfasis en el plano teórico en el que suelen pensarse los fines de la educación. Estas prácticas no aparecen dispersas, ellas se anclan a una serie de ejercicios contenidos en un ideal formativo que no puede estar contenidas en un número de disciplinas a estudiar, el cual se conoce como *paideia*[154].

El término «relativismo» también tiene su discusión. En sentido estricto, no hay un relativismo en Protágoras. El término, si bien hace referencia a los diferentes puntos de vista desde los cuales se puede observar algo, no

[154] Este es otro de los grandes términos que amerita una diferencia con el sentido platónico. Más que una educación que inserte al particular en los ideales de la ciudad, ya fijos y establecidos, lo que busca la *paideia* platónica es un cambio de mirada. En cuanto a este cambio de mirada proporcionado por la naturaleza de una educación (*paideia*) filosófica puede encontrarse varias referencias. La más citada se encuentra en el libro VI de *República* (508 d 1 - 2) y VII (516 a 1 y ss). Una referencia mucho más tardía se encuentra en la *Carta VII* en donde se habla de la naturaleza del conocimiento como un cohabitar (341 c 7 συνουσίας) con los problemas. Francisco Lisi (2018, p. 236) insiste precisamente en ello cuando sostiene que la *paideia* platónica es un cambio de mirada: "La paideia platónica no forma, sino descubre, quita el velo con el que los discursos falsos han cubierto el alma". En cuanto a las versiones españolas que se siguen para su lectura, se encuentran las siguientes: *República,* versión de Marisa Divenosa y Claudia Mársico (2005) ed. Losada. *Carta VII* versión de la Editorial Gredos (1992).

aparece en las referencias griegas. Por lo tanto, se debe precisar que, si bien el término ha hecho carrera a partir de Platón para interpretar la filosofía del autor, es completamente impreciso al momento de pensar con claridad si en realidad existe o no una postura, ante la cual, cualquier consigna, incluso la célebre frase del «hombre medida», pueda ser falible, y llegar a admitir contradicción[155].

Como es notorio en estas líneas, la metodología de abordaje del problema contiene una carga hermenéutica gadameriana implícita. Esta línea de trabajo, si bien es clásica y algunos la presumen agotada, es la fuente de esclarecimiento de una tradición que hoy en día mueve reflexiones como las de Edward Schiappa (2003) y las del profesor Francisco Gonzales (1998). Desde estas perspectivas, se hace hincapié en la parte performativa de las enseñanzas atribuidas a Protágoras al tiempo que en sus contenidos, lo que demostrará una correcta unidad en la manera de practicar su enseñanza y las temáticas que hacen parte ella. Para poder demostrar esto, se toman como referencia los momentos que se ha acostumbrado a interpretar de la obra platónica como simples adornos poéticos, en donde la filosofía seriamente trabajada aún no aparece; un descanso para la imaginación mientras el concepto hace su deslumbrante aparición[156].

---

[155] Sobre el término relativismo puede observarse el texto de Baghramian, Maria and J. Adam Carter denominado "Relativism", en *The Stanford Encyclopedia of Philosophy* (Spring 2021 Edition), Edward N. Zalta (ed.),
https://plato.stanford.edu/archives/spr2021/entries/relativism/
También, a propósito del uso en Protágoras, el buen artículo de Zaborowski, Robert (2017) Revisiting Protagoras' Fr. DK B 1. En *Elenchos*. No. 38 (1-2), p. 23–43.

[156] En este sentido, la «tercera vía» como se suele llamar a la postura interpretativa de Francisco Gonzales (1998), hace que traigamos estos recursos formales de los *Diálogos* platónicos al espectro de interpretación. Si bien Gonzales aplica este procedimiento a la dialéctica platónica, considero que es importante observarlo en los testimonios que se conservan de los sofistas.

2. Una imagen platónica del quehacer de Protágoras

El diálogo *Protágoras* es una fuente bastante discutible sobre la imagen precisa del sofista. Y lo es porque Platón hace de Protágoras su contraparte dándonos algunos testimonios que, si bien conservan algo de cierto, también arrojan algunos detalles de imprecisión sobre su figura. No obstante, es una de las escasas fuentes que existe para la construcción de su imagen[157]. En el *Protágoras,* aparece ya en escena este gran contradictor de Platón en una situación que puede tildarse de cómica, pero que refleja una práctica de la sofística: el discurso improvisado o memorizado, pero siempre discurso hablado.

El apartado es el siguiente:

> Cuando entramos, encontramos a Protágoras paseando [περιπατοῦντα] en el vestíbulo, y en fila, tras él, le escoltaban en su paseo, de un lado, Calias, el hijo de Hipónico y su hermano por parte materna, Páralo, el hijo de Pericles, y Cérmídes, hijo de Glaucón, y, del otro, el otro hijo de Perícles, Jántipo, y Filípides, el hijo de Filomelo, y Antírnero de Mendes, que es el más famoso de los discípulos de Protágoras y aprende la técnica [τέχνῃ μανθάνει], con intención de llegar a ser sofista [σοφιστὴς ἐσόμενος]. Detrás de éstos, los seguían otros que escuchaban [ἐπακούοντες] lo que se decía y que, en su mayoría, parecían extranjeros, de los que Protágoras trae de todas las ciudades por donde transita, encantándolos con su voz

---

[157] Las fuentes sobre la imagen de Protágoras son variadas. Platón (*Protágoras, Crátilo, Teeteto*), Aristóteles (*Metafísica*), Jenofonte, Diogenes Laercio (IX, 53), Sexto Empírico (Esbozoz pirrónicos, Contra Matemáticos) Aulo Gelio (noches áticas V, III); muchos de ellos recogidos en Diels y Kranz (1959, 80 y de ser auténtico 90) constituyen la base sobre la cual muchos de los textos sobre Protágoras son elaborados constantemente

> [κηλῶν τῇ φωνῇ], como Orfeo, y que le siguen hechizados por su son [φωνὴν ἕπονται κεκηλημένοι] (Platón, *Protagoras* 314 e 3 - 315 b 1)[158].

La lectura del apartado se ha hecho, como señala García Gual (1985), en clave de puesta en escena (p. 496). Sin embargo, esa interpretación como una puesta en escena genera ruido. En primer lugar, porque la situación que se presenta no es una situación estética o de coreografía, si bien se le puede aceptar metafóricamente como tal. A ello contribuye tanto el andamiaje discursivo como la peculiar forma en que Platón redacta su filosofía. No obstante, si fuera de dicha manera, habría que atender a los contendidos de la escena recreada por Platón: la puesta en marcha de todo un teatro educativo.

Existen algunos elementos que nos muestran la existencia de una peculiar forma de educar:

> en el vestíbulo, y en fila, tras él, le escoltaban en su paseo, de un lado, Calias, el hijo de Hipónico y su hermano por parte materna, Páralo, el hijo de Pericles, y Cérmídes, hijo de Glaucón, y, del otro, el otro hijo de Perícles, Jántipo, y Filípides, el hijo de Filomelo, y Antírnero de Mendes, que es el más famoso de los discípulos de Protágoras y aprende la técnica [τέχνῃ μανθάνει], con intención de llegar a ser sofista [σοφιστὴς ἐσόμενος] (Platón, *Protágoras,* 314 e 4 - 315 a 5).

Observamos siempre tras él una multitud de acompañantes que quieren aprender. Este dato es importante una vez que la educación de multitudes es,

---

158 Seguimos la traducción de Carlos García Gual modificada (1985). El pasaje ha sido poco comentado en las versiones que se siguen en español incluyendo la de Carlos García Gual (Ute Schmidt Osmanczik, 2007;De Azcárate, Patricio 1871), pero también en versiones de lengua inglesa, francesa y portuguesa

además de un negocio mucho más rentable, un ejercicio que también contiene un aspecto de generalización terminológica que le es propio. En ese sentido, las doctrinas que se le ofrecen a una multitud deberán ser de fácil comprensión y, al tiempo, constitutivas de puntos comunes o imágenes, tal como se estila en la retórica.

Otro aspecto fundamental de esta práctica de la sofistica ejercida por Protágoras es la repetición conservadora de un modelo educativo. Si bien el testimonio de Aristófanes en *Nubes* nos previene de una interpretación de la sofistica como un saber tradicional, y se le observa como un nuevo saber, lo que evidencia la cita es otra cosa. Esta práctica conservadora que ejerce la sofística se muestra en las últimas palabras del apartado aquí señalado. En él se indica que uno de sus discípulos, el más famoso, "aprende la técnica [τέχνῃ μανθάνει] , con intención de llegar a ser sofista [σοφιστὴς ἐσόμενος]" (315 a 5) En este sentido, el aprendizaje mimético que se observa en el apartado tiene como función una reproducción del modelo, reproducción a la cual no le interesa la modificación de la realidad que se pone en juego, tan solo su perpetuación.

El apartado antes señalado reafirma la educación multitudinaria del sofista y entrega una idea más de su práctica. Platón indica:

> Detrás de éstos, los seguían otros que escuchaban [ἐπακούοντες] lo que se decía y que, en su mayoría, parecían extranjeros, de los que Protágoras trae de todas las ciudades por donde transita, encantándolos con su voz [κηλῶν τῇ φωνῇ], como Orfeo, y que le siguen hechizados por su son [φωνὴν ἕπονται κεκηλημένοι] (Platón, *Protágoras,* 314 e 3 - 315 b 1).

Más allá de reparar en la nueva cualidad que arroja el tipo de oyentes, extranjeros, se observa algo determinante en su forma de trabajo, el hechizo de su voz[159]. La práctica oral, propia en otro tiempo de los poetas y ahora de los sofistas, se deja entrever en la práctica de Protágoras. Como se aprecia a lo largo del texto, Protágoras encanta con su discurso verbal, con la forma de relatar sus razonamientos o contar mitos, pero también con los contenidos de lo narrado. Y, no obstante, en esta puesta en escena de la educación, no aparece nunca ese otro componente de la misma, del cual Platón nos ofrece un claro testimonio con el hacer del mismo diálogo: la escritura y la lectura[160]. Así, la voz de Protágoras y lo que él dice son el motor propio del andamiaje educativo de Protágoras. Si bien es cierto que no podemos reducir a Protágoras a la parte oral, una vez que de él se conocen el nombre de, por lo menos, dos de sus composiciones, es claro que, en esta recreación que hace Platón de Protágoras, ese componente de la escritura no juega un papel esencial pese a su clara inclinación como retórico. Y esto es así en la medida en que la forma de transmisión

---

[159] El elemento de la voz, su tono, es recogido en el fragmento el primer fragmento que corresponde a la obra de Diels y Kranz (D.K 80 A 1) con la palabra compuesta βαρύφωνον. Esta palabra en referencia al tono de la voz de Protágoras se encuentra de nuevo en el *Protágoras* platónico (316 a 1) mediante el uso de un superlativo [βαρύτητα]. Otras formas para indicar el tono de la voz son registrados mediante el verbo κηλέω en participio presente [κηλῶν] (Protágoras, 315 a 8) y participio perfecto [κεκηλημένοι] que es traducido por Carlos García Gual como «encantándolos» y «hechizados» respectivamente. La palabra como lo refiere Chantraine (1968, p. 524) se encuentra en correcta relación con los cantos de las sirenas, pero también con el encanto mediante fórmulas. De esto se desprende ya una práctica que aunque seductora contiene engaño.

[160] Antonio Melero Bellido (1996, p. 78-79) Indica la clara práctica de la lectura en casa de diferentes personas de la época como Calias, Eurípides, Megáclides y recoge el testimonio de Diógenes Laercio sobre diferentes obras (D.K 80 A 1). También Marisa Divenosa (2011) señala que incluso en los *Dissoi logoi* aparece ya un reflejo de la sintaxis hablada además del uso de los adjetivos sustantivados en neutro, una práctica que es claramente escritural (p. 139-140, y 144). Sin embargo, en la puesta en práctica que se recoge en el testimonio platónico esa práctica resulta ausente. Aquí se le da pie a otra práctica característica de la sofística que es la elaboración de discursos improvisados (Nietzsche, Friedrich, *Escritos sobre retórica* 494)

de las enseñanzas educativas, el acto performativo de sus enseñanzas, tienen una carga oral bastante fuerte que resulta ineludible.

3. La tradición indirecta y la mención en ella de los contenidos educativos

Este acto performático de comunicación de las enseñanzas y lo que se enseña están correlacionados. El ligero pluralismo al que remiten las enseñanzas protagóricas conduce a pensar que aquello que importa está comprometido con una visión aparentemente democrática de la enseñanza. Observemos, por ejemplo, en el fragmento de Sexto Empírico (D.K 80, A 14) su concepción sobre las realidades materiales:

> Afirma también que el fundamento [ὑποκεῖσθαι] de todos los fenómenos [πάντων τῶν φαινομένων] radica en la materia [ἐν τῆι ὕληι], por cuanto la materia es potencia [δύνασθαι] de todo cuanto a todos se manifiesta. Pero los hombres [ἀνθρωπους] aprehenden unas veces unas propiedades y otras, otras, según sus diferentes disposiciones [διαθέσεις].[161]

La cita nos muestra que en Protágoras existe un saber que depende, es cierto, de las diferentes disposiciones [διαθέσεις] de los diferentes hombres y es a ello a lo que tiende su enseñanza del hombre como medida. No obstante, el sustrato que tiene este saber es la materia que en esencia determinaría las diferentes disposiciones del hombre al suminístrale su horizonte de posibilidades de comprensión. En ese sentido, el proyecto de aprendizaje que Protágoras nos suministra es un proyecto en el cual la materia, pre dada a los hombres, determinaría los fenómenos y la capacidad humana de comprender esos fenómenos.

---

[161] Se sigue la versión de Melero Bellido (1996) con algunas alteraciones.

El ejercicio que promueve Protágoras no tendría un riesgo mayor si tan solo se quedara en los objetos inmediatos de la sensación. No obstante, si consideramos la práctica que reflejan los *Dissoi logoi* (D.K. 90), como una práctica con rasgos protagóricos, el ejercicio que se realiza en la materia se extiende a lo abstracto. Como se refiere en los *Dissoi logoi* (D.K. 90.1.1) lo bueno, entonces, resultaría dependiendo de una situación en la cual la persona se encuentre para juzgarlo. Este aspecto abre de nuevo la puerta, si bien a una aparente discusión de ideas de bien, también a una diferente legitimación del conocimiento. No obstante, esta discusión deja incólume el objeto tangible y ya previamente definido como soporte de los fenómenos. Con ello se deja la puerta abierta para que las comunidades políticas tejan sus ideas de bien en relación con puntos completamente fijos e inmutables sin una posibilidad de cambio real. En los *Dissoi logoi* (D.K. 90.1.1), aparece la siguiente concepción de lo bueno:

> Partiré en mi examen de la vida humana [ἀνθρωπίνω βίω], cuya preocupación [ἐπιμελὲς] es la comida [βρώσιός], la bebida [πόσιος] y los placeres del amor [αφροδισίων]; estas cosas, en verdad, son malas [κακον] para el enfermo, pero para quien esta[sic] sano y tiene en verdad necesidad de ellas son buenas [ἀγαθόν]. Su uso abusivo es malo [κακον] para los intemperantes, bueno [ἀγαθόν] para los comerciantes [πωλεῦοντι]y para los que obtienen ganancias [μισθαρνέοντι] de ellas.

Como se aprecia en este apartado, lo que se considere como bueno tendrá que ver siempre con la utilidad o no que se pueda extraer de la misma acción. Las consideraciones sobre la definición de qué sea lo bueno o lo malo y sus implicaciones, al igual que lo útil a lo que se le pueda sacar ganancia, quedan de lado al momento de elaborar tanto sus reflexiones como sus implícitos.

Así, las reflexiones sobre lo bueno inician sobre el lugar común de la "preocupación [ἐπιμελὲς] es la comida [βρώσιός], la bebida [πόσιος] y los placeres del amor [αφροδισίων]" (D.K. 90.1.1), algo en lo que encontramos además de una elección de lo bueno, lo placentero. De esta manera, las concepciones de lo bueno y lo malo se encontrarán aderezadas con un lugar común de la argumentación, por lo demás bastante llamativo.

Es en este orden de ideas que aparece un argumento que evita el discernimiento. El autor de los *Dissoi logoi* (D.K. 90.1.1) señala: "(...) estas cosas, en verdad, son malas [κακον] para el enfermo, pero para quien esta sano y tiene en verdad necesidad de ellas son buenas [ἀγαθόν]". Así la posibilidad de discernimiento de lo bueno y lo malo queda consignado en lo seductor, en lo inmediato. El discernimiento que se tiene que elaborar para su aprobación es mínimo. De igual forma el texto continúa señalando lo siguiente: "Su uso abusivo es malo [κακον] para los intemperantes, bueno [ἀγαθόν] para los comerciantes [πωλεῦντι]y para los que obtienen ganancias [μισθαρνέοντι] de ellas.(...)" (D.K. 90.1.1). Hasta este punto, el uso de los tópicos de la argumentación, más que darnos una información precisa y certera, trabaja el viejo artilugio retórico que Platón ya denuncia en el *Menón*, el cual es el de difuminar lo que se quiere decir a partir de ejemplos. Este procedimiento es propio de una cultura que no se ha solidificado en el ejercicio del discernimiento y se deja llevar por el lenguaje alambicado, por los ejemplos exorbitantes y por las comparaciones desmesuradas. Esta práctica discursiva está, obviamente más cerca de la poética que de una preocupación por la definición. Con ello se asumen las definiciones ya construidas por una comunidad sobre lo bueno o lo malo, sin ninguna criba, al tiempo que se recurre a tomar las ganancias y los bienes materiales como un claro indicio del ideal de lo que se debe procurar un ser humano.

4. Conclusión

En este sentido, y como se observa en los diferentes apartados examinados de la obra platónica, de los fragmentos atribuidos a Protágoras y del texto que presumiblemente escribió, la imagen de Protágoras como representante de un modelo educador para la apariencia es más que evidente. Y lo es en la medida en que puede pensarse que la educación que instaura el modelo sofísta, contrario al modelo socrático-platónico, es una educación que prepara e inserta al hombre en un ideal conservador de educación. En las sabias palabras de Nietzsche, los sofistas son hombres que enseñan realidades. Es de esta manera que los alabados sofistas configuran la perpetuación del *status quo* insertándose cómodamente, con su ejercicio, en el mundo de la docencia. Por lo demás, estas comodidades son ofrecidas si no directamente, sí a través del ejemplo: reconocimiento, un séquito de aduladores, personas que aprenden con la repetición de la figura del docente. El hombre educado con estas prácticas de la sofística se convierte entonces en el hombre exitoso. A diferencia de dicha práctica educativa, Platón opone su visión de educación como un cambio de mirada. No es el sendero pletórico de elogios y compañía, si no el camino difícil, escarpado y en solitario que se indica en la alegoría de *República VII*. En caso de querer educar a otros, lejos de reconocimiento y comodidades, el personaje de la mencionada alegoría encuentra la muerte a manos de sus compañeros de caverna.

Referencias bibliográficas

Primaria

Platón (2007). *Paideia. Protágoras de la Republica y las Leyes.* Edición de Carles Miralles. Versión del *Protágoras* por Ute Schmidt Osmanczik

Melero Bellido, Antonio (1996). *Sofistas, testimonios y fragmentos*. Ed. Gredos.

Plato (1903). *Protagoras*. Oxford University Press. [Fragmento disponible

en:http://www.perseus.tufts.edu/hopper/text?doc=Perseus:text:1999.01.0177]
Platón (1985). *Protágoras*. em: *Diálogos* T. I. Ed. Gredos. Traducción, introducción y notas por C. García Gual.
Platón (1900). *Protagoras*. En: *Opera Platonis*. T. III, Tetralogía VI. Ed Typhographeo
Clarendoniano. Versión de Ioannes Burnet.
Platón (1871). *Protágoras*. En: Obras completas T. II. Ed. Medina y Navarro. Traducción
Patricio de Azcárate

Secundaria

Baghramian, M. & Carter, J. (202). "Relativism", en The Stanford Encyclopedia of Philosophy. Spring. https://plato.stanford.edu/archives/spr2021/entries/relativism/.
Chantraine, P. (1968). *Dictionnaire Etymologique de la langue grecque. Histoire des*
mots. Ed. Klincksieck
Cerletti, A. (2008). *Repetición, novedad y sujeto en la educación*. Ed. Del estante.
De Romilly, J. (1997). *Los grandes sofistas en la Atenas de Pericles*. Ed. Seix
Barral. Traducción del francés de Pilar Giralt Gorina
Diels, H. & Kranz, W. (1960). *Die Fragmente der Vorsokratiker*. Ed.
Weidmannsche.
Divenosa M. (2011). Entre Oralidad y escritura. Dissoi Logoi. En *Polythryleta. Sistemas*
educativos y mutuación conceptual en el pensamiento griego. Ed. Rhesis.
Engler R.M (2019). A sentença de Protágoras sobre os deuses e a unidade de sua doutrina. *Veritas Porto Alegre*, 64(*2*), 1-32. http://dx.doi.org/10.15448/1984-6746.2019.2.32302
Gelio, A. (2006). *Noches Áticas*. Ed. Universidad de León.

Gonzalez, J. F. (1998). *Dialectic and Dialogue.* Plato's practice of philosophical inquiry. Ed. Northwestern University Press.

Guthrie, W.K.C (1971). *The sophists.* Ed. Oxford.

Laercio, Diogenes (2007). *Vida y opiniones de los filósofos ilustres.* Ed. Alianza

Nietzsche, F. (2008). *Fragmentos póstumos volumen IV (1885 – 1889).* Ed. Technos. Traducción, introducción y notas por Juan Luis Vermal y Joan B. Llinares

Nietzsche, F. (2002). *El crepúsculo de los ídolos.* Ed. Alianza. Traducción,
introducción y notas por Andrés Sánchez Pascual.

Nietzsche, F. (2000). *Escritos sobre retórica.* Ed. Trotta. Traducción e introducción por Luis Enrique de Santiago.

Platón (2005). *República.* Traducción, notas e introducción por Claudia Mársico y Marisa Divenosa. Ed. Losada.

Platón (1992). *Carta VII.* En: *Diálogos. Tomo VII. Dudosos, Apócrifos, Cartas.* Traducción, notas e introducción por Juan Zaragoza. Ed. Gredos

Protágoras (1996). *Dissoi logoi. Textos relativistas.* Ed. Akal. Madrid

Rojas Parma, L. (2015). Protágoras y el significado de *aisthesis*. *Revista de Filosofía,* 71, 127-149.Schiappa, E. (2003). *Protyagoras and logos. A Study in greek philosophy and rethoric.* Ed. University of South Carolina

Zaborowski, R. (2017). Revisiting Protagoras' Fr. DK B 1. En *Elenchos*, 38(*1-2*), 23-43

Zeller, E. (1883). *Grundis der Geschchichte der Griechische philosophie.* Ed. Fues's

Zeller, E. (1968). *Fundamentos de la filosofía griega.* Ed. Siglo Veinte. Traducción de Alfredo Llanos

Tragedia y anti-tragedia en la *Apología* de Sócrates: un análisis retórico[162]

Luisa Severo Buarque de Holanda
Universidade Católica do Rio de Janeiro (PUC-Rio)
luisabuarquedeholanda@gmail.com

Uno de los asuntos más apreciados por cualquier intérprete de la *Apología de Sócrates,* de Platón, es el problema de la relación entre Sócrates y el arte *retórica*, que el personaje emplea y al mismo tiempo censura deliberadamente. Casi todas las estrategias discursivas, los ejemplos, las aporías y las paradojas contenidas en el discurso de Sócrates pueden ser analizados bajo esa perspectiva. En este artículo, pretendo examinar un ejemplo mítico que desempeña un importante papel dentro de la construcción del discurso socrático, manteniendo como horizonte conceptual el telón de fondo de mi análisis, precisamente el tema de la *retórica* referido en el diálogo de Platón.

El ejemplo en cuestión es el del héroe Aquiles[163], mencionado en un apartado de la célebre *Apología*, en el cual Sócrates responde con una cita de la *Ilíada* a una de las varias preguntas ficticias que él mismo imagina le pueda dirigir algún interlocutor de entre los ciudadanos

---

[162] Aparecido en la revista: *O que nos faz pensar*, Rio de Janeiro, v.26, n.42, p.25-36, jan.-jun. 2018. La versión al español fue elaborada por Juan Manuel López (UTP).

[163] Este artículo hace parte de un estudio más amplio sobre el tema de la *retórica*. Él posee algunas páginas en común con otro artículo de mi autoría, titulado, "Notas sobre o exemplo de Aquiles na *Apologia* (28 c) e na *República* (386c y 516 d)" y publicado en el volumen XI, no. 21 (2017) de la revista *Anais do Filosofia Clásica.* A pesar de eso, los dos artículos difieren bastante, en la medida en que en el presente texto se aborda únicamente la *Apología de Sócrates*, extrayendo el ejemplo mítico y analizando consecuencias más generales, que conciernen a la interpretación de ese diálogo como un todo. Además, el artículo analiza cuidadosamente las variantes de ese mismo ejemplo mítico y hace comparaciones detalladas como el texto homérico, procedimiento ausente en el artículo anterior.

de Atenas. La pregunta es la siguiente: "¿Pero no sientes vergüenza, Sócrates, de haberte dedicado a una ocupación tal, por la cual ahora estas en peligro de muerte?"[164]. Qué ocupación es esa, no está en cuestión en este momento. La pregunta se vuelve, primero, sobre la amenaza; él se encuentra reflexionando sobre el hecho de estar expuesto al riesgo de morir ahora, a consecuencia de algo que hiciera antes. ¿Acaso no habría sido mejor sustraerse de tales actividades, sean ellas cuales fueran? Y debido a la atención en la pena de muerte propuesta por los acusadores conviene citar en su respuesta al héroe épico que descuidó el riesgo de morir por haber cuidado del riesgo a la deshonra, a saber: Aquiles, en el preciso momento en el que desprecia la advertencia de su madre Tetis y va al encuentro de la muerte para vengar a Patroclo. Veamos la respuesta de *Sócrates* a su propia pregunta:

> Y a él yo le contrapondría el razonamiento justo, a saber: «Usted no habla bellamente, hombre, si piensa que debe calcular el riesgo de vivir o morir el varón que es de algún valor, así fuera pequeño, y que no examina, antes, apenas esto: si, cuando se actúa, se actúa justa o injustamente, y si las obras resultado de las acciones son de un varón bueno o vil. Pues banales serían al menos por su razonamiento, cuantos semidioses en Troya murieron- especialmente el hijo de Tetis el cual, contrario a haber soportado algo vergonzoso, despreció a tal punto el riesgo que, en el momento en que la madre le dice a él, ansioso por matar a Héctor, siendo ella una diosa, más o menos así,

[164] Platón, (2008) *Apología de Sócrates*. Porto Alegre: L&PM Pocket, 28b 3. Todas las traducciones de la *Apología de Sócrates* citadas son de André Malta, traducidas al español. Εἶτ' οὐκ αἰσχύνῃ, ὦ Σώκρατες, τοιοῦτον ἐπιτήδευμα ἐπιτηδεύσας ἐξ οὗ κινδυνεύεις νυνὶ ἀποθανεῖν.

> según creo: «Hijo, si vengas el asesinato de tu compañero, Patroclo, y asesinas a Héctor, vas a morir; porque luego para ti -dice ella-, después de Héctor, te esta[sic] preparado el hado» [*Iliada*, XVIII, 96], oyendo esto, él [Aquiles] hace poco caso de la muerte, del riesgo y, temiendo mucho más vivir como un vil, sin vengar a los amigos, dijo: «que luego muera yo, ajusticiando a quien mal obró, para que no me quede aquí siendo motivo de risa, junto a las curvas naves, fardo de la tierra [*Idem*, 98, 104, 115, aproximadamente]. ¿No creen ustedes que Aquiles se preocupó por la muerte o el riesgo?[165]

Como se puede notar, la respuesta socrática gira en torno de la única y genuina preocupación de un hombre de mérito, a saber, si lo que hace es justo o injusto. La citación de la escena homérica viene a contribuir para su reivindicación en la medida en que Aquiles demostrará allí desprecio por el peligro de muerte. Si fuéramos a comparar la citación socrática con el texto de la *Iliada* que tenemos registrado, no obstante, algunas diferencias llaman la atención. Según la traducción de Carlos Alberto Nunes tenemos:

---

[165] Idem, 28 b 5 – d 5: ἐγὼ δὲ τούτῳ ἂν δίκαιον λόγον ἀντείποιμι, ὅτι "Οὐ καλῶς λέγεις, ὦ ἄνθρωπε, εἰ οἴει δεῖν κίνδυνον ὑπολογίζεσθαι τοῦ ζῆν ἢ τεθνάναι ἄνδρα ὅτου τι καὶ σμικρὸν ὄφελός ἐστιν, ἀλλ' οὐκ ἐκεῖνο μόνον σκοπεῖν ὅταν πράττῃ, πότερον δίκαια ἢ ἄδικα πράττει, καὶ ἀνδρὸς ἀγαθοῦ ἔργα ἢ κακοῦ. φαῦλοι γὰρ ἂν τῷ γε σῷ λόγῳ εἶεν τῶν ἡμιθέων ὅσοι ἐν Τροίᾳ τετελευτήκασιν οἵ τε ἄλλοι καὶ ὁ τῆς Θέτιδος ὑός, ὃς τοσοῦτον τοῦ κινδύνου κατεφρόνησεν παρὰ τὸ αἰσχρόν τι ὑπομεῖναι ὥστε, ἐπειδὴ εἶπεν ἡ μήτηρ αὐτῷ προθυμουμένῳ Ἕκτορα ἀποκτεῖναι, θεὸς οὖσα, οὑτωσί πως, ὡς ἐγὼ οἶμαι· 'Ὦ παῖ, εἰ τιμωρήσεις Πατρόκλῳ τῷ ἑταίρῳ τὸν φόνον καὶ Ἕκτορα ἀποκτενεῖς, αὐτὸς ἀποθανῇ – αὐτίκα γάρ τοι,' φησί, 'μεθ' Ἕκτορα πότμος ἑτοῖμος' – ὁ δὲ τοῦτο ἀκούσας τοῦ μὲν θανάτου καὶ τοῦ κινδύνου ὠλιγώρησε, πολὺ δὲ μᾶλλον δείσας τὸ ζῆν κακὸς ὢν καὶ τοῖς φίλοις μὴ τιμωρεῖν, 'Αὐτίκα,' φησί, 'τεθναίην, δίκην ἐπιθεὶς τῷ ἀδικοῦντι, ἵνα μὴ ἐνθάδε μένω καταγέλαστος παρὰ νηυσὶ κορωνίσιν ἄχθος ἀρούρης.' μὴ αὐτὸν οἴει φροντίσαι θανάτου καὶ κινδύνου;

Tétis, entonces, dejando caer lágrimas, le dice: «una muerte pronta tendrás, querido hijo, si así lo resolviste, puesto que justo después del hado de Héctor, vendrá el tuyo». Gimiendo profundamente, le decía Aquiles, de pies ligeros,: «que sea en seguida, una vez que no pude salir a la defensa del compañero querido; murió muy distante de la patria, sin tenerme al lado en el instante en que más necesitaba de amparo. Ahora que a la madre patria no voy a volver, ni a Patroclo aparecí cual luz salvadora, ni aún a los fieles socios, sería estéril no perder las vida ante el divino Héctor; pero junto a las naves quedé, peso inútil de la tierra, (...) en cuanto mi fin, estoy dispuesto a acoger las diosas de la muerte, luego de que Zeus y las demás divinidades así lo establecieran.[166]

El aviso de Tetis del hecho se da más o menos del modo como Sócrates lo resume. Ya la respuesta de Aquiles suena ligeramente distinta, pues lo que el héroe parece hacer aquí, por encima de todo, es un lamento. Él se lamenta de, en el pasado, no haber podido ser útil a los suyos, especialmente a Patroclo. Él no afirma que en el

---

[166] Homero (1989) *Ilíada.* São Paulo: Ediouro. Canto XVIII, 96-104/115-116. Todas las traducciones de la *Ilíada* citadas son de Carlos Alberto Nunes.

Τὸν δ’ αὖτε προσέειπε Θέτις κατὰ δάκρυ χέουσα·
ὠκύμορος δή μοι τέκος ἔσσεαι, οἷ’ ἀγορεύεις·
αὐτίκα γάρ τοι ἔπειτα μεθ’ Ἕκτορα πότμος ἑτοῖμος.
Τὴν δὲ μέγ’ ὀχθήσας προσέφη πόδας ὠκὺς Ἀχιλλεύς·
αὐτίκα τεθναίην, ἐπεὶ οὐκ ἄρ’ ἔμελλον ἑταίρῳ
κτεινομένῳ ἐπαμῦναι· ὃ μὲν μάλα τηλόθι πάτρης
ἔφθιτ’, ἐμεῖο δὲ δῆσεν ἀρῆς ἀλκτῆρα γενέσθαι.
νῦν δ’ ἐπεὶ οὐ νέομαί γε φίλην ἐς πατρίδα γαῖαν,
οὐδέ τι Πατρόκλῳ γενόμην φάος οὐδ’ ἑτάροισι
> τοῖς ἄλλοις, οἳ δὴ πολέες δάμεν Ἕκτορι δίῳ,
ἀλλ’ ἧμαι παρὰ νηυσὶν ἐτώσιον ἄχθος ἀρούρης, (..
κῆρα δ’ ἐγὼ τότε δέξομαι ὁππότε κεν δὴ
Ζεὺς ἐθέλῃ τελέσαι ἠδ’ ἀθάνατοι θεοὶ ἄλλοι.

futuro, en el caso de no haber vengado a Patroclo, se habrá tornado en una inútil carga de la tierra; afirma, por el contrario, que ya lo es, por no haber sido capaz de evitar la muerte de su amado. Regresar a la guerra y ser capaz de vengarlo, será, por tanto, una especie de retractación y una recuperación de su valor. En ese sentido, tenemos de hecho un punto cercano al que Sócrates indica. Ese punto aparece, sobre todo, en los dos últimos versos citados, que Sócrates, no obstante, no llega a mencionar. Son ellos los que colorean esta escena como el espíritu del coraje guerrero y del desprecio y reducción de la muerte que Sócrates desea evocar. Hasta aquí, por tanto, tal vez no tengamos distinciones tan notables, más que una pequeña diferencia entre el tono de lamento de Aquiles en la *Ilíada* y el tono audaz que Sócrates le da en la *Apología*. Recordemos, además, que el próximo punto recordado en el discurso de Sócrates, después de la mención de Aquiles, será su participación en las batallas atenienses de Potidea (432 - 429), de Délio (424) y de Anfipolis (422)[167]; la estrategia de citación de la *Ilíada* consiste, por tanto, en insinuar que también el coraje de la guerra no es extraño al filósofo pues se deriva de un desprecio por la muerte semejante a aquel el que remite a Aquiles y a otros grandes héroes.

Aun así, si regresamos a los primeros versos del canto XVIII, aquellos que anteceden directamente y preparan el discurso en cuestión, veremos que no se trata en este momento de destacar el tema del coraje guerrero al cual Sócrates quiere aludir. Se trata, antes, del tema del

[167] Es digno de nota el carácter militar derivado de esa analogía con Aquiles; de igual manera ante peligro representado por el proceso, es preciso renunciar a toda y a cualquier incoherencia, pues, en este caso mantener la coherencia es no juzgar saber lo que no se sabe y seguir actuando de acuerdo a eso. De cierto modo esa postura es equiparada a la del guerrero que mantiene el puesto en el momento de la batalla, aun corriendo el riesgo de vida delante de las armas del enemigo. O sea, Sócrates de algún modo reivindica tanto su valor como soldado ateniense, citando su reconocida participación en las tres batallas (28 e), así como su coraje como filósofo.

desespero de la pérdida. En efecto, encontramos en el inicio de la escena las siguientes descripciones:

> Nube de dolor envolvió el alma noble del gran Pélida, que, habiendo tomado la tierra negruzca en las manos, la derrama por la cabeza, afeando de esta manera el gracioso rostro. De gris oscuro también manchado queda el manto nectáreo. Luego en el polvo se extiende, ocupando gran área en el suelo, y de los ondulados cabellos con ambas manos se tira. Viéndolo, las esclavas que Aquiles y Patroclo habían apresado, extasiadas, en altos lamentos prorrumpen y, dejando la tienda, vieron acercarse al prudente Pelida. A puñaladas los senos enteros lastiman sintiendo que la fuerza de las rodillas le falta. Llora, también, el nestórida ilustre apretando entre las suyas las manos de Aquiles, que hondos lamentos en el pecho agitaba, temiendo que el débil cuello con el hierro cortara. Suelta gemidos terribles; los escucha la madre venerada desde las profundidades del mar, donde al lado del padre se encontraba[168].

---

[168] Homero, *Op. Cit.*, XVIII, 22-36.
Ὣς φάτο, τὸν δ' ἄχεος νεφέλη ἐκάλυψε μέλαινα·
ἀμφοτέρῃσι δὲ χερσὶν ἑλὼν κόνιν αἰθαλόεσσαν
χεύατο κὰκ κεφαλῆς, χαρίεν δ' ᾔσχυνε πρόσωπον·
νεκταρέῳ δὲ χιτῶνι μέλαιν' ἀμφίζανε τέφρη.
αὐτὸς δ' ἐν κονίῃσι μέγας μεγαλωστὶ τανυσθεὶς
κεῖτο, φίλῃσι δὲ χερσὶ κόμην ᾔσχυνε δαΐζων.
δμῳαὶ δ' ἃς Ἀχιλεὺς ληΐσσατο Πάτροκλός τε
θυμὸν ἀκηχέμεναι μεγάλ' ἴαχον, ἐκ δὲ θύραζε
ἔδραμον ἀμφ' Ἀχιλῆα δαΐφρονα, χερσὶ δὲ πᾶσαι
στήθεα πεπλήγοντο, λύθεν δ' ὑπὸ γυῖα ἑκάστης.
Ἀντίλοχος δ' ἑτέρωθεν ὀδύρετο δάκρυα λείβων
χεῖρας ἔχων Ἀχιλῆος· ὃ δ' ἔστενε κυδάλιμον κῆρ·
δείδιε γὰρ μὴ λαιμὸν ἀπαμήσειε σιδήρῳ.
σμερδαλέον δ' ᾤμωξεν· ἄκουσε δὲ πότνια μήτηρ
ἡμένη ἐν βένθεσσιν ἁλὸς παρὰ πατρὶ γέροντι,
κώκυσέν τ' ἄρ' ἔπειτα·

Se siguen los gritos de la madre, la gruta se llena de Ninfas que "golpean sus senos cándidos" (στήθεα πεπλήγοντο), y hasta el punto en el que nos encontramos en el texto, él se encuentra permeado de gemidos profundos (βαρὺ στενάχοντι), lamentaciones, gritos (ἴαχον), lágrimas (δάκρυα), dolor (γόοιο), terror y desespero. Como dice West:

> Cuando Sócrates cuenta de nuevo la historia, él de alguna manera cambia el original homérico: Homero enfatiza el dolor de Aquiles y el desespero por la muerte de Patroclo, de quien Aquiles dice, "Yo [a él] valoro más que a todos mis compañeros, tanto más que a mi propia cabeza". Él desea una venganza sin fronteras contra Héctor y los otros troyanos en nombre de su amigo perdido. Sócrates transforma la pasión de Aquiles, la furiosa sed de venganza en una estudiada preocupación por la justicia.[169]

Por más que no podamos tener certeza alguna al respecto de los frecuentes cambios platónicos en el texto homérico (cuál es su grado de relación con el texto que tenemos hoy, si son intencionales o si ellas se deben a la imprecisa citación de memoria, etc.), me parece, aun así, que tales cambios son casi siempre elocuentes. En este caso en particular, llama la atención la alteración de una pieza de desconsuelo, de dolor profundo y desespero para una pieza de orgulloso heroísmo. Sócrates parece trazar

---

[169] West, *Plato's Apology of Socrates: an interpretation, with a new translation*. Ithaca and London: Cornell University Press, 1979. p. 155: "When Socrates retells the story, he changes somewhat the Homeric original. Homer stresses Achilles' sorrow and despair over the death of Patroclus, of whom Achilles says, 'I value [him] above all my companions, the same as my own head.' He desires to wreak a boundless vengeance on Hector and the other Trojans for the sake of his lost friend. Socrates transforms Achilles' passion from the raging anger of revenge into a studied concern for justice".

para esa escena de la *Ilíada* el tema épico de la bella muerte, que él en cierta medida, compartirá con Aquiles, ignorando todos los aspectos de la escena que son propicios a la *tragedia*. Lo que quiero decir con esto es que ambos, tanto Sócrates como Aquiles, se encuentran en circunstancias en cierto sentido épicas, pero también potencialmente trágicas[170]. Al no poseer alternativa alguna, a no ser la de ir al encuentro de la muerte, sus situaciones se encuentran dotadas de todos los elementos necesarios para un abordaje trágico. O para ser más precisa: en principio les es ofrecida una alternativa (a Aquiles, no vengar a Patroclo; a Sócrates, convencer a los jueces de su inocencia o suplicar por su absolución). No obstante, esa alternativa es apenas la opción de no convertirse en lo que son, o también, una no opción. Es decir, esa alternativa es en ambos casos un recurso literario que confirma que la muerte se encuentra necesariamente vinculada a las acciones que más propiamente caracterizan a los dos personajes. El hecho de ser retratadas como decisiones refuerza literariamente el coraje exigido por ambas actitudes. Un ejemplo del coraje guerrero de Aquiles en el contexto de la *Apología* serviría, por tanto, para iluminar mejor el coraje filosófico de Sócrates.

Además, todo ese panorama necesitaría ser enmarcado por el hecho dramático de que, en la vida real, cualquiera que haya sido la estrategia socrática, aparentemente ella falló. Al menos si fuera examinada desde el punto de vista de los objetivos comunes de la *retórica* forense, esto es, al menos si se considera una falla la incapacidad de

---

[170] Agradezco a Paulo Martins por haberme llamado la atención sobre el aspecto épico de la situación socrática y por el tema de la bella muerte. En cuanto a este último ver Vernant J-P. “A bela morte e o cadáver ultrajado”. *Revista Discurso*, n. 9, p. 31-62, 1979. Y también Ribeiro, A. M. “ As belas mortes de Sócrates e o encantamento da celebração dos mortos em Atenas”. *Educação e Filosofia*, v. 24, n. 47, p. 34-54, jan./jun., 2010. Por lo que respecta a la potencia trágica contenida en las situaciones épicas en general y en esa situación de Aquiles en particular, remito a las *lamentaciones*, al *coro de Tetis*, en suma a todo lo que acompaña la certeza de la muerte de Aquiles en la *Ilíada*.

hacerse declarar inocente por la mayoría de los 501 jueces. Lo que me interesa en relación con esa cuestión es el hecho de que Platón, en su composición, administra de forma magistral esa supuesta falla que pudo ser transformada en algo exitoso[171]. O mejor, Platón parece ser una de las piezas clave en la lectura de esa falla, porque consigue guardar, o quizás sabe forjar, la memoria de un Sócrates que no da la espalda ante la muerte; que llega a brindarle el hombro y a reírse de ella, más que, por otro lado, ve enorme gravedad en el peligro de ser injusto. Pensemos, por ejemplo, en las siguientes afirmaciones de Sócrates, ya cerca del final del texto:

> Ustedes tal vez piensen, hombres de Atenas, que me condenaron por estar en aporía sobre aquellos discursos con los cuales podría haberlos convencido, después de pensar que necesitaba hacer y decir todo para escapar de la condena, ¡pero falta mucho ahora! Fui condenado por estar en aporía no en tanto a los discursos, pero sí en cuanto al atrevimiento y la falta de vergüenza, a voluntad de hablarles aquellas palabras que para ustedes habrían sido más agradables de oír- yo gimiendo, lamentándome, haciendo y diciendo muchas otras cosas indignas de mí, como decía, de la clase que ustedes se encuentran habituados a oír de los otros…[172]

---

[171] No sólo Platón: la tradición antigua parece haber interpretado la defensa Socrática, incluída su "falla", como una elección deliberada, incluso Jenofonte lo hace en su *Apología.*

[172] Platón, *Op. Cit.*, 38 d 3-e 2. ἴσως με οἴεσθε, ὦ ἄνδρες Ἀθηναῖοι, ἀπορίᾳ λόγων ἑαλωκέναι τοιούτων οἷς ἂν ὑμᾶς ἔπεισα, εἰ ᾤμην δεῖν ἅπαντα ποιεῖν καὶ λέγειν ὥστε ἀποφυγεῖν τὴν δίκην. πολλοῦ γε δεῖ. ἀλλ' ἀπορίᾳ μὲν ἑάλωκα, οὐ μέντοι λόγων, ἀλλὰ τόλμης καὶ ἀναισχυντίας καὶ τοῦ μὴ ἐθέλειν λέγειν πρὸς ὑμᾶς τοιαῦτα οἷ' ἂν ὑμῖν μὲν ἥδιστα ἦν ἀκούειν – θρηνοῦντός τέ μου καὶ ὀδυρομένου καὶ ἄλλα ποιοῦντος καὶ λέγοντος πολλὰ καὶ ἀνάξια ἐμοῦ, ὡς ἐγώ φημι, οἷα δὴ καὶ εἴθισθε ὑμεῖς τῶν ἄλλων ἀκούειν.

Y aún más: "Tal vez eso no sea tan difícil, varones, escapar de la muerte. Pero de la bajeza sí es mucho más difícil"[173]. Sócrates se reafirma como Sócrates en la *Apología* porque Platón lo delinea como un Aquiles que puede incluso haber fallado en retornar vivo a Troya, más que sin duda tiene éxito no solamente al vengar a Patroclo, sino, sobre todo, en despreciar y reducir la muerte por medio de esa venganza. A expensas, entretanto, de retirar del discurso de Aquiles todos sus gemidos y llantos.

La operación socrática, por tanto, consiste en comparar su caso como el de Aquiles, iluminando, en las acciones del héroe, apenas aquello que puede ser leído como una elección de valorizar la tarea que le es debida en detrimento del peligro de la muerte. Consecuentemente, de acuerdo con la nueva perspectiva que Sócrates lanza sobre el texto homérico, no hay propiamente fallas–ni en su propio caso falla en convencer a los jueces, ni en el caso del héroe falla en evitar la muerte del amigo y, en seguida, la suya propia– pero sí elecciones guiadas por el coraje de la justicia, que no combina en nada con el miedo de la condena a muerte. Según la cita de la *Ilíada*, Aquiles es referencia para Sócrates porque su coraje guerrero lo impulsa a temer la cosa correcta y hace de él lo que él es.

---

[173] *Idem*, 39b1. ἀλλὰ μὴ οὐ τοῦτ᾽ ᾖ χαλεπόν, ὦ ἄνδρες, θάνατον ἐκφυγεῖν, ἀλλὰ πολὺ χαλεπώτερον πονηρίαν·
Interesante comparar esa afirmación con toda la conversación de Sócrates con Calicles en el *Gorgias*. En especial, 511 b-e, sobre todo 512 e: "(…) pues el verdadero hombre no se debe preocupar en vivir o en cuanto tiempo se fuera apegar a la vida, mas, confiado esas cosas al dios y creyendo en las mujeres cuando dicen que nadie escapará al destino, él debe volver a la siguiente investigación: ¿de qué modo alguien que vive humanamente por cierto tiempo viviría humanamente de la mejor manera posible?". También en 522e: "Pues nadie que no sea absolutamente irracional y cobarde teme a la muerte: teme, no obstante, ser injusto. Pues la suma de todas las injusticias es para el alma llegar al Hades, plena de innumerables vicios". Platón. *Gorgias*. São Paulo: Perspectiva, 2015. Traducción al portugués de Daniel Lopes.

Observado desde el punto de vista opuesto, entretanto, el nuevo tratamiento dado por Sócrates a la escena nos muestra que el coraje del guerrero y el del filósofo se distancian[174], y esa distancia tiene inicio precisamente en el tratamiento literario de las escenas potencialmente trágicas, o sea, ella se aloja en las diferencias estilísticas entre los dos textos. En otras palabras, desde el punto de vista de un Platón autor es preciso despreciar la muerte, es preciso sin duda corresponder literariamente a ese desprecio, evitando que la potencia trágica de las escena se actualice, cosa que, evidentemente, *Homero* no hace. Claro que no tiene sentido decir que *Homero* hizo de la escena de Aquiles algo que por lo menos existía: un drama trágico. Lo que tiene sentido, considerando que la poesía *épica* es madre de la trágica, es afirmar que los elementos trágicos están contenidos en los poemas homéricos y se explicitan en momentos tales como el descrito arriba. Aquiles en la *Ilíada,* es verdad, no es un héroe trágico por definición; no obstante, sus actitudes están lejos de ser anti-trágicas. Como vimos él grita, llora, se da golpes de pecho, se ensucia con tierra, rueda por el suelo, se arranca los cabellos, hasta el punto de temer su amigo que se suicide. Esa postura, entre tanto, se encuentra demasiado próxima de la postura de los

---

[174] Es posible encontrar en el *Fedón* un pasaje que corrobora esas afirmaciones:

"-Además, basta que tengas la intención de reflexionar un momento tan sólo sobre la valentía y la temperancia del resto de los hombres, para que percibas toda su extrañeza

- ¿Qué quieres decir Sócrates?

– No ignoras que la muerte es considerada por todo el resto de los hombres como perteneciente a los grandes males.

– Y muy grandes.

- El temor de males mayores no lleva, por lo pronto, los que dentro de ellos son más valientes a enfrentar la muerte, cuando se presenta la ocasión de enfrentarla?

- ¿Cómo no?

- Así, pues, es por ser temerosos y por temer que son valientes todos los hombres, con excepción de los filósofos. Y, con todo, es absurdo pensar que el temor a la cobardía proporciona el coraje." Platón, *Fédon*, 68d-e. São Paulo: Abril Cultural, 1983. Traducción al portugues José Cavalcante de Souza, Jorge Paleikat e João Cruz Costa

suplicantes en los tribunales que, por desespero, son capaces de todo para evitar la condena y recurren muy especialmente al sentimiento de piedad que eventualmente se apodera de los jueces. Por consiguiente, todo el tema de la negación de la súplica que tantas veces Sócrates aborda en la *Apología* puede ser leído a la luz de esa observación[175]. Y parece ser también esa negación la que da un cierto tono de *antitragedia* forense al texto platónico, delineando las opciones literarias del autor al tratar una ocasión que representa un riesgo de muerte de manera deliberadamente deflacionaria: menos grave, menos solemne y menos trágica de lo que la tradición –inclusive la *épica*, si me fuera permitida una metonimia anacrónica– acostumbra a hacer. Sócrates, así como los héroes épicos y trágicos, se encuentra a merced de fuerzas que no puede controlar, se encuentra sujeto a las vicisitudes de la vida y, sobre todo a la injusticia ajena. No obstante, al contrario de los héroes, se mantiene invulnerable en su verdadera autonomía, precisamente porque observa la justicia al actuar.

Consideraciones tales como esa son muy conocidas, sobre todo por los trabajos de Martha Nussbaum[176]. Las considero pertinentes en lo que respecta a una

---

[175] Un ejemplo de desprecio por los que suplican: "Yo mismo varias veces vi un par así, que, a pesar de parecer ser alguna cosa, cuando juzgados actúan de modo espantoso, como si pensaran que habrían de sufrir algo terrible en el caso de morir, como si hubiesen de ser inmortales, en el caso de que ustedes no los mataran. Ellos me parecen cubrir la ciudad de vergüenza, al punto de que cualquiera de los extranjeros puede suponer que aquellos difieren en virtud de los atenienses, en detrimento de sí mismo, quienes escogen para los puestos de mando y demás honores a esos que en nada difieren de las mujeres. Por eso entonces, hombres atenienses, nosotros, los que parecemos ser útiles, de la manera que fuera, no debemos ser, ni deben ustedes, ser indulgentes, antes deben mostrar precisamente esto: que votarían mucho más contra lo que produce esos dramas dignos de pena y hacen de la ciudad motivo de burla, contrario de quien se conduce sosegadamente la ciudad (…)". Platón, *Apología de Sócrates*, 35a1-c2.

[176] Nussbaum, M (2009). *A fragilidade da bodade*. São Paulo: Martins Fontes. [De este texto hay versión al español publicada por la editorial Medusa (1995)]

interpretación más amplia de la *Apología*, que es, si necesitamos resumirla en breves palabras, la narración de la historia de una víctima de injusticia de la *polis*. El discurso que Platón elabora y pone en la boca de Sócrates tiene la intención de resaltar precisamente la invulnerabilidad del hombre que cuida de la propia alma y que promueve ese cuidado en su *polis*. Él puede incluso ser alcanzado por la injusticia practicada por otro, pero jamás será forzado por otro a actuar injustamente –por lo menos en el caso de no temer a la muerte. Como él mismo dice, ya casi al concluir su discurso, en un tono que ahora sí parece solemne y extremo: "para el hombre bueno no hay mal alguno, ni cuando vive ni cuando muere"[177]. Sí fuera víctima de la injusticia, él lo sería apenas exteriormente: en sus bienes materiales, en su cuerpo, en suma, en cosas ajenas. La invulnerabilidad con la que Platón presenta a Sócrates es aún más fuerte que el escudo con el que presenta Hefesto a Aquiles. Y hace del potencial de la *tragedia* socrática una cuasi-comedia, por lo menos, en ciertas partes de su narrativa[178]: inclusive habiendo sido condenado a muerte, Sócrates es capaz de burlarse de sus jueces y de provocarlos y eso, precisamente, para remarcar su discurso –que defiende que la injusticia es más peligrosa que la muerte– con la mayor de las coherencias. Al fin y al cabo, nadie fue capaz de llevarlo a actuar mal y, por eso, Sócrates puede regocijarse y hasta reír.

Por otro lado, aunque mis análisis puedan corroborar la lectura de la *Apología* como una 'anti-tragedia', pienso

---

[177] Platón, *Apologia de Sócrates*, 41d 1 ὅτι οὐκ ἔστιν ἀνδρὶ ἀγαθῷ κακὸν οὐδὲν οὔτε ζῶντι οὔτε τελευτήσαντι.

[178] 16 Cf. SANTORO, F. (2005) "Risos no Tribunal: as referências de Sócrates à comedia e a Aristófanes, na *Apologia.* In: Lessa, F. S. e Bustamante, R. C. Memória & Festa. Rio de Janeiro: Mauad, p. 606-611. En ese artículo, Santoro desenvuelve el tema de la comedia en la *Apología* y observa también, p. 609: "La condena a muerte, no es una catástrofe, tampoco un castigo por un error trágico cometido por Sócrates. Para Sócrates, no es posible hacer mal a un hombre justo, visto que este se basta a sí mismo y todo o más que acontece por fuerza exterior no es capaz de alcanzar su integridad, fuente última de su felicidad".

que, al mismo tiempo, puede ser restringida su cobertura y las conclusiones a las que ella lleva deben ser matizadas. Pues es cierto también que otros elementos estilísticos y temáticos se encuentran presentes en la obra y pueden ser igualmente enumerados y enfatizados; eventualmente, inclusive, elementos propios de las tragedias[179]. La cuestión que el ejemplo de Aquiles ilumina, a mi forma de ver, es la negativa por parte de Sócrates de cierta tonalidad trágica, así como de parte del vocabulario trágico, en los momentos en que esa tonalidad y ese vocabulario nos llevan a sobrevalorar el peligro de la muerte o la muerte consumada.

Por eso, reflejándose en una imagen filtrada del Aquiles épico, Sócrates expone un modelo de coherencia entre actuar y decir que niega representaciones de la muerte que la pintan como un mal definitivo, independientemente de nuestras acciones en vida y a ser evitado a toda costa[180]. Ese ejemplo permite, por tanto,

---

[179] Respecto a los elementos trágicos de la *Apologia*, ver Bolzani, R (2008). "Platão trágico e antitrágico". *Letras Clássicas*, n. 12, p. 151-168. El autor lee el episodio del oráculo de Delfos narrado en la *Apología*, en torno del cual gira la primera parte del discurso socrático en el texto platónico, como un evento que representa, p. 152: "la relación entre el filósofo y el dios, entre lo humano y lo divino". En ese sentido, Platón imitaría la *tragedia* al mostrar un Sócrates de inicio impío y desafiador, dispuesto a "refutar el oráculo", y, como él, el dios (siguiendo las propias palabras socráticas). Pero que, al fin y al cabo, confirma el oráculo por medio de su examen de sí y de los otros y se concilia con el dios. Cosa que, según Bolzani, acaba por formar un panel en cierto sentido contrastante con la tendencia de las tragedias en general. O sea, aunque según el autor, Platón se sirve de la *tragedia* para criticar parte de la concepción del mundo que la propia *tragedia* vehicula, Platón acompañaría la visión trágica del mundo al confirmar que el humano es ínfimo e impotente si se compara a lo divino, no obstante lo negaría al construir la imagen de un héroe que no es castigado por su impiedad, pues su actividad se encuentra en consonancia con lo que el dios le había reservado. Concluye entonces el autor, p. 167: "En el caso de nuestro episodio de Delfos, parce que el filósofo se hace trágico, para, en seguida, poder ser, en la misma medida, antitrágico".

[180] En *Fédon*, el personaje Cebes dirá que los hombres temen a la muerte "como los niños a los fantasmas" Platón, 77e. Además de eso, el comienzo del *Fedón*, es un resumen muy potente de esa postura

toda una reconfiguración filosófica de las concepciones de muerte y vida. De esa misma forma, él propicia la construcción de una *retórica* que procurará corresponder de la mejor manera posible a tales concepciones.

Referencias bibliográficas

Bolzani, R. (2008). "Platão trágico e antitrágico". *Letras Clássicas*, 12, 151-168,

Homero. (1989). *Ilíada*. São Paulo: Ediouro.

Nussbaum, M. A. (2009). *A fragilidade da bondade*. São Paulo: Martins Fontes.

Platón. (2008). *Apologia de Sócrates*. Porto Alegre: L&PM Pocket.

Platón. (1983). *Fédon*. São Paulo: Abril Cultural.

Platón. (2015). *Górgias*. São Paulo: Perspectiva.

Ribeiro, A. M. (jan./jun. 2010) "As belas mortes de Sócrates e o encantamento da celebração dos mortos em Atenas". *Educação e Filosofia*, 24(*47*), 34-54.

Santoro, F. (2005). "Risos no Tribunal: as referências de Sócrates à comédia e a Aristófanes, na *Apologia*. En: Lessa, F. S.; Bustamante, R. C. Memória & Festa. Rio de Janeiro: Mauad, 606-611.

Vernant, J-P. (1979). "A bela morte e o cadáver ultrajado". *Revista Discurso*, 9, 31-62.

---

socrática de tranquilidad y del no temor ante la muerte: entre muchas otras cosas, Fedón dice que Sócrates "parecia un hombre felíz, Equécrates, tanto en la forma de comportarse, como en la de sus discursos, tal era la tranquila nobleza que había en su fin. Y eso, de tal modo que él me daba la impresión, él que debía encaminarse a las regiones del Hades, y desde allí se dirige por un concurso divino, y de ir encontrando en el más allá, una vez llegado una felicidad tal como nadie jamás conoció. Por eso es que absolutamente ningún sentimiento de compasión había en mí, como habría sido natural en quien era testigo de una muerte inminente". *Idem*, 58e4-59a2. εὐδαίμων γάρ μοι ἀνὴρ ἐφαίνετο, ὦ Ἐχέκρατες, καὶ τοῦ τρόπου καὶ τῶν λόγων, ὡς ἀδεῶς καὶ γενναίως ἐτελεύτα, ὥστε μοι ἐκεῖνον παρίστασθαι μηδ' εἰς Ἅιδου ἰόντα ἄνευ θείας μοίρας ἰέναι, ἀλλὰ καὶ ἐκεῖσε ἀφικόμενον εὖ πράξειν εἴπερ τις πώποτε καὶ ἄλλος. διὰ δὴ ταῦτα οὐδὲν πάνυ μοι ἐλεινὸν εἰσῄει, ὡς εἰκὸς ἂν δόξειεν εἶναι παρόντι πένθει

West, T. G. (1979). *Plato's Apology of Socrates. An interpretation, with a new translation.* Itha-ca / London: Cornell University Press.

La Intencionalidad ética en Ricœur: entre el deseo y la justicia[181]

Carmen Lucía Jaramillo
Egresada Pontificia Universidad Javeriana
carmenlujaramillo@gmail.com

"La esencia del hombre no incluye la existencia necesaria, es decir que, siguiendo el orden de la naturaleza, lo mismo puede hacerse que este o aquel hombre existan como que no existan"[182]. Esta referencia a Spinoza sumada a la afirmación de Ricœur en la introducción a *"Sí Mismo como Otro*" sobre la relación entre ipseidad y alteridad bien pueden conducir a una pregunta por la constitución ética de la persona; dice Ricœur: "Sí Mismo como otro sugiere, en principio, que la ipseidad del sí mismo implica la alteridad en un grado tan íntimo que no se puede pensar en una sin la otra, que una pasa más bien a la otra, como se diría en el lenguaje hegeliano. Al "como", quisiéramos aplicarle la significación fuerte, no sólo de una comparación – sí mismo semejante a otro – sino de una implicación: sí mismo en cuanto... otro." [183]

Las implicaciones de esta íntima relación entre ipseidad y alteridad –que de suyo están mediadas por la institucionalidad del lenguaje– así como el carácter contingente de la existencia humana, revisten un carácter

---

[181] La ponencia está basada en el trabajo de grado del mismo nombre presentado por la autora para optar por el título de Magistra en Filosofía en la Pontificia Universidad Javeriana de Bogotá (Colombia). El trabajo fue dirigido por el profesor Jaime Rubio Angulo en 2003.

[182] SPINOZA, *Ethique* , libro II, citado en: RICŒUR, Paul *Sí Mismo como Otro,* pag. XII, Siglo XXI editores, México, 1996

[183] RICŒUR, Paul, *Sí Mismo como Otro,* pag. XIV, *Op. Cit.*

ético y remiten a la estrecha relación entre tres esferas o planos antropológicos: a) ipseidad, b) alteridad, c) sociedad.

El desarrollo de las implicaciones prácticas y éticas de esta estrecha relación se puede extraer de la hermenéutica del sí desarrollada por Ricœur en *Sí Mismo como Otro,* donde se aleja tanto del cogito exaltado como del cogito humillado. Pese a esta distancia establecida por Ricœur con las filosofías del sujeto tipo cartesianas o nietzscheanas, es importante resaltar que su hermenéutica del sí no tiene por propósito encontrar una tercera vía para designar al sujeto, sino probar que ese antagonismo aparente es una falsa oposición.

En la construcción discursiva de la propuesta ética de Ricœur, se supera la división entre la filosofía moderna y la filosofía antigua y se propone una aproximación en forma espiral y circular (al mismo tiempo) de los diferentes niveles de la moral. Así, se establece una relación de subordinación y de complementariedad entre ambas tradiciones de pensamiento, donde la ética prima sobre la moral, pero al mismo tiempo requiere de ésta; el movimiento es a la vez progresivo y circular: la ética debe pasar por la moral en un mundo donde el acuerdo sobre los fines no es concebible, pero, a la vez, la ética aporta una perspectiva desde la sabiduría práctica, sin la cual la moral no tendría significación en el terreno de su aplicación.

Ricœur define la intencionalidad ética como: "aspirar a la verdadera vida con y para otros en instituciones justas"[184], entendiendo la verdadera vida como la 'vida buena' en el sentido Aristotélico o 'la vida plena'. El análisis de esta definición es el que se desarrolla en esta ponencia, al explorar tanto sus implicaciones éticas como ontológicas y evidenciar la circularidad de las argumentaciones éticas de Ricœur en las que se da una intrínseca relación entre las esferas de la ipseidad, la alteridad y la sociedad. Gracias a esta circularidad es posible desarrollar los planteamientos éticos de Ricœur

---

[184] Ibíd., pag.186.

en un orden inverso al seguido por el autor, como lo hago en esta ponencia, pues parto del sentido de justicia y sus connotaciones en el plano de las instituciones (primera parte), para continuar con el análisis en el plano de la alteridad y su relación con la solicitud (segunda parte) y, así, llegar finalmente al desarrollo de una hermenéutica de la ipseidad en la que el deseo ocupa un lugar central (última parte).

A lo largo de la ponencia, se abordarán las diferencias entre las esferas y principios de la formalidad deontológica y de una teleología no utilitarista, la cual se va construyendo a lo largo de los estudios éticos de Ricœur, en los que afirma la primacía de la ética sobre la moral, vista esta última como una efectuación limitada y por tanto incluida dentro de la ética. Tres tesis fundamentales sostiene Ricœur[185]:

a) La primacía de la ética sobre la moral.

b) La necesidad para el objetivo ético de pasar por el tamiz de la norma.

c) La legitimidad de un recurso al objetivo ético, cuando la norma conduce a atascos prácticos.

La intencionalidad ética en Ricœur, puede decirse que se concibe entre el deseo y la justicia, en tanto se relaciona con los planos antropológicos de la ipseidad (deseo) y la sociedad (justicia), pasando por la alteridad, puesto que, como se ha dicho, para Ricoeur no puede pensarse la ipseidad sin la alteridad.

Su propuesta ética está apoyada en la dialéctica de la argumentación y de las convicciones críticas, que conducen al juicio moral en situación, donde la persona siempre sea considerada como un fin en sí misma y jamás como un medio o un 'chivo expiatorio' en aras de un supuesto bien común.

La siguiente tabla ilustra sintéticamente los elementos de una ética teleológica como la que propone Ricœur:

---

[185] Cfr. RICŒUR, Paul, "*Sí Mismo como Otro*", pag 175. Op. Cit.

Tabla 1.
Esferas en una teleología no utilitarista

<table>
<tr><th>Primera esfera: ipseidad</th><th>Segunda esfera: alteridad</th><th>Tercera esfera: sociedad</th></tr>
<tr><td>Principio de la estima de sí</td><td>Principio de la solicitud crítica</td><td>Principio del sentido de justicia</td></tr>
<tr><td colspan="3">El paso por la norma (necesario, dada la violencia humana) lleva a:</td></tr>
<tr><td>Respeto de sí – autonomía</td><td>Respeto de los otros – Regla de Oro</td><td>Instituciones justas (equidad)</td></tr>
<tr><td colspan="3">Fundamento teleológico por encima de la norma (evidente en los conflictos de deber de lo trágico de la acción):

La sabiduría práctica (convicción y argumentación)</td></tr>
</table>

El primer nivel (estima de sí, solicitud y sentido de justicia) remite al deseo de vivir bien, con y para otros en instituciones justas, donde se subraya que la solicitud va más allá de la amistad y el sentido de justicia no está derivado de la obligatoriedad de la norma sino que es un componente fundamental del deseo de vivir bien. El segundo nivel hace referencia al arbitraje necesario en el actuar humano debido a los hechos injustificables que tienen lugar en los ámbitos sociales; allí entran las normas que delimitan el campo de lo permitido y lo prohibido, lo que resulta indispensable en todo proyecto ético. Finalmente está el nivel de la sabiduría práctica, del juicio moral en situación –que va de la mano de la convicción y la argumentación– donde se valida el recurso de apelar a principios éticos cuando la aplicación de la norma conduce a atascos prácticos.

Así pues, estos tres niveles aparecen como una espiral y a la vez como un círculo, de forma tal que se pasa permanentemente de uno a otro en una intrínseca articulación, tanto si se mira la relación entre las diferentes esferas: la ipseidad –la alteridad– y la sociedad, como si se miran los tres niveles: el de la intencionalidad ética –el de la moral de la obligación– y el de la sabiduría práctica. Son estos elementos inseparables en la propuesta ética de Ricœur, que resultan de una gran riqueza para el desarrollo de una moral común, no necesariamente cristiana, abierta a la diversidad cultural y a los cambios históricos de las sociedades.

Por otra parte, al demostrarse la circularidad de la teoría ética y la inseparabilidad de las esferas de la ipseidad, la alteridad y la sociedad, queda en evidencia la necesidad de pensar integralmente las implicaciones de la acción humana y sus repercusiones sobre las tres esferas, si se quieren abordar las cuestiones éticas o políticas, sin correr el riesgo de un análisis fragmentario e insuficiente.

1. Sentido de justicia, equidad y poder en las instituciones:

"En instituciones justas", esta es la tercera parte de la sentencia de la intencionalidad ética. El vivir bien no se limita a las relaciones interpersonales directas, del 'cara a cara', sino que remite a la vida en las instituciones; así, la justicia implica rasgos éticos que no están contenidos en la solicitud, fundamentalmente, una exigencia de igualdad.

En el octavo estudio de *Sí Mismo como Otro*, titulado "El Sí y la Norma Moral", Ricœur retoma algunas concepciones de la deontología Kantiana con respecto a la idea del mal y del libre albedrío, en la medida en que de él se deriva la necesidad que tiene la ética de asumir los rasgos de la moral; es justamente por la existencia del mal que resulta insuficiente la intencionalidad ética como guía de las instituciones en su función de velar por la justicia, ya que la disimetría está siempre presente en las relaciones entre los seres humanos.

Porque la igualdad no es algo propio de las relaciones interpersonales ni sociales, y porque la violencia está en el centro mismo de ellas, se erige la justicia como una exigencia de igualdad que busca ser instaurada por las instituciones.

De los dos aspectos que comprende lo justo: lo bueno y lo legal, Ricœur hace hincapié solo 'en lo bueno' desde su proximidad al 'sentido de justicia' que va más allá de las normas de los sistemas jurídicos y que se refleja en el origen, casi inmemorial, de la idea de justicia en las diferentes sociedades.

El sentido de justicia, fuertemente anclado en la aguda percepción que el ser humano tiene de lo injusto, está en relación con los rasgos característicos de la acción, en la medida en que no se trata simplemente de poner en relación una pluralidad de agentes e intereses, sino que es una relación asimétrica entre lo que uno hace y lo que el otro sufre:

> En este sentido, el problema moral nace de una amenaza de violencia que es inherente a la situación asimétrica de interacción; desde que alguien ejerce un poder sobre otro al actuar, la posibilidad de tratar al otro como un medio y no como un fin está inscrita en la estructura misma del obrar humano (...) El ejercicio de la libertad, si bien es la referencia mayor del pensamiento moral de los modernos, no tiene lugar sin la disposición de ciertos bienes fundamentales, cuya obtención es esencialmente aleatoria[186].

---

[186] RICŒUR, Paul, *"Entre Filosofía y Teología"* en "Amor y Justicia", pag. 54, Caparrós Editores, Madrid, 2001.

Ricœur muestra cómo Rawls se esfuerza por construir una concepción puramente procedimental de la justicia sin perder la seguridad que ofrece el equilibrio reflexivo entre convicción y teoría. La mediación entre la tendencia ética y la tendencia puramente procedimental de la teoría de la justicia en Rawls se encuentra en la noción de 'convicciones bien pensadas', a las que se refiere al hablar de la elección de los principios de justicia en la posición original, ya que allí estos se confrontarían con las convicciones bien pensadas de los individuos sobre lo que es la justicia. Para Ricœur, estas convicciones tienen sus raíces –en último término– en el sentido de justicia que equivale a la Regla de Oro aplicada a las instituciones, a las que se considera con funciones distributivas.

La Regla de Oro en su formulación negativa de "no hagas a otro lo que aborrecerías que se te hiciera" y en su enunciación positiva: "haz a otros según quieras que se haga contigo", constituye una fórmula de transición entre la solicitud y el segundo imperativo kantiano:

> Obra de tal modo que uses la humanidad, tanto en tu persona como en la persona de cualquier otro, siempre como un fin al mismo tiempo, y nunca solamente como un medio (Citado por Ricœur en *Si Mismo como Otro*, Op. cit. p. 235).

En la esfera de las instituciones, de la sociedad, lo trágico de la acción evidencia la necesidad de apelar al recurso ético cuando la legalidad conduce a conflictos entre el respeto a la ley y el respeto a las personas. La sabiduría práctica está en una estrecha relación con una ética de la argumentación, que es de un rango superior a la regla de justicia y a la regla del respeto, de tal forma que puede resolver los problemas allí donde se han tocado los límites de aplicación de la deontología.

Ricœur sugiere:

> una nueva formulación de la ética de la argumentación que le permitiese integrar las objeciones del contextualismo, al tiempo que éste tomase en serio la exigencia de universalización para concentrarse en las condiciones para poner en contexto esta exigencia (...) Lo que hay que cuestionar es el antagonismo entre argumentación y convención, y sustituirlo por una buena dialéctica entre argumentación y convicción, que no tiene salida teórica, sólo la salida práctica del arbitraje del juicio moral en situación[187].

Así, la argumentación no se plantea solamente como la opositora de la tradición y la convención, sino que se instala en medio de las convicciones, no para eliminarlas, sino para someterlas a la crítica y la reflexión, en la línea de lo que Rawls llama "equilibrio reflexivo". De esta forma, se pueden superar los atascos prácticos a los que conduce una moral de la normatividad y la esterilidad de un relativismo cultural, al tiempo que se reafirma, tanto la necesidad de la ética de pasar por la formalidad de la norma, como la insuficiencia de ese momento deontológico, y por tanto la validez de recurrir a los principios teleológicos que tiene de suyo la intencionalidad ética, que pueden ser objeto de consenso en el seno de las instituciones, mediante la argumentación.

2. Alteridad y solicitud:

El punto central aquí consiste en demostrar cómo la estima de sí y la solicitud no pueden vivirse ni pensarse la una sin la otra, entendiendo la solicitud como basada fundamentalmente en el dar y el recibir, a lo que se refiere en el "con y para otro" de la sentencia de Ricœur sobre la intencionalidad ética.

---

[187] RICŒUR, Paul, *"Lo Justo", Pag.*316, Caparrós Editores, Madrid, 1999.

¿Cómo pasa entonces Ricœur de la estima de sí a la solicitud? A través del momento reflexivo que implica la estima de sí, que lejos de conducir a su encerramiento, pone en el centro mismo de la cuestión el lugar del "rostro del otro" y su mediación entre la capacidad y la efectuación del sí. Es en este punto de la necesidad del paso de la capacidad a la efectuación donde se evidencia la carencia del sí y, con ello, se da lugar a la necesidad del otro como mediación, de tal forma que el mayor bien que puede procurarse al amigo es servirle de "puente" para la realización de su deseo en la forma de concreción de un bien parcial sobre el horizonte de la buena vida como fin.

Ricœur recurre de nuevo a Aristóteles en su ética para referirse a la amistad, no sólo como la primera manifestación del deseo de vivir bien, sino fundamentalmente por la reciprocidad que ella tiene de suyo. Sin embargo, Ricœur planteará que la amistad –donde el dar y el recibir son iguales por hipótesis y se refieren en último término al pensar juntos– no es suficiente para demostrar su tesis de la necesidad de que el objetivo ético pase por el tamiz de la norma ni para dar cuenta de la superación de las disimetrías entre los individuos.

Si la amistad está fundada sobre cierto equilibrio que otorga el ser una relación entre iguales; ¿cómo entonces explicar esta función mediadora del otro en las situaciones de disparidad que inclinan la balanza hacia uno de los extremos del dar (simpatía por el sufriente) y el recibir (asignación a la responsabilidad en la conminación)? En este punto introduce Ricœur el concepto de solicitud.

La solicitud está referida a una 'espontaneidad benévola', íntimamente ligada a la estima de sí dentro del objetivo de la vida buena. Dicha benevolencia puede afirmarse que tiene su origen en la identificación con el otro, en tanto se reconoce también en él su doble condición de humano y de sufriente; sufriente por la imposibilidad de actuar sin mediación del otro. La estima de sí y la solicitud no pueden pensarse la una sin la otra.

2.1 Necesidad e insuficiencia de la norma

El camino que sigue Ricœur, está centrado en mostrar los lazos que unen el momento deontológico a una intencionalidad teleológica y muestra cómo es la propensión al mal la que hace necesario que la ética asuma los rasgos de la moral. "Porque existe el mal, el objetivo de la "vida buena" debe asumir la prueba de la obligación moral" [188]. Es importante señalar que cuando se está hablando de la propensión humana al mal, no se hace referencia a la malignidad del deseo ni a la corrupción de la razón práctica, sino a un mal empleo del libre albedrío; así, el mal es perversión, trastocamiento que hace necesario colocar el respeto a la ley por encima de la inclinación. Si la maldad estuviese anidada en el seno mismo del deseo, no podría hablarse de "propensión" al mal, que de todas formas implica la posibilidad de obrar de manera distinta a la tendencia interna, sino que se hablaría tajantemente de una naturaleza maligna, con lo que se haría insuficiente e ineficaz cualquier marco normativo.

El momento de universalidad del deseo de vivir bien –visto desde Aristóteles como la *mesotes*– señala su puesta a prueba por la norma. El deseo razonable es equiparable en cierta forma al concepto Kantiano de voluntad, entendida como el poder de establecer un comienzo en el curso de las cosas, determinarse por razones, lo que es el objeto de la estima de sí. De esta forma, deseo razonable y buena voluntad tienen en su seno, tanto rasgos deontológico de universalización (los términos razonable – voluntad) como huellas teleológicas en los términos deseo – buena. Estos conceptos conducen a la razón práctica concebida como autolegislación, como autonomía y es allí, justamente, donde el sí encuentra su estatuto moral. El tránsito de la estima de sí al respeto de sí es mediado por la autonomía, a su vez, atestada por un hecho de razón que es el sujeto de imputación moral en tanto voluntad que actúa, es decir, sujeto que elige.

---

[188] Cfr. RICŒUR, Paul, "*Sí Mismo como Otro*", pag 231. Op. Cit..

Una moral de la obligación lleva en sí misma la posibilidad de dar lugar a situaciones conflictivas que sólo pueden ser resueltas por la sabiduría práctica en situación del sujeto que se ve abocado a elegir, apelando, más allá de los límites de la norma –pero pasando por ella–, a criterios éticos, en los que se pone de presente la dialéctica entre ipseidad y alteridad; entre estima de sí y solicitud.

Cuando se plantea la cuestión del respeto debido a los otros como fines en sí mismos y no como medios, no en la situación abstracta en que Kant plantea su segundo imperativo, sino en la situación concreta y singular que exige el reconocimiento de la alteridad de las personas y de su singularidad irremplazable, se empiezan a evidenciar los límites de la norma y la necesidad de apelar a criterios de carácter ético fundados en el principio de solicitud, puesto que la alteridad de las personas hace de cada una de éstas una posible excepción a la regla. Sin embargo, es importante tener en cuenta que la sabiduría práctica nunca pretende transformar en regla la excepción a la misma, sino simplemente considerar la posibilidad de tales 'transgresiones razonables'.

2.2 La solicitud crítica

La solicitud alza su voz como exigencia de respeto a las personas y su alteridad para que no sean anuladas en la idea englobante de humanidad, contenida en la universalidad de las normas. Ricœur muestra[189] cómo una fina línea de división separa la vertiente universalista del imperativo kantiano (idea de humanidad) de la vertiente pluralista, centrada en la idea de las personas como fines en sí mismos. Aunque, en principio, pareciera que en Kant esto no representa ninguna dificultad, ya que la humanidad designa la dignidad en tanto aquello por lo que las personas son respetables –aún en su pluralidad–; sin embargo, los conflictos tienen lugar cuando la generalidad de las reglas no logra dar cuenta de situaciones específicas de dilemas morales y, allí, el

[189] Ibid, Noveno Estudio.

respeto parece dividirse entre respeto a la ley y respeto a las personas. Es entonces en estas condiciones donde entra en escena la sabiduría práctica y da prioridad al respeto a las personas, en nombre de la solicitud que se dirige a las personas en su singularidad irremplazable.

2.3 La Regla de Oro

La espontaneidad benévola está cercana a la 'poética' del amor en el sentido de la lógica de la sobreabundancia, del don, de la gratuidad, mientras que la Regla de Oro se inscribe dentro de la lógica de la equivalencia, cercana al sentido de justicia, que encierra en sí mismo una estructura dialéctica que lo ubica entre lo legal y lo bueno.

La lógica de la equivalencia y la regla de reciprocidad que encierra la Regla de Oro no pueden reducirse a una forma de ley del talión, y así lo demuestra Ricœur en su artículo *"Amor y Justicia",* que aparece recopilado en el texto del mismo nombre. Allí, Ricœur afirma que es el mandato de amar al prójimo el que instaura un correctivo a la Regla de Oro y la "salva" de convertirse en una máxima utilitaria en el sentido de "yo doy para que tú des".

Pese a que Ricœur no explicita la relación entre la espontaneidad benévola (como manifestación del amor) y la 'corrección' a la Regla de Oro para evitar reducirla a una máxima utilitaria, bien podría explorarse este camino 'menos cristiano' que el del mandamiento del amor, para demostrar ese sustrato ético al que se puede recurrir ante los atascos prácticos de la norma moral. Como ya se expresaba, la similitud y la reciprocidad están inscritas en el seno mismo de la espontaneidad benévola en un vínculo directo con la libertad de las personas y dicha espontaneidad no está reservada al terreno de la amistad, sino que está presente en todas las formas inicialmente desiguales entre el sí mismo y el otro.

De esta forma, se da un intercambio entre estima de sí y solicitud por el otro, lo que permite afirmar que se convierten en equivalentes la estima del 'otro como sí mismo' y de 'sí mismo como otro':

> Y toda la ética, me parece, nacería de esta tarea desdoblada de hacer advenir la libertad del otro como semejante a la mía.¡El otro es mi semejante! Semejante en la alteridad, otro en la similitud. En este sentido el problema del reconocimiento de la libertad en segunda persona es el fenómeno central de la ética[190].

Así, ubicada la similitud en el plano de la ontología de la alteridad, bien puede explicarse que la Regla de Oro no sea una simple equivalencia de la ley del talión o una máxima utilitarista, sino que es la convicción moral más fundamental, la formalización primera de un principio ético fundado en la espontaneidad benévola y en la solicitud.

De esta forma, se ratifica la estrecha relación entre la solicitud y el respeto debido a las personas como fines en sí mismas, en tanto es la noción de persona, más que la de humanidad, la que permite la concreción de la norma moral y pone la alteridad en el seno mismo de su formalización. Es justamente por la similitud y la reciprocidad –inherentes a una ontología de la alteridad– que se da paso de la solicitud al respeto debido a los otros como una norma moral; de lo contrario, si se rompiese el vínculo entre autonomía –estima de sí–, alteridad –solicitud– y respeto a los otros, la moral quedaría sin asidero.

3. Sí Mismo en cuanto Otro

En la pragmática del lenguaje, la persona deja de ser algo más de lo que se habla (como en la semántica), para pasar a ser caracterizada como un sí mismo, en la medida en que el sujeto hablante se designa a sí mismo cada vez

---

[190] Cfr. RICŒUR, Paul, *"El problema del fundamento de la moral"*, en: "Amor y Jusiticia", pag. 65 Op. Cit.

que especifica el acto ilocucionario en el que compromete su palabra. Así, la estima de sí está anticipada en su configuración pre-moral a través del locutor que es capaz de designarse a sí mismo.

El vínculo entre la pragmática del lenguaje y la ética bien puede reafirmarse a partir de la relación entre la estructura triádica del discurso y la estructura triádica del *éthos* que se manifiestan en la promesa, como lo muestra Ricœur:

> El vínculo entre la tríada locución, interlocución, lenguaje como institución es así estrictamente homóloga a la tríada del *éthos*: estima de sí, solicitud, instituciones justas. Esta homología llega a ser una verdadera implicación mutua en el caso de ciertos actos del discurso como la promesa. La promesa agrupa de hecho la tríada lingüística y la tríada ética[191].

Mantener una promesa implica tres cosas: a) mantenerse a sí mismo en la identidad de aquel que lo ha dicho y lo hará posteriormente (relación con la estima de sí), b) reconocer una relación con un otro que espera de mí el cumplimiento de la promesa (solicitud) y c) la obligación de mantener la promesa, que equivale también a la obligación de preservar la institución del lenguaje, en la medida en que ésta descansa en la confianza de cada uno en la palabra del otro.

Una cuestión fundamental en los análisis realizados por Ricœur es que entre el nivel de la praxis y el de la ética opera la mediación narrativa, pues el obrar propiamente humano se caracteriza porque debe ser dicho, es decir, llevado al lenguaje, con el fin de ser significativo y, por esta razón, inscribir las propias iniciativas de acción en el curso de los acontecimientos del mundo, implica de suyo narración. Así, la teoría

---

191 RICŒUR, Paul, *"Aproximaciones a la persona"* , en "Amor y Justicia", pag, 106, Op. Cit.

narrativa ejerce una función intermedia entre la descripción (propia de la acción) y la prescripción (propia de la ética):

> Sin la ayuda de la narración, el problema de la identidad personal está condenado a una antinomia sin solución: o se presenta un sujeto idéntico a sí mismo en la diversidad de sus estados, o se sostiene, siguiendo a Hume y a Nietzsche, que este sujeto idéntico no es más que una ilusión sustancialista (...) El dilema desaparece si la identidad entendida en el sentido de un mismo (*idem*), se sustituye por la identidad entendida en el sentido de un sí-mismo (*ipse*); la diferencia entre idem e ipse no es otra que la diferencia entre una identidad sustancial o formal y la identidad narrativa[192].

La identidad narrativa, constitutiva de la ipseidad, incluye entonces la posibilidad del cambio, del movimiento, de la mutación, pero siempre sobre el trasfondo de una unidad del sí mimo que es conferida a través del relato; así como se pueden componer diferentes tramas a partir de los mismos sucesos, igualmente, es posible armar diferentes relatos sobre la propia vida, en tanto la narración no agota la ipseidad, sino que permite habitar mundos extraños a nosotros mismos.

La dialéctica de la mismidad y la ipseidad se evidencia sobre el fondo de la problemática de la identidad personal, por la cuestión de la permanencia en el tiempo. En el caso de la mismidad la cuestión resulta más simple, pero, preguntarse por el significado de la permanencia en el tiempo de la ipseidad, resulta más complejo; este asunto lo desarrolla Ricœur en el quinto estudio de *"Sí Mismo como Otro"*, partiendo de la pregunta sobre la posibilidad de pensar una forma de

---

[192] RICŒUR, Paul. *"Tiempo y Narración"* Vol. 3 ,pag. 991, Siglo XXI Editores, México, 1996.

permanencia en el tiempo de la ipseidad que no sea bajo el esquema de la categoría de sustancia. Para desarrollar este interrogante, toma como base dos modelos de permanencia en el tiempo al referirse a una persona: el carácter y la palabra dada (en el sentido de promesa), que resultan una polaridad.

Se reconoce entonces la importancia de una vida narrada, tanto en su significación ética como ontológica, en la medida en que se reconoce un sí que permanece y es a la vez sujeto actuante e interactuante, sujeto que se narra a sí mismo y sujeto responsable y comprometido con los otros. De allí, entonces, que la posibilidad de afirmar: "aquí estoy", aún en medio de la mayor incertidumbre sobre quién soy, permite a los otros contar conmigo –como se ve en el mantenimiento de la palabra dada– a la vez que me afirmo como existente; esta es la afirmación derivada de la atestación de la ipseidad.

Para Ricœur[193], la atestación en cuanto crédito y confianza, es decir, en cuanto seguridad de existir según el modo de la ipseidad, se opone tanto a la ambición de certeza autofundadora nacida del cogito cartesiano, como a la humillación del cogito reducido a una ilusión, desde la crítica nietzscheana.

La atestación, entonces, es fundamentalmente atestación de sí en la forma de crédito y confianza; confianza en el poder decir, poder hacer y reconocerse como personaje de la acción. Esta confianza resulta fundamental cuando el acceso a la verdad no está garantizado (como es el caso en una filosofía del sujeto) para no ceder tampoco lugar a la sospecha generalizada. La atestación de sí permite el mantener la pregunta ¿quién? y no transformarla en un ¿qué? (la persona cosificada) o en un ¿por qué? (la verdad presupuesta). La atestación, en tanto crédito sin garantía, pero al mismo tiempo en tanto confianza más fuerte que toda sospecha, permite a la hermenéutica del sí permanecer a igual distancia del cogito exaltado que del cogito humillado.

---

[193] Cfr. RICŒUR, Paul. *"Sí Mismo como Otro"*, Décimo Estudio, Op. Cit.

El ser-conminado por sí mismo a actuar conforme a su deseo de ser, es la estructura de la ipseidad que inmediatamente se encuentra en relación con la alteridad y con la institucionalidad, como única posibilidad de abrirse a una existencia creadora. Decir 'humano' significa conjugar al unísono ipseidad y alteridad sobre el fondo de una intencionalidad ética determinante de su forma de ser, en medio de un contexto marcado por la institucionalidad del lenguaje y la normatividad, como principios estructurantes de la propia identidad. Esta apertura a la praxis, al deseo, propias de una hermenéutica de la ipseidad son las que posibilitan la estima de sí, la solicitud crítica y el sentido de justicia, que mediante la sabiduría práctica llevan a hacer posible la intencionalidad ética de "vivir bien, con y para otros en instituciones justas". Ninguno de los elementos de la tríada puede desarrollarse cabalmente sin el otro: es impensable el vivir bien (determinado por el deseo) sin la mediación de los otros que se da en el actuar; tampoco se podría hacer real la solicitud sin la estima de sí que está firmemente anclada en la aspiración de vivir bien y finalmente, nada de ello es posible sin el fondo de la intencionalidad de dar lugar a instituciones justas en las que la libertad y la dignidad de todos los individuos no sea canjeadas a nombre del supuesto bienestar de una mayoría.

Referencias bibliográficas

Ricœur, Paul (2001). *"Aproximaciones a la persona",* en: *Amor y Justicia.* Caparrós Editores.

Ricœur, Paul (2001). *"El problema del fundamento de la moral",* en: *Amor y Justicia.* Caparrós Editores..

Ricœur, Paul (2001). *"Entre filosofía y teología: la Regla de Oro en cuestión",* en: *Amor y Justicia,* Caparrós Editores.

Ricœur, Paul (1999). *Lo Justo,* Caparrós Editores..

Ricœur, Paul (1996). *Sí Mismo como Otro,* Siglo XXI Editores.

Ricœur, Paul (1996). *Tiempo y Narración, V. 3,* Siglo XXI Editores.

La Crisis Climática: un problema universal consecuencia del Positivismo

Juan Pablo Corrales Niño.
I.E Liceo Gabriela Mistral
jupaco26@hotmail.com

1. Introducción: el papel crítico de la Filosofía en la actualidad

Desde que el pensador francés Michel Foucault nos dejó como principal legado la arqueología y la genealogía como herramientas metodológicas para analizar las singularidades históricas e incluso para practicar la filosofía, las esencias, fundamentos y verdades trascendentales parecieron quedar en el olvido. Como representante de lo que Nietzsche llamaba "filósofos provocadores", que harían volar por los aires todo lo que en Occidente ha tenido valor moral y trascendental, Foucault puede ser considerado parte de lo que llamamos la postmodernidad, la cual se caracteriza por la muerte de todos los fundamentos de verdad universales, trascendentales y absolutos que antes definían en gran medida la práctica de la filosofía. Es un perspectivismo que consiste en el desarrollo de discursos y prácticas de verdad particulares o singulares, es decir, dependientes de las formas de vida de los individuos y de las sociedades humanas que son heterogéneas y manejan configuraciones diversas que no admiten una visión o comprensión única de la realidad y menos aún de la verdad y, en consecuencia, manejan múltiples puntos de vista de lo real y de lo verdadero.

De esta manera, la filosofía, en el pensador francés, se convierte en el desarrollo de unas prácticas definidas, precisas y constantes de cuidado de sí que permitan un gobierno que emane de nosotros mismos en nuestra singularidad. A este respecto nos dice

La filosofía es justamente lo que pone en tela de juicio todos los fenómenos de dominación en cualquier nivel y cualquier forma en que se presenten: política, económica, sexual, institucional. Hasta cierto punto, esta función crítica de la filosofía deriva del imperativo socrático "ocúpate de ti mismo", es decir, fúndate en la libertad por el dominio de ti mismo[194].

Esta visión del quehacer filosófico reinscribe a la filosofía en una práctica ética de sí mismos, en una estética o arte de vida que consiste en el cuidado y el mejoramiento constante de sí mismos como sujetos singulares y en una práctica política que consiste por un lado, en resistir a toda práctica de poder o de gobierno de sí que busque definir o configurar desde el exterior lo que somos como sujetos y por otro lado, en una crítica de las prácticas políticas singulares de nuestras sociedades aterrizadas a nuestros contextos, momentos y situaciones específicas de vida.

Con la filosofía así pensada, pareciera que cada sociedad debe ocuparse de sus propios problemas o situaciones concretas de vida, que cada ser humano y grupo definen sus estilos de vida según diferentes prácticas políticas y éticas o morales y, por tanto, pensar problemas o necesidades globales o generales no es ya indispensable. Sin embargo, la propuesta de la práctica filosófica foucaultiana, al tener los componentes ético y político y relacionarlos entre sí, no cierra la puerta a un ejercicio crítico que ponga en cuestión ciertas prácticas políticas, económicas, culturales y sociales que a lo largo del siglo XX y comienzos de este siglo han adquirido formas globales o generales que atañen de alguna manera a todas las sociedades a pesar de sus singularidades. Nos referimos concretamente a dos fenómenos que tienen forma general y que atraviesan lo que hacen los seres humanos a nivel mundial: la Globalización y el Progreso, cuyo efecto global es la Crisis Climática.

---

[194] Foucault. Michel. ¿Qué es la crítica? Siglo XXI Editores. Buenos Aires. 2018. Pág. 95-96.

2. La Crisis Climática como preocupación general de la filosofía crítica

La Globalización son toda una serie de prácticas políticas, económicas, sociales, culturales y demás que cancelan todas las fronteras, los límites, los regionalismos y singularidades o particularidades de las sociedades humanas y permite una generalización de los estilos de vida y de las culturas en una época donde las tecnologías de la información y de los medios de comunicación de todo tipo han derribado las barreras que nos impedían acceder y comunicarnos de forma directa con personas de múltiples culturas, nacionalidades, etnias etc. Este fenómeno está relacionado directamente con todos los procesos de revoluciones tecnológicas, científicas y la explosión del Capitalismo como referente político-económico dominante a nivel mundial.

Las consecuencias negativas de la Globalización en lo que hacemos los seres humanos nos las describe el escritor colombiano William Ospina en su libro *Es tarde para el hombre* donde nos dice

> Proyectando uniformes espectáculos para todos los hombres, la modernidad unifica y confunde los sexos, las edades, las culturas, en una sola amalgama indiferenciada, carente de matices y sentidos[195].

La uniformidad que menciona Ospina es la principal consecuencia negativa de la Globalización y consiste en la pérdida de la diversidad y la multiplicidad de saberes, creencias y discursos que han enriquecido la comprensión del mundo. Por supuesto que esta visión se centra únicamente en los aspectos negativos de este fenómeno y desconoce, o no menciona, aspectos como la apertura mental y actitudinal que conllevan los intercambios con otras sociedades y sus culturas y que nos permiten a los seres humanos reconocer, respetar y

---

[195] Ospina, William. *Es tarde para el hombre*. Editorial Pengüin. Bogotá. 2015. Pág. 97.

apreciar la infinita variedad de estilos de vida que tenemos. Además, la globalización no ha cancelado realmente la variedad de culturas, estilos de vida, creencias y saberes que manejan las distintas sociedades humanas en el planeta, sino que lo que sucede en la actualidad, es que predominan ciertos discursos y saberes que ocultan o impiden brillar esa riqueza cultural.

La Globalización es uno de los efectos del Positivismo, discurso de verdad con el cual se han erigido las prácticas humanas en las sociedades occidentales y han permeado incluso a oriente. Al respecto William Ospina nos dice que

> la principal tendencia del Positivismo es la de reducir la vasta y compleja realidad universal a un discurso utilitario que solo acepta lo lógicamente demostrable, lo que puede ser calculado, medido, claramente explicado en su origen y que puede expresarse en fórmulas racionales...Un mundo así reducido a sus manifestaciones más evidentes y a sus mecanismos más útiles solo promete la muerte del espíritu humano[196].

Este discurso del Positivismo, que nos describe Ospina, erige a la razón como única bandera para percibir e interpretar la vasta realidad humana y de él se desprenden los discursos del progreso y el fenómeno de la Globalización, que ahora podemos entender como la unificación de las prácticas políticas, económicas, científicas, gnoseológicas, culturales y demás formas del saber, en la razón como único dispositivo aceptado para relacionarnos con el mundo en que vivimos.

Esta racionalidad instrumental ha configurado una dominación y control de la naturaleza sin precedentes en la historia humana y cuyo apogeo en los últimos dos siglos con la explosión de las revoluciones de la

---

[196] Ibid. Pág. 18.

industria, la ciencia, la economía y la política capitalista, nos han conducido a niveles elevados de consumo, explotación y utilización de los recursos del planeta que, si bien representan los más altos niveles de vida alcanzados por la humanidad, están agotando la tierra y han producido daños irreversibles al clima, la biodiversidad y la flora en lo que muchos científicos, teóricos e intelectuales concuerdan en llamar 'crisis climática'.

Por 'crisis climática' deben entenderse todos los efectos destructivos que el Positivismo –con su bandera del progreso– y la globalización han causado sobre el planeta. Estos efectos se hacen evidentes en

- la destrucción generalizada de la Amazonía, la reducción del hielo marino del Ártico, la extinción de arrecifes de coral a gran escala, el derretimiento de las capas de hielo de Groenlandia y la Antártida Occidental, el deshielo del permafrost, la desestabilización de los bosques boreales –que contienen una gran cantidad de árboles que crecen en climas helados del norte– y una desaceleración de la circulación oceánica….la pérdida o el debilitamiento de los sumideros de carbono, la muerte del bosque, la retirada del hielo y el aumento de la respiración de las bacterias;[197]
- y el aumento de uno a dos grados en las temperaturas generales del clima. Además, el aumento excesivo del consumo de energías y de recursos que estamos haciendo los seres humanos desde hace poco más de dos siglos cuando comenzó la primera Revolución Industrial es otra de las causas de la crisis climática actual.

La racionalidad instrumental del progreso humano nos ha conducido a prácticas que han adquirido formas

---

[197] Regan, Helen (2019, noviembre 28). La crisis climática empuja a la Tierra a un "punto de inflexión global", advierten investigadores. *CNN en español.*
https://cnnespanol.cnn.com/2019/11/28/la-crisis-climatica-empuja-a-la-tierra-a-un-punto-de-inflexion-global-advierten-investigadores/

universales o generales que pululan por todo el planeta y atraviesan prácticamente a todas las sociedades humanas sin importar sus diferencias y singularidades, las cuales en cierta forma tienden a desaparecer o a quedar en suspenso bajo su poder. Estas prácticas se pueden englobar en lo que Gilles Lipovetsky llama la sociedad de hiperconsumo que consiste en

> la avidez crónica de bienes materiales, el virus de la compra, la pasión por lo nuevo...compras compulsivas, avidez de objetos, escalada de necesidades, abundancia y derroche espectacular[198].

El hiperconsumo consiste en el consumo excesivo, constante, ininterrumpido e individual de recursos de todo tipo que agotan la capacidad que tiene la tierra de restituir o recuperar lo que de ella sacamos con tanta avidez y velocidad. De igual manera, el consumo excesivo ocupa todo el tiempo, los espacios y los momentos de la vida de las personas, más que todo en los países desarrollados que acaparan el mayor gasto de energías y elementos renovables y no renovables de que dispone el planeta. En términos foucaultianos, los individuos actuales han sido configurados para que sean sujetos de consumo constante e ininterrumpido de todo tipo de objetos y de energías.

William Ospina en su libro *Parar en seco* describe de forma interesante el consumo humano de los últimos dos siglos al compararlo con el apetito prometeico, en alusión al célebre dios de la mitología griega, y que consiste en "querer ser más veloces, más poderosos, más ricos, más diestros y más seguros"[199]. Este apetito ha alcanzado dimensiones elevadas en los dos últimos siglos ya que los seres humanos hemos alcanzado niveles sin precedentes

---

[198] Lipovetsky, Gilles. La felicidad paradójica. Editorial Anagrama. Barcelona. 2007. Pág. 32.

[199] Ospina, William. Parar en seco. Editorial Pengüin. Bogotá. 2016. Pág. 21.

de dominación y explotación de la naturaleza gracias a los avances tecnológicos, científicos y médicos, lo cual se traduce en que cada individuo "comenzó a gastar más energía de la que era capaz de producir con su cuerpo"[200], con efectos negativos para un planeta que, sobredemandado de energías y recursos, contaminado por nuestras fábricas, por el uso de combustibles fósiles, por nuestros desechos químicos y de otro tipo etc. ha comenzado desde hace un tiempo a avisarnos de que, si seguimos por este camino, una nueva era glaciar o de extinción masiva de especies y de flora, se avecina con rapidez por nuestra culpa.

3. Lo que queda por hacer, propuestas desde el pensamiento crítico de Ospina y el deber general de la práctica filosófica actual

Una vez expuesta la situación general de la humanidad ante la crisis climática, nos queda por hacer un análisis de posibles alternativas para contribuir a un cambio radical de los estilos de vida humanos que permitan disminuir los impactos de un fenómeno que ya no tiene reversa. Para esto, vamos a destacar algunos análisis que nos parecen pertinentes del escritor colombiano William Ospina y a partir de ellos y de algo que plantea Lipovetsky, proponer ciertos deberes que la actividad filosófica debería llevar a cabo para contribuir a un cambio en la mentalidad de los estilos de vida utilitaristas y consumistas que llevamos hasta el momento.

En primer lugar, Ospina nos dice que la razón instrumental ha conducido a una desacralización del Universo, que consiste en el destierro o desvalorización de la filosofía, la mitología, la religión, la mística, la poesía y el arte como formas de significar y relacionarse con el mundo y lo que en él existe en beneficio de los saberes y discursos científicos, técnicos, publicitarios y

---

[200] Ibíd. Pág. 23.

de las industrias de consumo[201]. Este reduccionismo de los significados y de las formas de relacionarnos con el entorno, han empobrecido la realidad humana y han convertido al planeta y lo que en él hay en simple materia sin alma.

Segundo, esta instrumentalización de la vida y las relaciones humanas con el planeta han desembocado en lo que el escritor colombiano llama la "religión del progreso"[202], la cual consiste en la creencia y las prácticas de vida donde el consumo mercantil, tecnológico, de espectáculos y demás han definido el ideal de felicidad individual y colectiva. Bajo este ideal de consumo excesivo, hemos alcanzado niveles elevados de alteración de los ecosistemas, del medio ambiente y de la vida planetaria con los efectos ya mencionados.

Tercero y último, cabe hacer énfasis en el papel de las prácticas religiosas y míticas occidentales, en especial del cristianismo, que han desembocado en la creencia de que los seres humanos somos la cúspide de la vida en la tierra, que tenemos un don o unos elementos divinos que nos han dado

> esa misteriosa licencia…de investigar el mundo, de desentrañar sus leyes, de dominar sus claves secretas, de utilizar paso a paso esos conocimientos, transformando la realidad…modificar el texto de la naturaleza, de cambiar la letra del mundo, de alterar las leyes de la vida y hasta destruir el cuerpo humano, obrando sobre su tejido íntimo mutaciones impredecibles[203].

Estos tres análisis nos sirven para plantear unos posibles deberes de la práctica de la filosofía crítica. El

---

[201] Ospina, William. Es tarde para el hombre. Obra previamente citada. Pág. 18-19.

[202] Ospina, William. Es tarde para el hombre. Obra previamente citada. Pág. 45-52.

[203] Ospina, William. Es tarde para el hombre. Obra previamente citada. Pág. 42.

primero consiste en denunciar el dominio despótico y exclusivo de la racionalidad instrumental y en proponer la recuperación de otras formas de valorar y relacionarnos con la naturaleza y sus cosas. Esas formas son las prácticas culturales como la poesía, el arte en todas sus manifestaciones, los mitos y expresiones religiosas que no ven el mundo como objeto de dominación y de consumo y la revalorización de la filosofía y de saberes 'alternativos' que nos permitan ver con otros puntos de vista la vida, la naturaleza y las cosas.

La recuperación de estos saberes, prácticas y formas de valorar deben permitirle al ser humano, no necesariamente regresar a las formas de vida míticas donde se adoraban los elementos naturales como seres sagrados, pero sí rescatar de esas formas de ver el mundo, el hecho de que la naturaleza es parte integral de nuestra vida, que no somos ajenos a ella y que formamos parte de su totalidad y debemos relacionarnos con ella de formas responsables desde el punto de vista de una ética ambiental y hasta sagrada en el sentido de la admiración, la contemplación y el disfrute no consumista ni utilitarista de nuestro entorno. El uso responsable, desde la ética ambiental, de la naturaleza, conlleva la eliminación del consumo excesivo y destructivo de los recursos naturales, de la creación y uso de energías limpias y renovables, del aseo y reciclaje de productos.

Lo anterior nos lleva al segundo deber que consiste en el papel crítico de la filosofía para erradicar el consumo de placeres momentáneos o efímeros mediante la propuesta de nuevas perspectivas de felicidad donde esta "se identifique menos con la satisfacción del máximo de necesidades y la renovación sin fin de objetos y diversiones" y se alcance "un nuevo pluralismo de los valores, una nueva apreciación de una vida canibalizada por el orden del consumo versátil"[204]. En otras palabras, se debe proponer desde la crítica filosófica y cultural la

---

[204] Lipovetsky, Gilles. La felicidad paradójica. Editorial Anagrama. Barcelona. 2007. Pág. 352.

necesidad de una transvaloración o inversión de los valores del consumo perpetuo y efímero de objetos y placeres como ejes centrales de la vida y dirigirnos hacia formas de consumo moderadas, responsables, duraderas y ecológicas donde, lo que tomemos de la naturaleza sea restituido o al menos se le permita a la misma recuperar lo que de ella hemos sacado.

Por último, se hace necesario una reflexión y control críticos de las prácticas científicas que, al realizar determinado tipo de investigaciones, experimentos, innovaciones y transformaciones del mundo natural, producen alteraciones de los equilibrios y de las fuerzas naturales, mutaciones y demás efectos que destruyen el mundo y hasta provocan fenómenos críticos como cambios bruscos del clima, enfermedades, mutaciones genéticas y demás. Por ejemplo, la demanda y consumo excesivos de los seres humanos han provocado que ciertas investigaciones y productos transgénicos derivados de las mismas, alteren los ciclos naturales de desarrollo y crecimiento de los animales que conllevan a ciertas alteraciones de tipo genético que acaban produciendo efectos nocivos en los seres vivos. Otro ejemplo es el uso extensivo de monocultivos que destruyen la fertilidad de la tierra, alteran las dinámicas naturales y contribuyen a la crisis climática actual; eso sin contar con que muchas actividades mineras y de dominio y riqueza, están desligadas de toda ética ambiental del cuidado y el respeto de la naturaleza.

En conclusión, la humanidad paulatinamente se está viendo o se verá en la necesidad e incluso en la obligación de modificar sus estilos de vida acelerados, de consumo incesante, momentáneo e irresponsable de objetos y espectáculos y de priorizar aquellas necesidades que son realmente vitales para el sustento de la vida en la tierra. Acontecimientos como el virus del COVID-19 ya nos hacen ver que hay muchas cosas por revisar y replantear si queremos que este planeta siga siendo el hogar habitable y de sustento de la vida. La dominación, la ambición y la desigualdad en la distribución de las riquezas se deberán revisar, además de plantear nuevos objetivos y prácticas políticas que se enfoquen a solucionar las crisis que ya tenemos a nuestras espaldas.

Kant y Goethe: hacia una concepción orgánica de las formas naturales

Óscar Eduardo Ocampo Ortiz
Universidad Tecnológica de Pereira
oeocampo@utp.edu.co

1. Kant y la epigénesis: fuerza vital de los seres orgánicos

En tiempos de Kant, el pensamiento causal era esencial dentro del mecanicismo que había logrado imponerse tanto a los físicos como a los biólogos y filósofos. Esto se evidencia en la filosofía de Descartes, el pensamiento ético y político de Spinoza y Hobbes y los ilustrados franceses, entre los que se encuentra el médico y filósofo J.O. La Mettrie uno de los más importantes defensores del mecanicismo con su obra *L'homme machine* de 1748[205], obedecen a los principios de la mecánica de Galileo y Newton. Todos estos pensadores habían erradicado de la ciencia y de la acción humana la 'teleología', expulsaron las cuatro fuerzas del movimiento expuesta por Aristóteles, dejando solo la causa eficiente, que ahora podía ser mejor explicada por la ley de la inercia. Todo esto abre una posibilidad de explicación de los fenómenos naturales desde el sensualismo y materialismo. Tanto así que Bacon expresara irónicamente frente a la teleología: "La virgen consagrada a Dios cuyo útero no pare nada" (Höffe, 1986, p. 243) Pese a dicha crítica, Kant reconocía la necesidad de la teleología y le reserva una función dentro del mundo de la naturaleza, especialmente dentro de la reflexión orgánica del mundo.

En su opúsculo sobre *La falsa sutileza de las cuatro figuras del silogismo* [*Über die falsche Spitzfindigkeit*] (1762) dedicado al análisis de las figuras del silogismo, alude a la diferencia entre el hombre y el animal. El

---

205 De la Mettrie, Julien Offray (1963) *El hombre máquina*, Buenos Aires, Eudeba.

hombre, ser racional y por ello animal superior no solo distingue entre las cosas, sino que conoce el distingo entre ellas. Esto le permite emitir juicios sobre las cosas; acción que ningún animal irracional puede realizar, o por lo menos, no se ha comprobado que lo haga. Esta es una distinción fundamental para el propio Kant, quien al referirse a dicho tema se expresa así:

> Distinguir lógicamente es conocer que una cosa A no es B, y es siempre un juicio negativo; distinguir físicamente es ser impulsado por representaciones diferentes a diferentes acciones. El perro distingue el pan del asado, porque el asado lo afecta de otro modo que el pan (ya que cosas diferentes causan diferentes sensaciones) y la sensación del primero es el fundamento de otro apetito en él que la del último, conforme a la conexión natural de sus impulsos con sus representaciones. Esto puede dar ocasión para la reflexión mejor sobre la diferencia esencial entre los animales racionales e irracionales. Si se logra, comprender qué clase de fuerza es esa con la cual se hace posible juzgar, se habría resuelto el problema. Mi opinión actual es que esta fuerza o capacidad no es otra que la facultad del sentido interno, esto es, la facultad de hacer de sus propias representaciones el objeto de sus pensamientos. Está facultad no puede derivarse de otra, es una facultad básica en sentido propio, y, según estimo, puede pertenecer solo a seres racionales. En ella se apoya toda la facultad cognoscitiva superior. Concluyo con una idea que será grata a quienes pueden sentir alegría por la unidad de los conocimientos humanos. Todos los juicios afirmativos caen bajo una formula común, el principio de concordancia:

> cuilibet subiecto competit praedicatum ipse identicum; todos los negativos caen bajo el principio de contradicción: Nulli subiecto competit praedicatum ipse oppositum (1762: II, 60, p.20).

El animal reacciona (como todo ser vivo) a estímulos externos y realiza incluso una "Conexión natural de sus impulsos con sus representaciones", el hombre se diferencia de éste por lo que le es más propio: la actividad cognoscitiva. El hombre a partir de la sensación no sólo es afectado, sino *auto-afectado*, es decir, posee una predisposición o facultad reflexiva para recibir los datos y organizarlos en relaciones de unidad categorial, que parte de una afección a la facultad sensitiva. Pero no se queda ahí, sino que, da una unidad a dicha representación. Pero en la raíz profunda, se puede encontrar una semejanza entre el hombre y el animal más allá de lo cognoscitivo, en los dos subyace la *sensación*, previo desde el punto de vista ontológico, a la *sensibilidad*, facultad que analiza en la *Doctrina trascendental de los elementos*, *Estética trascendental* de la *KrV*. La sensación es la capacidad de sentir dolor o placer al ser afectado externamente por algo y sobre dicha sensación debe partir incluso la construcción del conocimiento y el propio arte. Kant habla de la necesidad de separar metodológicamente la *sensibilidad* y el *entendimiento,* pues estas no pueden intercambiar sus funciones, y, sin embargo, ninguna es referible a la otra:

> Ninguna de estas propiedades ha de preferirse a la otra. Sin sensibilidad no nos sería dado objeto alguno; y sin entendimiento, ninguno sería pensado. Pensamientos sin contenidos son vacíos, intuiciones sin conceptos son ciegas (B 75/ A 51)[206].

[206] No podemos olvidar que antes, en este mismo aparte, Kant nos marcaba las dos fuentes del psiquismo humano, fuentes que es

No obstante, afirmará Kant, la necesidad de una raíz común entre sensibilidad y entendimiento, que en vez de buscarla en la sola imaginación como hace Heidegger se debe buscar en la vida, *fuerza vital* [*Lebenskraft*] de todo ser organizado, de las cuales las facultades humanas no son más que manifestación de la mente o el ánimo [*Gemüt*].

Lo anterior está en contra del animal-maquina cartesiano, pues el animal biológico distingue entre representaciones y lo que corresponde a ellas, porque, aunque no tiene sentido interno propio de las facultades superiores, como entendimiento y razón (correspondiente al animal racional) sí tiene la facultad de reaccionar a estímulos diversos del mundo externo y distinguirlos. Es decir, puede frente a la afección de un objeto externo, distinguir un objeto de otro. De esta manera, el animal-maquina obedece a influjos aplicados desde el exterior, que le proporcionan un movimiento o modificación, pero esto solo es mecánico. Piénsese en cualquier artefacto construido por el hombre: primero

---

necesario distinguir, pero que a la misma vez Kant no deja de preguntarse por la fuente más *primigenia y fundante* de las dos. "Nuestro conocimiento surge de dos fuentes fundamentales de la mente [*Gemüths*], de las cuales la primera es [la de] recibir representaciones (la receptividad de las impresiones) [*Die Receptivität der Eindrücke*), y la segunda, la facultad de conocer un objeto mediante esas representaciones (espontaneidad de los conceptos) [*Spontaneität der Begriffe*]; por la primera, un objeto nos es *dado* [*gegeben*]; por la segunda, éste es pensado en relación con aquella representación ([considerada] como mera determinación de la mente)" (A 50/ B 74) Sin duda, esto es muy claro y todos los lectores de Kant saben que tanto intuiciones y conceptos son los elementos fundamentales del concomimiento. Sin embargo, hay algo más que nos es tan claro y común al entender, la correlación necesaria y común entre los dos, y mas aún encontrar la fuente común que sirva de enlace entre intuiciones y conceptos para que el conocimiento se pueda dar como unión conceptual y categórica. Pues, "Solo de su unión puede surgir el conocimiento. Pero no por ello, es lícito mezclar sus contribuciones, sino que hay gran motivo para separar cuidadosamente [estas facultades] una de la otra y para diferenciarlas" (B 76/ A 52) Aunque no deja de pensar Kant que ambas puedan provenir de una fuente primordial y fundante.

necesita de un combustible para moverse y cumplir sus respectivas funciones, pero sí su estructura y engranaje falla, este mismo no puede cambiar y auto-modificarse, necesita del agente externo que lo repare en una segunda instancia. No sucede así con un vegetal, animal, hombre o cualquier ser animado, estos se pueden modificar y superar por sí mismo sin inconveniente, hay una fuerza vital interna que les permite auto regenerarse. Caso, por ejemplo, de un vegetal que regenera sus tallos al ser cortados, un animal que se sana sus heridas con su propia saliva o un hombre que vence sus propias limitaciones por medio del esfuerzo de su entendimiento y ayuda a regenerar su cuerpo a partir de técnicas médicas y tecnológicas que facilitan la regeneración celular estableciendo su salud corporal. Los seres vivos poseen un suelo común, una fuerza vital [*vis vivifica*] condición de posibilidad de toda construcción posterior. No así la materia inorgánica, que sólo obedece a un dinamismo mecánico físico-matemático.

En la *KrV, Doctrina trascendental del método, Arquitectónica de la razón pura,* ubica la 'naturaleza pensante' y la 'naturaleza corpórea' dentro del esquema de la 'fisiología de la razón'. Kant muestra la imposibilidad de demostrar la idea del alma [*Seele*] como sustancia simple e inmortal en la cual se funda el pensamiento y la sensibilidad. La naturaleza pensante que la metafísica tradicional hacia provenir del alma no tiene ningún fundamento sólido. Desde la fisiología, la naturaleza pensante puede ser considerada desde el punto de vista empírico o racional, la parte empírica se identifica con 'antropología', y la racional con la 'psicología racional'. Esta última es desecha, pues no se puede hacer ciencia de aquello que no tenemos experiencia.

Por consiguiente, se derrumba toda la psicología racional, como una ciencia que sobrepasa todas las potencias de la razón humana, y no nos queda nada más que estudiar nuestra alma siguiendo el hilo conductor de la experiencia, y contenernos dentro de las limitaciones de las cuestiones que no van más allá que hasta donde una experiencia interna posible puede exponer su contenido (A 382).

Dicha orientación fisiológica de Kant estará motivada por la crisis de la psicología wolffiana, que ya no podía dar cuenta de los fenómenos psíquicos, a no ser acudiendo a la 'falacia naturalista', idea que desde el punto de vista de Kant es inaceptable. No podemos pasar de un mero principio lógico formal válido dentro de un predicado nominal a dar realidad a una entidad como el alma que solo existe en las palabras del predicamento.

Lo anterior permite a Kant observar otros centros de discusión que interpretaron el alma y sensibilidad humana por meros hechos fisiológicos como, por ejemplo, Hissmann, Lossius, Tiedeman, Meiners E Irwing, que defendieron una idea "psico-fisiológica que les hizo querer explicar las operaciones del alma por mecanismos nerviosos" (Moya, 2008, p, 226), el alma no es más que el cerebro. Interpretaciones que tanto Diderot vio con complacencia en su texto de 1753, *Pensamientos sobre la interpretación de la naturaleza*[207], donde intenta observar a ésta desde una posición holística, superando el atomismo y el mecanicismo newtoniano a partir de un principio dinámico. Pero ya Kant en la *KU* § 73 había dicho que tanto una como la otra posición eran insuficientes para explicar el desarrollo de los seres vivos. Kant siempre justificará hablar de *fuerza vital* [*Lebenskraft*] en lugar de alma [*Seele*], por ser más apropiado para sus estudios científicos. Las fuerzas se pueden percibir por sus efectos, el alma no deja de ser más que una idea sin correlato, no es más que una idea directriz. Así lo muestra en dos textos: *Anuncios de la próxima conclusión de un tratado de Paz Perpetua en*

[207] Diderot, Denis (1992) *Sobre la interpretación de la naturaleza, Edición Bilingüe,* Madrid, Anthropos.

filosofía (I; VIII, 413)[208] y *Sobre el uso de los principios teleológicos en filosofía* (VIII, 181)[209]

Pero, lejos de limitarse a estos documentos, expresa ideas similares en *Historia general de la naturaleza y teoría del cielo* (1755), donde explica la *evolución general del universo y los demás seres de la naturaleza.* Kant, en dicho texto, muestra como la materia in-forme y heterogénea del universo empezó a desarrollarse cuando en la nebulosa inicial, la materia se condensaba a partir de las leyes mecánicas de Newton (atracción y repulsión) que terminaron por formar sistemas planetarios en equilibrio dinámico al atraer todo hacia el centro por medio de la fuerza centrípeta generando cúmulos de materia muy densa en su propio centro. De esta manera, es que el universo que ahora aparenta un total orden se desarrolla a partir de fuerzas estruendosas y caóticas que se van organizando a partir de la reunión de los elementos más densos en el centro producido por la atracción del sol y que son los que empiezan a formar la vida misma:

> The universal tranquillity in space replete in this way lasts only for an instant. The elements have essential forces which set each other in motion and are, indeed, themselves an origin of life. The material is under an immediate impulse to develop. The denser type of scattered materials, thanks to the power of attraction, collect from a spherical area around them all the material with a lesser specific weight. But they themselves, together with the material which they have united with them, converge in the points where the small pieces of an even

---

[208] Kant (2004) *Anuncios de la próxima conclusión de un tratado de Paz Perpetua en filosofía, Edición bilingüe, Opuscula philophofica, ediciones encuentro.*

[209] Kant, (1788) *Sobre el uso de los principios teleológicos en filosofía, traducción de Nuria Sánchez Madrid, Logos, Anales de seminario de Metafísica Vol., 37, (2004), pp. 7-47.*

denser type are located, and these again to even denser points, and so on. When we consider this idea of a self-developing nature throughout the entire extent of chaos, we will easily see that all the consequences of this process will finally consist of the assembling of different clúster, which, after the completion of their development, would be calm and eternally motionless because of the equality in the force of attraction[210] (Kant, I, 2008, p. 50-51).

Pero, a la vez, estudia la formación de la vida bajo estas condiciones, incluyendo la constitución cognitiva humana que depende de las condiciones geográficas y climáticas del planeta que ocupe dentro del sistema solar, como se puede ver en el *tercer capítulo*, llamado *Comparison Between the Inhabitants of the Stars*, donde hace una explicación imaginativa basada en las analogías de la naturaleza, explicando las diferentes maneras y formas de vida teniendo en cuenta el clima y la gravedad de los planetas. No deja de ser sumamente interesante que la mente humana y sus facultades le diera esta misma explicación. El cerebro es un órgano sumamente complejo que obedece a interacciones de fuerzas externas atracción y repulsión (mecánicas), pero también internas

[210] El reposo general en el espacio repleto de este modo dura solo un instante. Los elementos tienen fuerzas esenciales que se ponen en movimiento entre sí y constituyen su propio origen de vida. La materia está bajo un impulso inmediato a desarrollarse. El tipo más denso de materiales dispersos se juntan gracias al poder de la atracción, se recogen en un área esférica que los rodea, la materia de menor peso específico. Pero ellos mismos se rodean con el material que se ha agregado y se reúnen a su vez en las partes donde hay partículas de mayor densidad especifica las que por su parte son atraídas hacia otras aún más densas. Cuando consideramos esta idea de una naturaleza autodesarrollada a lo largo de toda la extensión del caos, fácilmente veremos que todas las consecuencias de este proceso consistirán finalmente en el ensamblaje de diferentes conglomerados, que, una vez completado su desarrollo, serían tranquilo y eternamente inmóvil debido a la igualdad en la fuerza de atracción" (Traducción nuestra)

(orgánicas) como las sensaciones y la misma reflexión, dos actividades que pueden ser explicadas dentro de la materia-orgánica y su propio desarrollo y autoorganizado. La experiencia y su relación con los conceptos del entendimiento lo considera Kant dentro de este modelo epigenético para separarse del empirismo inglés y del sensualismo francés. Esto es lo que muestra la *Deducción trascendental de los conceptos puros* § 27 de la *KrV*:

> Ahora bien, hay solo dos caminos por los cuales puede pensarse una concordancia n*ecesaria* [*nothwendinge*] de la experiencia con los conceptos de los objetos de ella: o bien la experiencia hace posible esos conceptos, o bien esos conceptos hacen posible la experiencia. Lo primero no ocurre con las categorías (ni tampoco con la intuición sensible pura); pues son conceptos *a priori* y por tanto independientes de la experiencia (la afirmación de un origen empírico sería una especie de *generatio aequivoca*) En consecuencia solo queda lo segundo (por decirlos así un sistema de la *epigénesis* de la razón pura): a saber, que las categorías contienen, por el lado del entendimiento, los fundamentos de la posibilidad de toda experiencia en general (B 166-167) (subrayado nuestro).

Kant, aquí, parte de un procedimiento de la embriología de aquella época, para explicar por analogía el 'preformismo' y 'epigenetismo' de la razón y la deducción de los conceptos puros del entendimiento. La razón como facultad humana se desarrolló no sólo por factores que tiene asiento en un órgano material, sino por factores externos. Dicha idea le permite desligarse de las diferentes formas del innatismo, que consideraban a Dios como aquel que imprima ciertas huellas en el alma, que luego pueden ser recordadas y desarrolladas. Kant

> Desde la mitad de los años 80, estimulado por la polémica con Herder y Forster y por la noticia de la hipótesis de Blummenbach, Kant se aliena definitivamente con el epigenetismo (Moya, 2001, p, 122).

Idea que, si bien está desde sus ideas pre-críticas, la confirmará en el § 81 de la tercera crítica, donde marca la insuficiencia del mecanismo para pensar la posibilidad de un ser organizado, mostrando los gérmenes que, luego, pueden ser desarrollados dentro del organismo, sin necesidad de acudir a hipótesis hiperfísicas o causas supremas, lo que muestra la ventaja de la epigénesis, refiriéndose Kant Blummenbach sobre este tema, dice:

> Él hace arrancar de la materia organizada todo tipo de explicación física de esas formaciones. Pues declara con toda justicia como contrario a la razón el que la materia bruta se haya formado originariamente así misma según leyes mecánicas, que a partir de la naturaleza de los falto de vida haya surgido de vida, así como que la materia haya podido ensamblarse en la forma de una finalidad que se autoconserva; sin embargo, al mismo tiempo, bajo ese *principio* inescrutable para nosotros de una *organización* originaria concede al mecanicismo natural una participación indeterminable, pero a la vez también innegable, denominado *impulso configurador* (a diferencia de la fuerza configuradora simplemente mecánica que se presenta universalmente a partir de la materia) a la capacidad de la materia en un cuerpo organizado (que por decirlo así, se halla bajo la superior dirección e instrucción del mentado principio) (B 379).

Kant es crítico en este parágrafo 81 de la *KU* con la mera posición mecanicista, pues a partir de ésta se puede explicar la interacción de la materia por simples movimientos mecánicos, pero la *fuerza vital*, tiene la ventaja de la autoproducción de ciertos movimientos, de *autoorganización* espontánea a partir de flujos externos, ambiente y condiciones geográficas, etc. Dice Kant, que aunque esta teoría de una epigénesis no se le reconociere ventaja alguna con relación a los explicación de los fundamentos de la experiencia

> la razón estaría especialmente dispuesta de antemano a favor de su modo de explicación, porque con respecto a las cosas que originariamente solo pueden representarse como posibles según la causalidad de fines, dicha explicación considera a la naturaleza, al menos en lo que atañe a la procreación, como autoproductiva y no simplemente como propiciadora del desarrollo (B 378).

No es lo mismo explicar un cuerpo material o ideal a partir de una gráfica en el plano cartesiano como obedeciendo a leyes mecánicas de Newton que sentir la fuerza afectiva y efectiva de los cuerpos vivos como puede ser el crecimiento la regeneración y el propio desarrollo autodesarrollo. Aquí la explicación de este movimiento orgánico no puede ser solo por fuentes de impulsos externos, sino fuerzas vitales internas. El concepto de fuerza vital-orgánica y auto-organizadora es fundamental y en esto consiste la importancia de la epigénesis, en brindar dicha posibilidad. Kant, en su opúsculo *Pensamientos sobre la verdadera estimación de las fuerzas vivas* (1747), había mencionado el hecho que la materia no puede ser leída como una mera extensión, introduciendo el concepto metafísico de 'fuerza viva', que muestra la propia naturaleza, por ser una fuerza activa, puede ser auto-productiva. Dicho concepto ya había sido mencionado por Leibniz al distanciarse este de mecanicismo de Descartes y rescatando la teleología y entelequias de Aristóteles[211] quien explica el movimiento y la motricidad de la naturaleza en términos de interacción entre fuerzas activas y pasivas como monadas que se influyen mutuamente a partir de una armonía prestablecida por Dios. Tanto Descartes como Leibniz y el propio Newton, convierten a Dios en la primera fuente del movimiento, Dios es el ingeniero del mundo, la diferencia entre los tres es de sutilezas, pero el fondo

---

[211] Leibniz es el primero en oponerse al mecanicismo y materialismo de la época, esto se puede ver en dos de sus obras más importantes y sistemáticas, *La Monadología*, donde claramente nos expresa dicha crítica al establecer la necesidad de una armonía entre causas mecánicas y orgánicas. Este se puede entender cuando dentro su sistema metafísico y teleológico nos dice en el Proposición 79, "Las almas actúan según leyes de las causas finales, por apeticiones, fines y medios. Los cuerpos actúan según las leyes de las causas eficientes o de los movimientos. Y ambos reinos, el de las causas eficientes y el de las causas finales, son armónicos entre sí. (Leibniz, 1981, p, 143) Sin embargo, donde es más claro es en le *Discurso de metafísica* en los parágrafos 21, 22 y 23 discute con los mecanicistas que intentan explicar el movimiento de los cuerpos solo por movimientos mecánicos, por su extensión y forma geométrica, allí explica que dichas causas eficientes son importantes, pero no se puede explicar todo el movimiento y orden del universo solo por ellas, introduciendo causas finales e inteligibles. "Pues si no hubiera en los cuerpos mas que una masa extensa y en el movimiento no hubiese más que cambio de lugar, y todo debiera y pudiera decirse de estas solas definiciones por una necesidad geométrica, de esto se seguiría, como he mostrado en otro lugar, que el cuerpo más pequeño daría al más grande que estuviera en reposo, y con el que chocara, la misma velocidad que él tiene, sin perder nada de la suya; y habría que admitir otras muchas reglas semejantes, totalmente contrarias a la formación de un sistema" (Leibniz, 1994, p. 83) Las fuerzas vivas habían sido admitidas por Leibniz para poder explicar su teleología siguiendo a Aristóteles su planteamiento de las entelequias y oponerse al mecanicismos de la época, especialmente a Descartes, esto lo reconoce Kant de Leibniz cuando nos dice en *Pensamientos sobre la verdadera estimación de las fuerzas vivas, capítulo primero,* § 1 dice Kant: Leibniz al que la razón humana tanto tiene que agradecer, fue el primero en enseñar que en los cuerpos reside una fuerza esencial, que les corresponde antes incluso que la extensión. Estas son sus palabras: *Es aliquid praeter extensionem imo extensione prius* (17.1 20-23, p. 29) Es claro que la grandeza de Leibniz es no haberse dejado influenciar ciertamente por el mecanicismo de la época.

subyace la idea de Dios como o arquitecto o causa eficiente de todo. Kant en dicho *opúsculo* cree poder mostrar que el postulado de Leibniz no necesita de Dios para establecerse, y que va más allá de la mera interacción de atracción y repulsión. Una fuerza viva, no es una simple fuerza motriz externa, de atracción y repulsión, sino de una fuerza interna y formativa, que no excluye las fuerzas externas, sino que más bien se incrementa por acción de estas. En relación con estas fuerzas Kant marca la diferencia entre fuerzas vivas (internas-orgánicas) y las fuerzas muertas (internas y mecánicas), como se ve en el *capítulo tercero*, § 122 del opúsculo antes mencionado.

Hemos probado que, si un cuerpo ha fundado *suficiente y completamente* en sí mismo la causa de su movimiento, de modo que pueda explicarse por la índole de su fuerza que vaya a conservarse libre e invariable para siempre tiene una fuerza viva; pero si no sostiene en *absoluto* en sí mismo, sino que para ello depende del exterior, solo tiene una fuerza muerta, que es infinitamente menor que aquella. (145,3 12-20, p. 152.)

Principio que puede ser explicado por el hecho como un organismo a partir del consumo de nutrientes del suelo y del alimento (plantas o animales) en relación con la energía extraída del sol, puede crecer, desarrollarse y auto-regenerarse sin comprometerse con postulaciones hiperfísicas. Kant en ningún momento acepta principios inmateriales para explicar el mundo y su diversidad vital o el conocimiento humano, un fenómeno queda mejor explicado entre más simple sea la teoría. En el texto *Sueño de un visionario*, intenta expulsar toda explicación inmaterial y sobre natural con el fin de desligarse de todo fanatismo.

Además, el recurrir a principios inmateriales constituye un refugio para la filosofía perezosa, y, por ello, hay que hacer todo los posible por evitar explicaciones con el fin de que sean conocidos en toda su amplitud los fundamentos de los fenómenos mundanos que se basan en leyes del movimiento de la mera materia [*bloßsen Materie*] y que son los únicos comprensibles (Kant, I. 1987, p. 47)

Es así como de la interacción entre fuerzas vivas-activas y pasivas, externas e internas emerge la materia y los cuerpos dentro de los sistemas físicos. La materia, dentro de este marco, puede ser considerada desde el mero punto de vista inorgánico mientras que los cuerpos que presentan una organización más compleja se pueden explicar por el dinamismo vital y orgánico, pero en los casos se puede hablar de una conformación material, único punto seguro para iniciar una investigación. Cuerpos orgánicos e inorgánicos se pueden concebir como sustancias relacionadas a partir de plexos de fuerza que obedecen en un nivel de organización, más o menos complejo, por acción del calor y los fenómenos eléctricos que influyen en los diferentes sistemas nerviosos sean de plantas o animales (incluye al hombre) Y, aunque la fuerzas motrices de la naturaleza no son plenamente conocidas por el hecho de que la física siempre se agrega algo nuevo al conocimiento, la razón y sus principios nos permiten concebir un sistema de ellas. Kant en *Opus postumum*, dice:

Aunque las fuerzas motrices de la materia sólo pueden ser conocidas por experiencia (por tanto, no pertenecen a los principios metafísicos), por lo que respecta a su interrelación en un todo de la materia en general pertenecen a conceptos a priori (y por consiguiente también a la metafísica) entendiendo por fuerza motriz sólo el movimiento mismo que, considerado matemáticamente, según su dirección y grado, es atracción y repulsión. (XXI, 475, p.73-74)

El cerebro cede de representaciones cognitivas trascendentales obedecen para su actividad a equilibrio de fuerzas en el sentido antes mencionado, según lo expresa en *Der Streit der Facultäten*,

> si la fuerza nerviosa que emana del cerebro, sede de las representaciones, no actúa coordinadamente con la fuerza muscular de

> las vísceras, la vida no podría conservarse ni un solo instante (VII, 106, p. 187).

El humano, como ser de la naturaleza, obedece igual que cualquier otro ser a estas dos fuerzas: mecánicas y vitales. Pero Kant muestra una organización que obedece a dos estructuras: las primeras son *orgánicas*, las segundas *nerviosas*. Las primeras tienen que ver con la contractibilidad de los músculos y del movimiento de las vísceras; la segunda con la irritabilidad de las diferentes partes del cuerpo, la sensibilidad de los órganos corporales y las "fuerzas representativas" con sede en el cerebro (Moya, 2008, p. 228).

En pocas palabras, lo que hace el filósofo de Königsberg es decirle a los materialistas franceses, que desde la anatomía y la fisiología se puede explicar ciertos movimientos mecánicos de los seres vivos, pero dejar por fuera otros: como la auto-productividad, la regeneración celular y procesos homeostáticos. Es necesario incluir los fenómenos de la vida y autoorganización de esta, ya que la vida hay que explicarla tanto con las fuerzas particulares que afectan ciertos órganos como en la relación de sus partes con el todo. No hay posibilidad de diseccionar la naturaleza sin consecuencias negativas para el conocimiento y el fenómeno de la vida. Incluso el desarrollo y evolución que ha alcanzado el hombre obedece a interacciones con el mundo externo clima (calor frío), geografía y educación. A los estudios de *anatomía*, *fisiológica* o físico-químicos de los materialistas franceses y los seguidores del mecanicismo newtoniano, hay que agregar, según Kant, la parte *funcional*, es decir, hay que añadir fuerzas orgánicas y nerviosas, fuerza vital y originaria como fuerzas que muestren la generación, el desarrollo y auto-productividad de los seres vivos.

Ver los organismos vivos como meros cuerpos que se mueven en el espacio y el tiempo obedeciendo únicamente a leyes mecánicas, es un fuerte reduccionismo de los fenómenos de la naturaleza. Kant siempre fue crítico frente a esto y presenta una relación entre la ciencia biológica y el arte, dicha analogía está en la capacidad creativa y auto-productiva, que desarrolla en plenitud en la tercera crítica. Las formas naturales y las creaciones artísticas guardan una unidad incondicionada entre arte y naturaleza: la naturaleza al igual que el artista, también es creadora. Razón por la cual, siempre habrá un inconveniente incluso para el investigador de la naturaleza ver a esta desde un punto de vista meramente descriptivo y mecánico, cuando se enfrenta al desbordante, diverso y vital movimiento de las bellas formas que presenta el espectáculo de la naturaleza. Por ello, dirá en la *KU* § 75 que no podemos entender los seres organizados por solo principios mecánicos.

2. Goethe y las formas de la vida: la ciencia de la *Naturphilosophie*

En una conversación con Eckermann que data del 11 de abril de 1827, dice Goethe:

> Kant nunca se hizo eco de mí, a pesar de que yo, por mi propia cuenta, recorrí un camino similar al de él. Escribí mi *Ensayo Sobre la Metamorfosis de las Plantas* antes de saber nada de Kant y, sin embargo, se halla totalmente en el sentido de su teoría (Cassirer, 2007, p. 223).

¿Qué quiere decir Goethe con recorrer un camino similar al de Kant? ¿Qué puede implicar esto? en la anterior nota que recoge Cassirer. Dicha relación se encuentra en la *KU* y la necesidad que propone Kant de los enunciados teleológicos y los juicios reflexionantes en la investigación artística y científica.

La *KU* no es solo una teoría del arte que intenta fusionar lo bello y lo sublime, el arte y el genio; es, fundamentalmente, un intento por unir la naturaleza inorgánica y la orgánica dentro de una unidad sistemática a partir del juicio reflexionante, por ello, reducir la *KU* a un mero problema estético es una concepción reduccionista, pues en ella entran los problemas biológicos y orgánicos. De esta manera:

> La finalidad es para Kant algo más que un principio transcendental de todo conocimiento de la naturaleza y la base de todos los juicios estéticos. Desempeña un papel especifico, en tanto que finalidad objetiva, en el conocimiento de los seres naturales (Höffe, 1986, p. 254).

Kant habla en la primera sección de la *KU* de la finalidad subjetiva de los juicios estéticos. Pero es en la segunda sección *analítica del juicio teleológico*, analiza el mundo de lo orgánico. Lo primero que nos presenta es una finalidad objetiva y meramente formal que se refiere al hecho de los matemáticos que descubren en las figuras geométricas una relación de los cuerpos sin fijarle ningún fin y cuyo único objetivo es describirlos en el espacio de manera *a priori*. Dicha finalidad no está en las figuras geométricas, sino que es algo puramente intelectual que se puede aplicar a priori a los objetos, según lo expresa en la *KU*, § 62:

> Todos las figuras geométricas que se trazan con arreglo a un principio muestran una variopinta y a menudo una admirable finalidad objetiva en sí, la cual es la de la idoneidad para solucionar diversos problemas según un principio [...] La finalidad es aquí manifiestamente objetiva e intelectual, no simplemente subjetiva y estética (B 271).

Este mismo principio se puede aplicar a la naturaleza orgánica.

Dicha finalidad objetiva, posee un sentido regulativo, no constitutivo. Cada ser vivo, existe por el bien del todo y el todo por el bien de las partes. Este es el *primer punto de contacto* de Goethe con Kant. Ya había dicho Goethe que considerar la naturaleza desde el mero punto de vista analítico, no permitía ver sus conexiones y relaciones más íntimas, sería como inmovilizar lo que se nos presenta de manera dinámica y en constante movimiento. Kant fue uno de los que rompió esa forma de concebir la naturaleza. Y que según expresión de Goethe "había cubierto de niebla todo el siglo". Es claro que Kant nunca niega la teoría newtoniana para explicar la naturaleza a partir de fuerzas que actúan a distancia. Pero esta sólo llegaba a describir sus estructuras, pero jamás explicaría el desarrollo orgánico y los dinamismos internos de los organismos. Y es claro que lo realiza en *Historia universal de la naturaleza y teoría del cielo* donde explica el desarrollo material desde una nebulosa originaria a partir de fuerzas que funcionan a distancia, pero que en dicho desarrollo se origina la vida y el desarrollo orgánico de los seres naturales. Kant fue el creador de la teoría que se conoce como hipótesis Kant-Laplace, según se mencionó anteriormente.

Por otra parte, todos conocen al Goethe poeta, pero pocos se han acercado a las especulaciones sobre teoría científica de autor del *Fausto* y de *Werther*. No se debe olvidar que Goethe es el inventor del concepto de *morfología*, él nos habla de una planta primordial para explicar la *forma ideal*, simbólica y originaria de los vegetales. Este es la idea general sobre la que se fundamenta *Metamorphose der Pflanz.* Dentro de estas mismas investigaciones se puede encontrar su teoría más importante, la de la naturaleza vertebral del cráneo, el hallazgo del intermaxilar humano. Estos estudios surgen dentro de la idea esencial del romanticismo, de naturalizar la filosofía para salirse del marco establecido por el sensualismo y el racionalismo. Idea que consiguió pocos adeptos fuera de Alemania. Entre estos autores de la *Naturphilosophie* encontramos a De Saint-Hilarie, Blainvielle y de Condolle en Francia; y del mismo, Owen en Inglaterra, por supuesto, del gran Cuvier.

Esta posición propone una vía alterna y complementaria al mecanicismo matemático mucho más dinámica que obedecía a una organización temporal íntimamente vinculada con el origen de las especies: animales, vegetales y el mismo hombre. Los temas principales de esta perspectiva es el origen del hombre a partir de un ancestro primitivo, como ya lo hacían ver Schiller y Herder. Este último acrecienta el fervor de Goethe por la investigación científica con su texto, *Ideas para una filosofía de la historia de la humanidad.*[212] Goethe en todos sus estudios biológicos y botánicos conservaba siempre como texto de consulta la clasificación hecha por Lineo, quien le produjo una profunda influencia, pero aquí solo se refiere a la clasificación estructural, era necesario pensar en los problemas del origen y del desarrollo. Estas eran las ideas que se movían entre los filósofos de la naturaleza. Dentro de esta concepción, la vida resalta sobre cualquier otra idea. ¿Cuál es el origen de la vida? ¿Cuál es su desarrollo posterior? ¿Qué factores influyen en su desarrollo? Dentro de estos presupuestos dinámicos se mueve Goethe, y la intención esencial es plantear que los seres vivos no se pueden entender solo dentro de la mera estructura físico-química que lo hace una maquina químicamente compleja. "Se trata de un supuesto que subraya la capacidad que tiene lo orgánico para modificar lo inorgánico -lo que determina la imposibilidad de estudiar lo viviente desde lo inorgánico-" (Escarpa-Sánchez, 1998, p. 153). La distinción entre lo orgánico y lo inorgánico surgía como determinante del estudio de la vida y el tema esencial consistía en la pregunta por el origen ¿cómo se da el paso de lo inorgánico a lo orgánico[213] dentro de la formación de la diversidad de la vida? Los *naturphilosophen* rechazan la explicación meramente causal y mecanicista, pues en la raíz hay un problema sobre el origen. La mecánica si mucho podrá explicar movimiento de estos cuerpos en el

---

[212] Herder (1959) *Ideas para una filosofía de la historia de la humanidad*, Buenos Aires, Losada.

[213] Esta es una de las grandes dificultades de la biología y la teoría de la evolución, incluso hoy dicha problemática no alcanza solución definitiva.

espacio, no su desarrollo dinámico y trasformaciones constantes e infinitas en el tiempo.

Si bien los filósofos de la naturaleza tampoco pueden explicar los fenómenos de la vida, parten del supuesto que los organismos se pueden ver como *producto* y *producción*. Idea que está muy cerca del concepto moderno de homeostasis. Entiéndase homeostasis, como un conjunto de procesos de autorregulación que conducen al mantenimiento de un equilibrio relativo en el interior de un organismo. Los procesos homeostáticos actúan mediante retroalimentación y control. Por ejemplo, cuando en un organismo se genera un desequilibrio interno, los componentes de dicho organismo se activan para restablecer el equilibrio.

Continuar, entonces, los estudios de la naturaleza por el mero modelo matemático y mecánico –dice Goethe– sería como intentar establecer una lucha con la totalidad de la naturaleza bajo nuestros conceptos, bajo meras momias conceptuales; sin tener en cuenta, que los seres de la naturaleza se nos imponen rebosantes de vida, de vitalidad, y que esta obedece a procesos de regulación y desarrollo interno. Además, en su *Teoría de la naturaleza* dice que llevar una investigación por estos medios, traería muchas desventajas:

> Lo que primeramente es un ser vivo se descompone en elementos, sin que sea posible después recomponerlo ni devolverle nuevamente a la vida. Esto vale para muchos cuerpos orgánicos, no para los inorgánicos (Goethe, 2002, p. 3).

De esta manera, Goethe dentro del campo de la botánica y la biología propone una teoría epistemológica alterna que permite ver el dinamismo de las formas vivientes, que implicaban ir más allá de las meras explicaciones racionales y sensualistas de la naturaleza. La naturaleza orgánica exige una visión de totalidad, cualquier particularidad impide ver su profundo movimiento vital, por un lado, mientras que, por el otro, oscurece la relación del todo con sus partes. "conocer las formaciones vivientes en cuanto tales, a comprender en sus mutuas relaciones las partes externas y las tangibles considerándolas como condiciones de su interior, y así dominar la totalidad mediante la intuición" (Goethe, 2007). Dicho método intuitivo implicaba para Goethe un estudio concienzudo de las *formas naturales*, que vinculaba el arte y los signos naturales a partir del concepto de la forma [*Gestalt*]. De ahí que Goethe con sus *Metamorfosis de las plantas* (1790), pese a ser desaprobado por todos los pensadores del momento, y ser condenado a la soledad teórica, debe ser considerado como el padre de la *morfología.*

Sin embargo, más allá de la relación entre la forma de la naturaleza y el arte que establece Goethe, no cae en el misticismo romántico y algunas posiciones oscuras de la época, frente a lo cual se refiere irónicamente:

> Se afirmaba, por ejemplo, que sólo dependía del hombre caminar a sus anchas a cuatro patas, y que los osos, si se estuvieran algún tiempo en posición erecta, podrían llegar a ser hombres. El audaz Diderot aventuró cierta propuesta acerca de cómo se podrían producir faunos con pies de cabra para que, poniéndoles la librera, sirvieran de adorno y distinción especial en los carruajes de los ricos y de los poderosos (Goethe, 2007, p. 7).

Sus análisis obedecen un gran rigor observacional crítico frente a estas especulaciones de la época, considerar las formas naturales implica un constante movimiento y desarrollo de las mismas, debe de haber entonces, formas primordiales, pues las que se encuentran en el presente, están en un constante devenir. La vida es un flujo constante, un cambio constante de formas y esto es lo que implica el dinamismo vital. Si bien Goethe utiliza el termino *Gestalt,* que implica una forma que puede determinar lo real por mera abstracción, por analogía con lo ya culminado en sus determinaciones físicas, dicho concepto es limitado. La naturaleza no la vemos determinada y culminada, sino que está en constante formación, las formas orgánicas están en un constante cambio y devenir. A dicho movimiento se acomoda más el concepto de formación [*Bildung*], pues este indica tanto lo ya formado como lo que está en vía de formarse. El concepto de formación está más de acuerdo con el devenir de las formas naturales que la *Gestalt*. Por ello, dirá Goethe:

> Lo ya formado pronto se verá de nuevo trasformado, y si querremos alcanzar una intuición viviente de la naturaleza, tenemos que mantenernos flexible y en movimiento, según el ejemplo mismo que ella nos da (Goethe, 2007, p. 4).

La concepción de Goethe de la naturaleza era una totalidad y una vivencia. Una naturaleza desbordante y dinámica que ya no sólo se presenta de manera emotiva, en la que uno se quería sumergir impulsado por el sentimiento de belleza, pero a la vez de terror, soledad y angustia como en el *Werther*, sino también que presenta un interés científico, maduro y sereno. Los objetos de la naturaleza, animales, plantas y los minerales despiertan un interés por ellos mismos y presentan unas relaciones de unidad complejidad y totalidad. Los seres vivientes no son una particularidad sino una pluralidad dentro de un todo orgánico íntimamente relacionado. Por ello, no pierden su condición de individuos autónomos, pues son igual en cuento idea, pero diferentes en cuanto a sus manifestaciones morfológicas y vitales. La idea de Goethe no es comprender solo las plantas y la naturaleza en general por medio de ideas, como bien se podría creer, más bien, su comprensión implica la intuición [*Anschauung*], pero también la ideación.

En una carta a Schiller 19 de febrero de 1802, Goethe confiesa no poder comportarse de forma puramente especulativa, sino que necesita buscar para toda proposición una intuición. Esta idea del poeta es compartida con Schiller, para quien, en uno y otro rigen modelos prototípicos [*Urphänomene*] que ayudan a la observación o intuición, no sólo como percepción sensible, sino también como idea modeladora. Todos los seres vivos están orgánicamente relacionados, generando una producción infinita de vida en todas las direcciones y modos, un daño en la parte implicará evidentemente un daño en el todo, una especie de desequilibrio natural. Así lo expresa nuestro autor en *La teoría de la naturaleza*:

> Que una planta, o un árbol, que se nos presentan como seres individuales, se compongan de meras particularidades internamente iguales y análogas entre sí y respecto al todo, es algo de lo que no cabe la menor duda; piénsese tan sólo en las plantas que se reproducen por acodadura. La yema de la última variedad de un árbol frutal echa una rama que, a su vez, produce cantidad de yemas iguales. Y de modo parecido tiene lugar la reproducción mediante semillas. Ésta no es más que el desarrollo de una multitud de individuos iguales a partir del seno de la planta-madre (Goethe, 2007, p. 4-5).

Dicha idea lo hace retroceder a las múltiples formas que presenta la naturaleza con el fin de encontrar un principio universal, común y simple. Esto no es más que aquello que denominó bajo el concepto de planta primordial [*Urpflanze*], pues lo lleva a estudiar la configuración de los cuerpos orgánicos. Este concepto no hay que entenderlo como algo *real*, sino como un *modelo arquetípico*, un tipo por el cual poder examinar todas las plantas. Es un concepto o idea, por el cual concebir las plantas, más allá que Goethe insiste en que la ve con los ojos. Esta es una de las grandes diferencias con Schiller. Es claro que, desde Schiller, quien sigue la intuición kantiana, una idea jamás puede ser una experiencia empírica, sin embargo, se debe reconocer que las ideas son principios, la razón es para Kant, facultad de los principios [*Vermögen der Prinzipien*] (B 335/ B356) que sirven de unidad sistemática que articula, une la pluralidad en una unidad; o también, unen las partes con el todo en el concepto de sistema. Las ideas son máximas de la razón que permiten regular, ordenar y unir. Las ideas si las queremos ver desde la tercera crítica no son *juicios determinantes* sino *reflexionantes* y no tienen un valor objetivo sino heurístico. Es decir, motivan las inquietudes y deseos infinitos del humano por saber, por conocer la totalidad de lo real, esta concepción de la idea como modelo formal y sistémico es lo que de alguna manera ve Goethe de común con Kant. Goethe ve en la planta particular, una trasformación de una forma común a toda manifestación:

> Goethe ve en las diferentes partes de una planta particular (cotiledón, tallo, nudos, flores y fruto) el resultado de un proceso de transformación surgido en el crecimiento de la planta y en esta medida como modificaciones de una forma única que identifica con la hoja, en cuyo proceso de metamorfosis descubre la legalidad que, según él, obedecen todas las plantas (Mas, Salvador, 2004, p. 358).

La mejor idea de concebir el dinamismo vital de la naturaleza, y particularmente de las plantas, es ver la teoría de la trasformación de las formas. La planta particular presenta un desarrollo basado en un conjunto de trasformaciones de un único órgano, la hoja, por analogía con las demás partes, donde todo y parten obedecen a formas y procesos miliares de desarrollo. Pues, es en la hoja, donde se produce todo el mecanismo de la trasformación a partir del aire, la luz y los nutrientes que se observen de la raíz y se trasmiten a las otras partes, los que se llama proceso fotosintético. Y todo esto dentro la doctrina la metamorfosis en la que partir de leyes de expansión y contracción y procesos de trasformaciones orgánicas internas "se entiende como un todo, que al evolucionar cumple una finalidad vital" (Escarpa-Sánchez, 1998, p. 163) El propio Goethe describe este proceso:

> Altura, profundidad, luz, sombra, sequedad, humedad, todo lo que pueden significar las condiciones externas lo exigen los géneros y las especies para brotar con toda su fuerza y número; regatean así con la naturaleza para dejarse llevar, por último, a una variedad mayor, aunque sin abdicar completamente del derecho originario a la forma adquirida. Estas cosas me impresionaban de este mundo de libertad, y nueva claridad parecía irradiarse sobre jardines y libros (Goethe, 2007, p. 10).

Esta idea implica concebir las plantas como manifestaciones efímeras, dentro del devenir vital de la naturaleza que, al no percibirse en su más profundo modelo por medio de los sentidos, estos son determinantes para conocerla. El poeta no enfoca esto de un modo matemático-geométrico, sino dinámico. No por ello renuncia a percibir la forma de donde emana toda esta vitalidad infinita y eterna de la naturaleza. La cual se puede resumir con una frase de su bello poema: "Toda planta te proclama ahora leyes eternas. Toda flor te habla más y más claro".

3. Las formas naturales en Kant y Goethe y el problema de la biología

Kant habla en la primera sección de la *KU* de la finalidad subjetiva de los juicios estéticos[214]. Pero es en la

---

[214] Aquí nos referimos al juicio del gusto estético. Al estudio que realiza Kant para distinguir si algo es bello a nuestra facultad de representación no vinculada al entendimiento como en es el caso del conocimiento de la naturaleza en cuanto relacionada al entendimiento,

segunda sección *analítica del juicio teleológico* cuando analiza el mundo de lo orgánico. Lo primero que nos presenta es una finalidad objetiva y meramente formal que se refiere al hecho de los matemáticos que descubren en las figuras geométricas una relación de los cuerpos sin fijarle ningún fin y cuyo único objetivo es describirlos en el espacio de manera *a priori*. Dicha finalidad no está en las figuras geométricas, sino que es algo puramente intelectual que se puede aplicar *a priori* a los objetos, según lo expresa en la KU, § 63; sin embargo, empieza a manifestar, un fin producto de la naturaleza, cuando ella misma es causa y efecto.

Sin embargo, para enjuiciar también como fin algo que se reconoce como producto de la natural y que supondría, por tanto, un *fin de la naturaleza*, se requiere algo más, si no hay en ello una contradicción. Yo diría de modo provisional lo siguiente: una cosa existe como fin natural, *cuando por sí misma es causa y efecto* (aun cuando en un doble sentido); pues aquí se da una doble causalidad que no puede asociarse al mero concepto de una naturaleza sin colocar bajo ésta un fin, si bien entonces dicha causalidad puede pensarse sin contradicción, mas no puede concebirse (B 286).

La finalidad mecánica, que es objetiva y real, es diferente de los procesos orgánicos, que se pueden pensar sin contradicción aún más allá de que no puede concebirse pues no está unida ni como concepto ni como idea a la intuición como ocurre con el conocimiento científico de ellos objetos. En este campo, la finalidad es subjetiva, porque se enuncia algo del objeto, es decir, el organismo; pero también es material, pues implica los procesos orgánicos de un objeto natural. Para Kant, lo biológico debe ser visto desde la teleología, pues los seres vivos, en cuanto individuos, deben ser vistos como una parte del todo. Lo anterior se debe entender en el

---

sino a un conocimiento del objeto mediante la imaginación que produce placer o displacer. Por ello nos dice el § 1 "El juicio del gusto no es un juicio cognoscitivo y en esta medida no es lógico, sino estético, por lo cual se entiende, aquel cuyo fundamento de determinación solo puede ser *subjetivo*" (B 4)

sentido para poder comprender la generación y reproductividad de los mismos seres vivos, cosa imposible si nos acercamos a la naturaleza solo desde una perspectiva mecánica. El ejemplo que pone Kant es muy claro, según las leyes de la naturaleza un árbol, genera otro árbol, "Pero el árbol que él genera es de la misma especie, y así se genera así mismo según la *especie,* en la cual él opera" (B 287). Esto es lo que Kant antes nos quería decir, que los seres vivos son a la vez causa y efecto de sí mismos.

Dicha finalidad subjetiva, posee un sentido regulativo, no constitutivo. Cada ser vivo, existe por el bien del todo y el todo por el bien de las partes. Este es el *primer punto de contacto* de Goethe con Kant. Ya había dicho Goethe que considerar la naturaleza desde el mero punto de vista analítico, disociativo o fragmentario no permitía ver sus conexiones y relaciones más íntimas, sería como inmovilizar lo que se nos presenta de manera dinámica y en constante movimiento. Kant fue uno de los que rompió esa forma de concebir la naturaleza. Y que, según expresión de Goethe, "había cubierto de niebla todo el siglo" Es claro que Kant nunca niega la teoría newtoniana para explicar la naturaleza a partir de fuerzas que actúan a distancia. Pero está solo llegaba a describir sus estructuras, pero jamás explicaría el desarrollo orgánico. Dice Cassirer respecto a Kant: "Pero no sólo deseaba describir el ser de la materia; deseaba comprender su llegar a ser" (Cassirer, 2014, p, 246).

Por primera vez, Kant ve que la diferencia entre la física y la biología está marcada por lo animado y lo inanimado, y es por esta vía que *empieza* a dar una dirección segura al estudio de la biología como ciencia autónoma frente a la física. En este campo, Kant da un paso inicial para fundamentar la autonomía de la bilogía por primera vez. Y es claro que dicha distinción no fue posible sino hasta el pensamiento de Kant, fundamentación que logro después de largo tiempo. Dicha fundamentación no alcanza plenitud sino hasta el desarrollo de la *KU 65*, si bien ya tenía su semilla en estudios precríticos y críticos donde considera el dinamismo de la naturaleza y lo que la llama *fuerzas vivas de la naturaleza.*

Así pues, un ser organizado no es una mera máquina, pues ésta tiene tan solo una fuerza *motriz*, sino que posee una fuerza *configuradora*, una fuerza capaz de trasmitirse a materias que no la tienen (organizándolas), una fuerza configuradora que se propaga, y que no cabe explicar únicamente por la capacidad motriz (por el mecanicismo) (B 293).

Pero ¿Cómo se presenta dicha problemática dentro de la tercera crítica de Kant? La finalidad biológica es una condición interna del objeto, es una propiedad del objeto mismo y no externa, es causa y efecto de sí mismo. Cuando se considera la finalidad como objetiva, real e interna no presupone postulados trascendentes como si la toda la naturaleza tuviera finalidad o estuviera organizada de modo finalista a partir de relaciones causales, para Kant, dicha finalidad es sólo aplicable al mundo orgánico. Tampoco es una idea vitalista como Louis Dumas (1765- 1813) o la de H Driesch (1867- 1941), que pretendían ver la finalidad como algo inmaterial, una energía vital manifestada en los procesos físico-químicos. Para Kant, dicha idea de finalidad se puede percibir por fuerzas naturales causa-efecto y la relación de estas con fuerzas vitales dadas en el interior de dicho organismo, fuerza que en ningún caso es diferente a la energía física, más bien implica una determinación de ésta en su campo especifico, lo orgánico, como dinamismos producidos por los efectos de la acción del calor y el frío tienen su origen en la atracción gravitatoria del sol. En este caso, el dinamismo de la naturaleza de Kant es producto no de una fuerza espiritual o trascendente, sino producto del dinamismo propio del calor y el frío que impregna todo ser vivo y lo pone en movimiento tanto externo como interno. Pero, además de esto, estas fuerzas dinámicas del cosmos implican el desarrollo, el devenir del todo y sus partes, por lo cual, no es un desarrollo individual de un objeto o ser vivo aislado, sino que implica la correlación de todos los factores tanto bióticos como abióticos en el desarrollo de la vida. Sobre esto podemos presuponer una finalidad en la naturaleza que, aunque no llegue a ser una cualidad científica y objetivo, si implica la posibilidad no contradictoria para comprender el dinamismo contante de las múltiples formas de vida que pueblan la tierra.

Es claro que Goethe puede ver en esto una idea primordial que se mueve en el horizonte de su *Teoría de la naturaleza* cuando dice:

> Todo ser viviente no es un ser individual, sino una pluralidad. Y aun cuando se nos muestre como individuo, sigue siendo, una reunión de seres vivientes y autónomos, que son iguales según la idea o según el lugar, pero que en la apariencia pueden llegar a ser, tanto iguales o análogos como desiguales y diferentes (Goethe, 2007, p. 4).

Esta relación entre las partes y el todo, y sus relaciones en un punto de vista feliz y común entre los dos pensadores.

Lo anterior se puede ver en los conceptos de *autoorganización* y *autorreparación*. Por ejemplo, cuando un árbol crece y se engendra así mismo a partir del crecimiento orgánico y no meramente mecánico, o cuando a partir de la semilla engendra otros reproduciendo sus formas iniciales o incluso cuando se regenera, sus yemas u hojas crecen en otros alimentándose de este. Todo este proceso dinámico, productivo y auto-productivo, solo se puede dar con las fuerzas gravitacionales y el calor y el frío producida por ésta. Aquí la naturaleza parece prestarse ayuda mutua, como la propiedad más bella de los seres organizados. La naturaleza orgánica vista de esta manera funciona como medio y como fin de sí misma y no hay en ella nada vano. Así lo expresa Kant en la *KU* § 66:

> Este principio, que al mismo tiempo constituye la definición de los seres organizados, reza como sigue: *Un producto organizado de la naturaleza es aquel en el*

> *cual todo es fin y recíprocamente también medio.* Nada en él es gratuito, sin fin o debido a un ciego mecanismo de la naturaleza (B 296).

Este sería el principio que debe seguir la biología y diferenciarse de la física que solo le importa el movimiento mecánico como desplazamiento en el tiempo y en el espacio, pero jamás el movimiento interno de crecimiento y regeneración que más le puede interesar a la biología. Es el camino certero que la biología debe emprender para comprender su dinamismo vital.

De la relación entre el todo y sus partes se desprende una idea de gran significación. La teoría de las formas, de *las formas primordiales* tan importantes para Goethe. Cuando Goethe, habla de la *Metamorfosis de las plantas*, dibujando en papel a Schiller la *planta primordial* durante una rica conversación, este último le contesta kantianamente, que dicha planta no es una experiencia sino una idea. Goethe no deja de sentirse incómodo replicando que sin embargo la ve con los ojos, después de todas las ideas también se perciben con los ojos del intelecto. "Yo le contesté, con cierto mal humor, pues con aquella frase me indicaba de la manera más exacta el punto que nos dividía "[…] Pero me contuve y respondí: "en el fondo me gusta mucho eso de tener una idea sin saberlo y poder verla con los ojos" (Goethe, 2007, p, 32). La incomodidad de Goethe implicaba que, si la planta primordial no era algo real, sino una idea, perdía su solidez científica y observacional. Y lo primero que hay que entender es que la idea kantiana, en el sentido que Schiller la expone, no está alejada de la experiencia, y mucho menos de la experiencia que tenía Goethe de la naturaleza, por el contrario, esta como *idea regulativa* entra en ayuda para poder ver la naturaleza en sus relaciones internas y sistemática de unidad. Solo así no será la naturaleza un mero conglomerado de seres y objetos reunidos en el espacio sin ninguna conexión ni extrínseca ni intrínseca. La idea es un momento complementario a la experiencia, no algo separado y fuera de la experiencia como podría considerarse desde el punto de vista de la idea platónica. Hay que ver la idea como *principios regulativos*, según la expone el propio Kant, permite por un lado, una directriz en la investigación científica, mientras por el otro, admite complementar los principios constitutivos de la experiencia que no pueden lograr la unidad sistemática si solo se ve desde la mecánica. Esto se puede ver en la *Dialéctica Trascendental* de la *KrV* cuando al mostrar la contradicción en que cae la razón al querer extender los conceptos puros más allá de la experiencia. Por ello, dirá Kant:

> De tal manera la idea es propiamente solo un concepto heurístico, y no uno ostensivo; e indica, no cómo está constituido un objeto sino como hemos de *buscar* bajo la dirección de él (A 671/ B 699).

Goethe parece comprender este sentido de la *idea* cuando, en su investigación, se refiere luego de muchas reflexiones a la planta primordial como algo simbólico. Dicho cambio de perspectiva se puede ver cuando, en 1816, envió una nueva edición de *La metamorfosis de las plantas* a Zelter donde explicaba la riqueza de la idea como algo simbólico que servía para pensar la unión de todas las plantas a partir de un ancestro común que se desarrolló así mismo trasmitiendo las características a nuevas simientes. Incluso Kant, en este sentido, vio la tarea general de la evolución, donde hacía partir al hombre de un arquetipo común, los seres a partir de una gradual aproximación de una especie animal a la otra, del hombre, al pólipo de los musgos a los líquenes hasta la casta más baja de desarrollo que podamos advertir en la naturaleza, poseemos rasgos comunes. Sin duda, esta misma idea la toma Goethe cuando habla en la *Metamorfosis de las plantas* de una planta originaria y en la *Metamorfosis de los animales* de un animal originario. Así lo expresa el propio Goethe:

> Y enseguida sentí la necesidad de establecer un tipo, por referencia al cual poder examinar todos los mamíferos según su concordancia o su divergencia con él. Y como ya antes había buscado la planta originaria *(Urpflanze)*, así trataba ahora de encontrar el animal originario (*Urtier*), es decir, el concepto o la idea de animal (Goethe, 2007, p 8-9).

En esta perspectiva de las formas encontramos *el segundo punto de contacto* de Kant y Goethe.

No obstante, no hay que ver como contradictorio la causalidad mecánica en oposición a la finalidad orgánica. Se sabe que todo objeto o ser natural está necesariamente sometido a la causalidad mecánica y la energía física del universo y en esto aventaja Kant a Goethe. Dentro de la ordenación de los fenómenos a partir de leyes, es sólo posible, mediante, determinadas reglas. Dichas reglas solo pueden ser posibles por principios generales de la razón pura teórica, que Kant menciona como analogías de la experiencia, dentro de la cual, la más importante, es la causalidad:

> Sólo a base de ellas, a base de los conceptos de sustancialidad, causalidad y la acción recíproca, puede darse ese contexto de la experiencia que llamamos naturaleza" (Cassirer, 1963, p, 150).

Sin embargo, el objeto de la biología no se sale de este contexto, pero no se puede explicar únicamente por él. ¿Cómo puede ser esto? ¿Cómo puede alcanzar la biología autonomía por dicho medio? Lo primero que hay que hacer es aclarar la diferencia entre el sentido constitutivo y el uso regulativo de la naturaleza como lo expone Kant. La finalidad interna de la naturaleza no tiene un uso *constitutivo* sino *regulativo*, es decir, sirve para la orientación, dirección de la praxis científica para conocer la naturaleza en su totalidad.

No existe una finalidad real en la naturaleza orgánica, es solo un presupuesto de la razón para la investigación sistemática. Es un uso heurístico para la investigación para poder observar la estructura y funcionamiento de las plantas y los animales, pues de lo contrario no podríamos comprender a dichos organismos. Por ello dirá en la *KU* § 75:

> Es totalmente cierto que ni por asomo podemos llegar a conocer suficientemente los seres organizados ni su posibilidad interna según principios meramente mecánicos de la naturaleza, ni mucho menos acertar explicárnoslos (B 337).

No es de más aclarar que está afirmación no implica una expulsión de los principios mecánicos de la física que nos permite comprender la naturaleza externa de los objetos y sus movimientos locales y espaciales regidos por las leyes de Newton, de ninguna manera. Por el contrario, es simplemente una forma de comprender la unidad total e interna de los seres vivos que escapan a la mera concepción objetual de una roca o un objeto inorgánico cuya única forma de movimiento es por impulsos externos. Así lo explica el mismo Kant, según lo expresa al inicio del § 75:

> Por lo tanto, el primer principio supone un principio *objetivo* para el discernimiento determinante, mientras el segundo, supone un principio subjetivo simplemente para el discernimiento reflexionante, o sea una máxima de tal discernimiento que la razón impone (B 334).

Este principio no se opone a la mecánica, más bien viene en apoyo de él, pues muestra la mecánica solo ve cuerpos-objetos-materia en el espacio-tiempo movidos por fuerzas externas, la teleología implica, ver el grado de organización y belleza de ellos a partir de la percepción intelectual que nos muestra la unidad, orden y organización sistemática de los mismos. Si bien este último principio es más claro para seres vivos que no son solamente cuerpo, sino individuos vivientes, también permite ver la relación de uno con el todo en un constante movimiento de relaciones e interrelaciones de todos los factores del cosmos, solo en esa unidad hay vida. Al inicio del § 62 de la *KU* es muy claro en no confundir estas dos maneras de ver la naturaleza, pero a la misma vez muestra la importancia de la belleza que imprime la teleología o fines en la explicación mecánica, permitiéndonos la admiración de la naturaleza como sistema ordenado:

> En consecuencia, la admiración es un efecto completamente natural de aquella finalidad observada en la esencia de las cosas (como fenómenos), un efecto que en alguna medida tampoco cabe censurar mientras el acuerdo de aquella forma de la intuición sensible (que se llama espacio con la capacidad de los conceptos (el entendimiento) nos resulta inexplicable, no sólo porque dicha finalidad sea justamente ésa y ninguna otra, sino porque además amplifica el espíritu hasta hacerlo vislumbrar -por decirlo así- algo situado más allá de aquellas representaciones sensibles y en lo cual, aunque nos sea desconocido, pudiese encontrarse el trasfondo de tal concordancia (B 277).

Con los conceptos de autoorganización y autorreparación, Kant trata de distinguir efectivamente entre un organismo vivo y un objeto que puede moverse de forma meramente mecánica a partir de impulsos externos. Este puede ser el reloj, tan importante en el siglo XVIII para explicar el movimiento de los cielos. El reloj, es un objeto que podemos llamar organizado, pues cada pieza de él es un producto de las otras, y solo en el equilibrio de sus piezas puede funcionar. Pero si deja de funcionar no es capaz de repararse así mismo, mucho menos una de sus piezas puede producir las otras. Los organismos si lo pueden hacer, y si bien estos necesitan de la luz y el calor del sol como fuente de energía física para realizar sus actividades vitales, e incluso están sometidos a las fuerzas de atracción y repulsión mecánica, ellos tienen la capacidad de trasformar estas energías externas para desarrollarse y autorrepararse. La máquina no se reproduce se produce, y en caso de que se controlara mediante mecanismos reguladores y se perfeccionara, eliminando sus fallos de programación, hay que decir que, lo hace desde fuera. "Por eso los seres orgánicos no poseen, como se supone a menudo, una realidad análoga a la capacidad constructora humana (arte de ingeniería) La ingeniería humana supone un ingeniero, un ser racional exterior al producto, mientras que la organización de los organismos se produce ´desde dentro´ desde los objetos mismos" (Höffe, 1986, p, 258.) Goethe, definitivamente, podía concordar con Kant en este pensamiento, pero siempre mantuvo algunas reservas en algunos postulados por la relación tan fuerte teóricamente de Kant con la mecánica de Newton.

4. Conclusión

La idea de fin y finalidad se le ha criticado a Kant, pues si dicha finalidad no posee sino un valor heurístico, qué importancia puede tener un principio de tal índole para la autonomía de la ciencia y la biología, sobre todo. Pero, a modo de conclusión, se puede decir que la importancia de la biología se acaba si esta debe someterse únicamente a los principios mecánicos y externos de la física y en esto, tanto Goethe como Kant, pueden estar de acuerdo.

¿Puede también, disolverse los organismos en meros procesos de interacción mecánica, o más bien, son procesos fisicoquímicos que constituyen el dinamismo de un universo vital? Kant intenta responder a esto anunciando que desde los meros principios mecánicos no podemos acceder a una visión total de la naturaleza y los seres vivos quedarían reducidos a meros objetos describibles en el espacio y el tiempo sin conexión alguna. Igual hace Goethe con el concepto de forma primordial de la naturaleza y con, el no menos importante, modelo simbólico de planta y animal primordial. No ver la naturaleza así, imposibilitaría una visión de conexión de la vida misma y su interrelación vital. Pensemos la importancia de un organismo –el más pequeño que sea– para poder mantener el equilibrio de un ecosistema, si este no existe, la cadena se altera y el ecosistema o se adapta o muere. Aquí se puede ver la importancia de la relación del todo y sus partes en la visión sistémica y unitaria de la naturaleza, tan difícil para occidente que ve el mundo fragmentado al unísono de la física instrumental, mecánica y de una lógica científica, analítica y disociativa, que todo tiende a romperlo, fragmentarlo e instrumentalizarlo. No se puede, por ello, prescindir del concepto de fin a pesar de que no sea un *concepto sustantivo* para explicar la naturaleza, es decir científico, aunque si es un principio del *pensamiento lógico formal* que implica la condición de posibilidad de una reflexión.

Sólo de este modo dejará de convertirse en un simple conglomerado, para convertirse en un sistema. [...] sin la ayuda de él se nos cerraría el camino para llegar a uno de los más importantes campos de ella, con lo cual sería incompleto y fragmentario el conocimiento de los fenómenos (Cassirer, 1963, p, 153).

No hay que buscar una contradicción o un rompimiento con el nexo causal, más bien, el uso regulativo de la teleología orgánica lo complementa. Si bien todos los objetos y seres de la naturaleza están sometidos a las leyes mecánicas de atracción y repulsión propias de la gravedad, esta determina su crecimiento y sus formas, incluso usan la luz del sol y el calor para fabricar su propio alimento y regenerar sus órganos, pero fenómenos vitales como la regeneración celular, equilibrio homeostático, principios eminentemente internos de los organismos, quedan mejor explicados por un dinamismo interno, por acción externa de la gravedad y la luz del sol. Dicha idea guarda cierta importancia dentro de la metodología biológica más allá de los avances de la investigación causal en los procesos orgánicos. La cuestión filogenética y el significado biológico toman una real importancia desde este punto de vista. ¿Cómo explicar la función de los seres orgánicos dentro de los procesos vitales, el desarrollo de los organismos y la misma conservación de la especie y su propia regeneración por meros principios mecánicos y orgánicos? Esta es una pregunta que al menos occidente a partir de la verdad de Galileo y Newton aceptada dogmáticamente desde entonces, pero que tanto Kant como Goethe intentaron pensar, reflexionar y responder desde la limitación de su época. Lo cual nos mueve a repensar el problema.

Referencias bibliográficas

Cassirer, Ernst. (2014). *Rousseau, Kant y Goethe, filosofía y cultura en la Europa del siglo de las luces*, Edición de Roberto R. Aramayo. Fondo de Cultura Económica.

Cassirer, Ernst. (2018). *Kant Vida y Doctrina*, Trad., de Wenceslao Roces. Fondo de Cultura Económica.

De la Mettrie, Julien Offray. (1963*). El hombre máquina*. Eudeba.

Diderot, Denis. (1992). *Sobre la interpretación de la naturaleza, Edición Bilingüe,* Introducción y notas M. Jalon, Trad., J. Mateo Ballorca. Anthropos.

Escarpa S. G. Dolores. (1998). *La biología romántica de los naturphilosophen.* En: https://studylib.es/doc/6714575/5-la-biolog%C3%ADa-rom%C3%A1ntica-de-los-naturphilosophen.

Goethe, Johann Wolfgang. (2007). *Teoría de la naturaleza*, traducción y notas Estudio preliminar de Diego Sánchez Meca. Tecnos.

Johann, Wolfgang Von Goethe. (1958). Obras completas tomo III, autobiografía teatro, Trad., Casinos, Rafael.Aguilar.

Herder (1959). *Ideas para una filosofía de la historia de la humanidad*, Traducción directa de J. Rovira Armengol. Losada.

Höffe, Otfried. (1986). *Immanuel Kant.* Herder.

Kant I. (2003). *El conflicto de las facultades en tres partes*, Versión castellana y estudio preliminar de Roberto R. Aramayo, con Epilogo de Javier Murguerza.

Kant, I (1988). *Pensamientos sobre la verdadera estimación de las fuerzas vivas,* Traducción y comentario Juan Araña Cañedo-Agüelles. Editorial Herbert Lang.

Kant, I. (1762). *La falsa sutileza de las cuatro figuras del silogismo,* Versión español de Roberto Torretti. En: https://docplayer.es/77945880-Textos-la-falsa-sutileza-de-las-cuatro-figuras-del-silogismo-r762-version-espanola-de-roberto-torretti.html

Kant, I. (1788). Sobre el uso de los principios teleológicos en filosofía, traducción de Nuria Sánchez Madrid, Logos, *Anales de seminario de Metafísica, 37, (2004), pp. 7-47.*

Kant, I. (1987). *Los sueños de un visionario explicados por los sueños de la metafísica*, Traducción Introducción y notas de Pedro Chacón e Isidoro Reguera.

Kant, I. (1991). *Transición de los principios metafísicos de la ciencia natural a la física, Opus postumum,* Antrophos.

Kant, I. (2003). *Crítica del discernimiento*, Edición de Roberto R. Aramayo y Salvador Más, Machado Libros.

Kant, I. (2004). *Anuncios de la próxima conclusión de un tratado de Paz Perpetua en filosofía, Edición bilingüe.* Encuentro.

Kant, I. (2008). *Universal Natural History and Theory of the Heavens. Or An Essay on the Constitution and the Mechanical Origin of the Entire Structure of the Universe Based on Newtonian Principles,* Translated by Ian Johnston, Arlington, Virginia, Richer Resources Publications.

Kant, I. (2018). *Crítica de la razón Pura*, Edición Bilingüe alemán-español, Traducción, estudio preliminar y notas de Mario Caimi. Fondo de cultura económica.

Leibniz (1981). *La monadología*, edición trilingüe, Traducción y notas por Julián Velarde Lombraña, texto francés de A. Robinet, Introducción por Gustavo Bueno Martínez, notas Bibliográficas por Gustavo Bueno Sánchez. Pentalfa.

Leibniz (1994). *Discurso de metafísica*, Traducción, introducción y notas Julián Marías. Altaya.

Mas, Salvador (2004). Goethe y Kant: Arte, naturaleza y ciencia. *Éndoxas, series filosóficas, 18,* UNED, 355-382.

Moya, Eugenio (2004). Epigénesis y razón (Embriología y conocimiento en Kant). *Teorema, Vol. XXIII/1-3*, pp. 117-140.

Moya, Eugenio (2008). *Kant y las ciencias de la vida (Naturlehre y filosofía crítica).* Biblioteca Nueva.

Índice

www.ingramcontent.com/pod-product-compliance
Lightning Source LLC
LaVergne TN
LVHW010538160826
845677LV00013B/2917

* 9 7 8 9 8 7 8 2 9 7 7 1 2 *